中国少数民族设计全集

The Design Collection of Chinese Ethnic Minorities

德昂族

中国少数民族设计全集编纂委员会 编

山西人民出版社　人民美术出版社

图书在版编目（CIP）数据

中国少数民族设计全集.德昂族/中国少数民族设计全集编纂委员会编；王强等著.—太原：山西人民出版社，2019.10
ISBN 978-7-203-11128-3

Ⅰ.①中… Ⅱ.①中…②王… Ⅲ.①德昂族–民族文化–研究–中国 Ⅳ.①K28

中国版本图书馆CIP数据核字（2019）第243853号

中国少数民族设计全集.德昂族

编　　者：	中国少数民族设计全集编纂委员会
著　　者：	王　强　等
责任编辑：	李　靖
复　　审：	傅晓红
终　　审：	阎卫斌
装帧设计：	谢　成

出 版 者：	山西人民出版社　人民美术出版社
地　　址：	太原市建设南路21号
邮　　编：	030012
发行营销：	0351－4922220　4955996　4956039　4922127（传真）
天猫官网：	https://sxrmcbs.tmall.com　电话：0351－4922159
E—mail：	sxskcb@163.com　发行部
	sxskcb@126.com　总编室
网　　址：	www.sxskcb.com

经 销 者：	山西出版传媒集团·山西人民出版社
承 印 者：	山西出版传媒集团·山西新华印业有限公司
开　　本：	889mm×1194mm　1/16
印　　张：	21.25
字　　数：	210千字
印　　数：	1—1 000册
版　　次：	2019年10月　第1版
印　　次：	2019年10月　第1次印刷
书　　号：	ISBN 978-7-203-11128-3
定　　价：	300.00元

如有印装质量问题请与本社联系调换

中国少数民族设计全集编纂委员会

总 主 编（按年龄排序）
　　　　　　张夫也　王立端　戴晋明　廖军　王琥　李豫闽　过伟敏　顾平
　　　　　　王强　李岗
执行主编　王琥
编务统筹　张明山

中国少数民族设计全集编辑工作委员会

主　　任　刘伟冬
编　　委（排名不分先后）
　　　　　　王琥　　王峰　　王强　　王立端　王浩滢　白波　　过伟敏　许星
　　　　　　许边疆　李岗　　李丽　　李豫闽　成光虎　肖飞　　余强　　汪传跃
　　　　　　罗力　　杨明朗　陈述　　陈见东　邱珂　　胡万明　顾平　　郑静
　　　　　　郭立忠　姬莹　　张夫也　张泽国　张明山　张秋平　张耀引　梁盛平
　　　　　　樊进　　谢玮　　熊伟　　熊微　　熊建新　蔡克中　葛芳　　鞠斐
　　　　　　魏洁　　廖军　　戴晋明

中国少数民族设计全集出版工作委员会

主　　任　胡彦威　周伟
执行主任　姚军　　欧京海
编务统筹　阎卫斌　周小龙
编　　辑（排名不分先后）
　　　　　　王新斐　史美珍　冯昭　　冯灵芝　吉昊　　吕绘元　刘小玲　任秀芳
　　　　　　孙琳　　孙宇欣　李广洁　李建业　李靖　　员荣亮　张小芳　张志杰
　　　　　　张书剑　何赵云　陈俞江　吴春华　武静　　周小龙　柳承旭　郝文霞
　　　　　　赵玉　　赵晓丽　席青　　秦继华　高雷　　郭向南　阎卫斌　崔人杰
　　　　　　傅晓红　蔡咏卉　翟丽娟　樊中　　薛正存　魏红　　魏美荣
整体设计　谢成

中国少数民族设计全集·德昂族

本册著者　王　强　单文霞　刘翔宇　崔　晋　朱艺炜
　　　　　　张金威　张义芳
参与撰写　卞华磊　孙　寒　樊振杰　董　岳　赵思颖
　　　　　　王冠力　徐　骞　穆贝玛途　刘　宁　景国津
　　　　　　何卓嫔　温清格　赵晨序　曹　杰　薛冬至
　　　　　　涂雯倩　耿大磊　陈　璐　朱子玥　戈姗姗
　　　　　　吴定丙　吴　雨

求同存异　和合共荣

刘伟冬

中华民族，是一个由56个民族组成的大家庭。在漫长的文明发展史中，汉族和各少数民族都为中华文明的繁荣发展贡献了自己的聪明才智。纵观中华文明史，其实就是一部各族群之间"求同存异，和合共荣"的文化演进史。

从根子上讲，4000年前的"中国"，仅指北方中原地区，居住在这里的相传是上古时期黄帝部落和炎帝部落的后裔，故而自称"炎黄子孙"。其时的"中国"，不过是黄河中下游（西起陇山，东至泰山）区域。在千年发展与民族融合之后，尤其是晋末"衣冠南渡"，南迁的中原汉族与南方百越民族彻底融合，来自北方的鲜卑等民族融入汉族，使汉族前所未有地壮大发展，逐渐形成后来疆域辽阔、人口众多、物产繁盛、文化昌明的中华民族的主体族群。特别值得强调的是，自从作为一个民族整体之后，中华民族就从未中断过自己的民族发展史——这在世界历史上是硕果仅存、独一无二的。

中华民族具备兼容并蓄、虚心好学的民族天性。仅以设计学范畴的事例讲：在数千年文明发展历史中，中华民族在不断向外输出优秀的文明成果（如烧造之陶瓷砖瓦、营造之榫卯斗拱、织造之丝绸刺绣、锻造之"失蜡"分模等），影响全人类的日

常生活与生产方式的同时，也不断地吸纳域外各民族的优秀文明成果，如汉魏之印度佛教和西域音乐、隋唐之西亚服饰和家具、宋元之东洋印染和漆艺、明清之西洋机器与建筑……在中华民族内部，这样的文化交流更是从未停止过，而且是风生水起、枝繁叶茂，愈发流畅、深入，中华民族各族群之间"求同存异，和合共荣"的文化大演进，共同创造了中华民族极为灿烂辉煌的造物文明历史。仍以设计学范畴为例：原本是匈奴人发明的单足绳圈，被晋代的汉族人设计成铁质双镫；最早是鲜卑人原创的毡毯卷边，被晋代的汉族人改造成"高桥马鞍"，这宗中国式马具设计案例，被誉为"13世纪中国传入欧洲的最重要文化成果"（李约瑟语）。再如，西域（今新疆地区）是全世界最早的皮靴生产地，哈尼族为主的红河地区出现了全世界最早的梯田。再如，全世界最早的"干栏式建筑"和全世界最早的稻米人工育种、栽培，均起源于长江中下游的百越地区；全世界最早的竹藤编结器物起源于闽越地区……由中华民族共同创造、发明，后来又影响了全人类文明进程的优秀造物设计案例很多，不胜枚举。几千年中华民族的文明史，就是各种文化多元融合、共同发展的最好例证。不了解中华民族内部各族群的文明交流史，就无法真正理解中国文化史，也不能理解为什么中华民族总是能在逆境中成长强大。甚至可以说，能否完整地理解中华民族的文化史，是检验每一个当代中国知识分子（特别是文史哲专业的学者）文化立场的"试金石"。

随着改革开放的逐渐深入，各民族地区的经济与社会状态已发生了天翻地覆的变化。令人遗憾和担心的是，由于各地区政策执行力度不平衡，保护措施不得力，少数民族的文化特性正在逐步衰退，有些地区的少数民族文化特征甚至已经消失殆尽，仅仅

存在于徒具形式，充满口号、标语的民族文化村旅游景点中。有学者预言，再不加快整理抢救工作，中国的少数民族可能在物质形态和文化内涵的特征上，若干年后将不复存在。

从少数民族地区反映古代中国社会某些面貌的文化遗存看，这些少数民族之所以一直与汉族地区差距巨大，存在多方面的原因，其中历代汉族统治者对少数民族的歧视政策是主要原因。此外这些地区本身就处于偏僻荒地，不是沙漠就是山区，自然条件远不及汉族聚集地区，社会发展水平滞后。20世纪50年代，有相当比例的少数民族在当时仍处于原始农耕社会或奴隶制社会，不要说通电、通水、通汽车，不少人一辈子连铁器长什么样都没见过。部分少数民族聚集地的各种自然条件也较差，缺肥少水，基本生活来源，一靠老天爷恩赐的"望天收"农作物；二靠家庭手工作坊制作些竹藤编结物和土织、土陶等土特产来换取粮食；三靠养猪、兔、羊和鸡、鸭、鹅等家禽来换取日用品，如灯油、农具、衣物和油盐酱醋等；四靠为土司、头人和大户们出卖劳力（社会底层奴隶身份），年老即被抛弃。中华人民共和国成立后，党和政府在这些地区实行社会主义改造，打倒以土司、巫师和头人为首的剥削阶级，将土地和生产资料一律收归集体所有，解放了全体少数民族民众，使他们历史上第一次有了自由劳作和生活的权利。

中华人民共和国成立之初，党和政府就高度关注民族事务问题，为如何保护、关心各少数民族制定了一系列方针、政策，也为当代中国社会处理民族问题、保护民族文化树立了光辉典范。中央人民政府政务院于20世纪50年代初发布了《关于民族事务的几项决定》，为新中国民族政策奠定了最初的思想基础，其主要内容是：一、各大行政区军政委员会（人民政府）须指导

各有关省、市、行署人民政府认真推行民族区域自治及民族民主联合政府的政策和制度，并随时向政务院报告推行经验，请示者须事前向政务院请示。二、各大行政区军政委员会须指导各有关省、市、行署人民政府认真并有计划地实行政务院在1950年颁发的《培养少数民族干部试行方案》，并将该项工作进行情况定期加以检查，每半年向政务院报告一次。中央民族学院及西北、西南、中南各军政委员会和新疆省人民政府的民族学院，必须依计划实行，并向政务院报告。三、政务院于1951年下半年适当时间将同时召开有关少数民族的卫生、教育及贸易三个专业会议，责成政务院文教委员会、中财委指导中央卫生部、教育部、贸易部开始筹备，并责成中央民族事务委员会协助进行。有关部门如农业部、文化部也须派人参加。四、责成中央人民政府各委、部、会、院、署、行注意建立有关民族事务的业务。五、在政务院文教委员会内设民族语言文字研究指导委员会，指导和组织少数民族语言文字的研究工作，帮助尚无文字的民族创立文字，帮助文字不完备的民族逐渐充实其文字。六、扩大中央民族事务委员会委员名额，责成中央民族事务委员会提出补充名单的建议，并于1951年下半年召开中央民族事务委员会扩大会议，检查与总结关于推行民族区域自治及民族民主联合政府的经验。

20世纪50年代，中央人民政府和政务院，曾多次组织"中央慰问团""土改工作队"和"普查工作队"等，花费大量人力和物力，深入各少数民族地区，进行了大量较为翔实的社会历史调查。50年代这轮由政府统筹、由中央民委组织行政领导和人类学、社会学专家学者以及民族同志组成工作队与考察队的少数民族大考察活动，1953年正式启动，1956年结束（个别地区延期至1958年才结束）。直接成果之一，就是为1956年国务院公布的55

个少数民族的正式定名和划分,提供了可靠的依据。

从当时考察的资料看,各少数民族的社会发展水平参差不齐,不少民族呈现类似汉族曾经历过的各种历史发展状况,为我们今天考察、了解并研究过去的历史以及各学术分支问题,提供了绝好的活体范本。比如以"设计发生学"研究为例,以山寨(村落)为主的初级社会组织形态,原始手工业在农耕环境中的地位,原始造物的手工技艺与设备、工具等,都是我们极感兴趣的研究对象。

在西北、西南和东北各少数民族聚集地区,有些古时流传下来的本民族手工造物技术,迄今仍保存良好。其吸收了汉族和其他兄弟民族的技术长处之后演变出来的各时段手工造物技术,则印证了各民族互相融合、取长补短的史实。更有些原始手艺,特别具有艺术和历史研究价值。以维吾尔族人为例,本世纪初,笔者在新疆喀什城艾格孜艾日克老街看到几样手工艺绝活:其一是整条街的维吾尔族乐器店,除了热瓦普、曼陀林和冬不拉等少数维吾尔族知名乐器外,全是些笔者叫不上名来却似曾相识的弹拨乐器和拉弦乐器,于是从心里认可了"西域古乐成就了中国传统民乐"这句话所言不谬。其二是亲眼所见一个拖着鼻涕的不到10岁的维吾尔族小男孩,拿着电砂轮在铜壶上信手飞快地刻着精美细腻的图案,一不要底稿,二没有图纸,真是佩服得五体投地,也相信了"汉族人长于热铸,西域人长于冷锻"这个说法。其三是在喀什近郊著名的大巴扎"金器一条街"上看见近百家金店生意红火,家家门前毡毯上都围坐着一群金店伙计和顾客,正在热烈讨论、共同设计着花样繁多的未来金饰嫁妆,感受到了"中国传统样式的金银首饰工艺,最富有创意的设计和最先进的工艺制作,原来在维吾尔族人手里"这句大实话。还有,笔者

求同存异 和合共荣

在云南景洪县城集市上，曾亲眼见过景颇族老乡用古老的"焖烧法"烧出的红彤彤的土陶——跟笔者一知半解的仰韶彩陶的烧制工艺几乎一模一样。还有，笔者在大西北甘陕宁各省亲眼所见的回族、保安族、裕固族和东乡族老乡巧手做出的那些花样繁多、样式复杂的面塑造型，真是个个精妙绝伦。这方面的事例实在太多了。

50年代的少数民族地区社会大普查，以及半个多世纪以来社会各界对其丰富而珍贵的考察、研究，意义深远，价值极为重大。这些地区客观上保存的较为完整的、与数千年前中国原始社会最初形态近似的许多社会特征，为我们研究社会的最初形态形成和当时的经济、文化、政治的基本状况以及"设计发生学"的相关课题，提供了珍贵的类型学"活化石"范本，价值非凡。改革开放以来，这些少数民族地区也获得了前所未有的巨大发展，人民生活日新月异；但与此同时，少数民族地区的民族性在不可避免地愈发衰减、退化，甚至消失。如果我们再不采取保护措施，若干年后，各少数民族的许多宝贵民族文化遗产将无法挽救地彻底消亡，这部分同属于全人类精神财富和中华民族集体智慧的宝藏，我们将再也看不到了。

在"设计发生学"问题上，我们一向秉持文化多元论的观点，认为人类文明是全世界人民共同创造的，各国家、地区、民族均做出过大小不一、形态各异的贡献；同理，中华民族的灿烂文明是中国的各族人民共同创造的，每个民族都对中华传统文化做出过贡献，也都应当得到尊敬和肯定。中国的各少数民族在中华文明漫长的演化过程中，都曾经以自己独特而充满智慧的文明成果，补充、完善甚至改良着中华文明。比如，古代西域的龟兹古国各民族创造或引自西亚的弹拨乐器和拉弦乐器以及音律、曲式，彻底改造了中国古代音乐，新创作出代表中国古乐精髓的江南丝竹；南疆的维吾尔族和北疆的哈萨克、塔塔尔、塔吉克等族首创了制革术，并引进古波斯革皮书籍装帧术和制靴术、制毡术、毛衣编结术；海南岛的黎族率先种植棉花并纺织棉布，传入内地后棉织业逐渐形成中国古代手工行业的"天下第一营生"……保护少数民族的民族文化特性，就是保护我们的历史遗产，就是传承我们的文明。我们应进一步发扬文化兼容的优良传统，把振兴中华的百年民族复兴梦，逐步落实为将大中华建设成为中国各民族共同拥有的美好家园。

由上千名来自全国各高等艺术院校的教授、研究生组成的55支团队参与编撰的《中国少数民族设计全集》（55卷），正是有识之士基于对各少数民族的民族文化特性正在快速衰减、消亡的严重现实问题的深切忧虑而进行的抢救、发掘、整理中国少数民族文化遗产的重要文化工程。经过两年精心筹划，六年努力写作，在国家出版基金管理部门的支持下，在山西人民出版社和人民美术出版社的策划和组织下，目前《中国少数民族设计全集》的书稿编撰工作已基本完成，即将付梓。在长达八年的漫长过程中，全国兄弟院校各团队涌现出的各种可歌可泣的事迹经常感动着笔者，并不时鞭策着全体作者克服千难万险，一路向前。有的分卷作者身患绝症仍不眠不休地忘我工作，有的分卷作者遭遇各种意外仍坚持工作。特别是，很多民族同志公而忘私、不计较个人得失，有人不惜将自己赚钱的企业关张歇业，全身心地投入各自所负责分卷的繁重编撰工作中；有人义无反顾地将自己珍藏多年的本民族实物、资料和研究成果无偿提供给相关分卷作者。大家万众一心，克服各种复杂得难以想象的困难，以确保这部凝聚了众人八年心血的巨著，能按计划如期完成。借此机会，笔者谨

代表本丛书编委会全体成员，向领导、编辑和作者们表示衷心的感谢！

作为一项文化创举，笔者深信《中国少数民族设计全集》必将在未来岁月的长期检验中，愈发显现其非凡的、独特的文化价值。

2017年夏季于南京

前言

德昂族具有悠久的历史文化以及独特的生活方式和风土人情，中国境内的德昂族与汉族、阿昌族、傣族、景颇族等民族杂居于滇西南广袤的高山中，神秘富饶的土地孕育了德昂族极具特色的民族文化。德昂族传统造物丰富多样，涉及该民族生活、生产形态各个方面，包括衣食住行用、风俗礼仪、宗教信仰等等。这些造物的产生，既是德昂人生存的一种景象，包含了本民族的精神文化，同时也反映出德昂族的生产与生活方式，呈现其相应的设计策略与审美理念。德昂族传统造物，不仅延续了本民族的文明与生活经验，也承载了它的物质与非物质文化的全部。同时，它是我们了解德昂族设计思想与民族文化的重要源泉，也为各民族传统设计文物的保护与发展，提供了参考思路。

一、德昂族民族志

（一）德昂族族源

德昂族是中国西南古老少数民族其中之一，有过繁荣富强，也经历过苦难的历程。其起源可追溯到古代的"濮人"，"濮人"是个人口众多的族群，也是较早开发云南西南部的古老民族之一，因此一些江河物产的名称上都留下"濮人"的烙印。在古代滇池、洱海区域有较多的南亚语系民族聚居，社会发育层次较高；春秋战国时期，他们建立了比较发达的奴隶制国家，但这个被称为"滇"的国家，随着汉朝益州郡的设置而渐渐退出历史舞台；随着滇西昆明人势力削弱，德昂等族先民"濮人"在保山、德宏、临沧、思茅、西双版纳、玉溪南部和红河有了发展。据唐代樊绰《云南志》"城

镇第六名类第四"记载:"通计南诏兵数三万,而永昌居其一","自澜沧江以西,越赕扑子,其种并是望苴子。俗尚勇力,土又多马","南诏及诸城镇大将出兵,则望苴子为前驱","亦有此茫蛮于苏沥江岸,聚二三千人队"。这些部落的战斗力很强,南诏攻城掠地过程中常为其打先锋,可见其强大的势力。

公元前二世纪就有很多先民居住在云南西南部地区怒江两岸,即史书所说的古"哀牢国"旧地,是"东西三千里,南北四千六百里"的广阔区域,包括现在的大理、保山、德宏、临沧、西双版纳等州市,德昂族是最早的开发者。在史书中记载说德昂族的先民是茫蛮部落,隋唐时称为"茫蛮"、"扑子蛮",唐宋时期被称为朴子、茫人,元明时期被称为金齿、蒲人、"不农蛮",明代被称为"蒲龙",清初被称为"波龙",清末民初出现"崩龙"、"养子"的称谓。他们依次被多国统治:汉、晋、南诏、大理国。元代以后,他们被归属于傣族土司。新中国成立以后,当地居民被统称为崩龙族,并自称"达昂"。随着社会的发展,该民族要求更名为德昂族,在1985年9月经国务院批准正式更名。

(二)"茫蛮部落"与德昂族居住地格局的形成

在公元299年,永昌大姓首领吕凯的孙子被封为永昌太守,但刚上任便有"闽(缅)"(按又音"勉",这里的缅不是对缅甸缅族的称呼,其实缅只是后来汉文史籍和汉语对缅族的称谓,缅人则自称为"巴玛""布玛""缅玛")、"濮"(布朗、佤、德昂)先民起来造反,把吕氏家族驱逐到永寿(今双江、耿马一带)。到隋唐时期,在永昌等地聚居的"濮人"发展成了一个部落联盟的政治集团,樊绰《云南志》以及《旧唐书》、《新唐书》称他们为"茫蛮部落"(孟人部落)。他们拥有今保山、德宏、临沧等大片土地。部落以"茫"冠于小部落之首,如茫天连、茫吐薅、茫鲊、

茫盛恐、茫昌、茫施等。这里需说明的是茫人居住区还有越人等民族住居，茫人和他们共处；越人一般居住坝区，茫人则主要分布在山区、半山区或山间盆地，他们共同开发了古茫之地。唐朝时期，南诏在洱海流域崛起，进而向四周经营。南诏西开寻传的过程中，在"悉有瘴毒"、诸城镇官不亲视事情况下，为了加强控制，收管金齿（傣、佤、德昂族先民）、寻传（景颇、阿昌族先民）诸部，于摩零山上筑城，理寻传、长傍、摩零、八齿城等五道事，将境西地区划分为永昌、丽水和开南三个节度区，"濮人"族群中的一些人被强制迁移他地。南诏后期，茫人的势力开始有进一步发展，茫人部落中的"金齿"（以金饰齿而得名）支系崛起，依靠茫人的实力，摆脱了南诏和大理国的控制，建立了自己的区域统治，元代史书称它为"金齿国"。

历史上的德昂族在滇西南曾以武力闻名，特别是在12~15世纪时，德昂族成为古"金齿国"的主体民族。后来，德昂族逐渐走向衰落，很长时期内只能依靠租种别人的耕地来维持生活。直至1949年以后，他们才拥有了自己的土地。德昂族先民居于滇西南地区，其地理位置十分得宜，是古代中国通往印度的道路"蜀身毒道"的必经之地。公元前数世纪，以四川成都为起点，经西昌、会理、祥云、下关、保山、德宏至印度的中印古道就已经开通，蜀锦、生丝和铁器经由这条道路运往印度，因此人们又称它为"陆上西南丝路"。

古代云南作为部落林立的少数民族杂居地，史前即有南亚语系族群诸族分布。汉代在今保山建立有哀牢国，其族属构成中也有"濮人"（佤、德昂族先民部落），这些"濮人"在南诏、大理国统治时期作为被统属民族仍然比较强大，及至南诏后期他们成为了比较发达的"金齿国"的主体民族，"金齿国"东界澜沧江，西及中缅交界的广大区域。

（三）今天的德昂族

德昂族是中缅交界地区的山地少数民族，是中国55个少数民族之一。1982年，全国德昂族人口为1.23万人；1990年，全国德昂族人口1.6万人；2000年，德昂族共有1.7万余人；缅甸境内有30万左右的德昂族。中国一侧居住在云南德宏、保山、临沧等地的深山中，缅甸一侧居住在掸邦、克钦邦等地的深山中，与傣族（掸族）、景颇族（克钦族）、佤族等民族交往密切。目前国内德昂族主要有三个支系：饶薄支系（俗称"花德昂"），饶静支系（俗称"红德昂"），饶买支系（俗称"黑德昂"），德昂族的语言属于南亚语系孟高棉语族佤德昂语支，分为"布雷""汝买""汝静"3种方言。但是德昂族并没有本民族的文字，他们长期与傣、汉、景颇等民族相处，许多人精通傣语、汉语和景颇语。

新中国成立初期，德昂族各地社会经济发展不平衡，政府据此情况便以不同的方针对德昂族地区进行民主改革。保山、临沧地区及德宏州坝区的德昂族，由于过去直接隶属于傣族土司，其政治经济结构与傣族相同，因此和傣族一样，实行和平协商土地改革的方针。德宏州半山区和畹町镇的德昂族，受傣族土司和景颇族山官的统治管理，同时这一地区荒地可以自由开垦，并不存在缺乏土地的问题，因此改革和景颇族地区一样，实行向社会主义直接过渡的方针。民主改革后，德昂族走上了社会主义道路，政治、经济、文化事业都得到了迅速发展。在德昂族居住比较集中的地、州、县各级人民政府中，都有德昂族的干部，各级人民代表大会也有德昂族的代表参加。在德昂族地区，适龄儿童都有上学的机会，德昂族州、县建立了医院，乡和大队设立了卫生所和医疗站，教师、医生、科技人员队伍在茁壮成长。

二、德昂族文化生态

德昂族的文化生态是伴随本民族自然环境、生活生产方式以及宗教习俗的变化而形成的。他们对于花草树木、鸟兽鱼虫心怀敬畏，对大青树的信赖、对神林的崇拜、不杀生的习俗等都体现了德昂族对自然的热爱与尊重。这种崇敬自然的心理反映了德昂族对自然的深刻认识，以及对保护环境、保护生态的自发意识。

（一）德昂族的生产生活形态

德昂族居民多居住在山区和半山区，对于山坡上的旱地多采用轮歇耕种的方式以保证土地的肥力，具体表现为："一般头年栽种甜荞、苏子（油料作物）或饭豆，来增加土质的肥力，次年种植旱谷，第三年再种植甜荞、饭豆等，第四年即轮歇。待休耕十多年之后，山地又长出灌木丛林和茅草，此时再进行耕种。"轮歇耕种的生产方式中蕴含着可持续发展的生态智慧：先种有利于增强土壤肥力的作物，再种耗肥多的作物，但一直种下去，土地又会变得贫瘠不堪，于是采用休耕的方式，让土地积蓄一定的肥力再行耕种，这样长出的庄稼才会又大又肥，德昂族的这种耕作方式蕴含了肥力可持续利用的思想。

德昂族在经历刀耕火种的时期也极为注意生态保护，《潞西县三台山德昂族迁徙传说》曾记载："要开那里的荒山，便约众同去砍倒树木，干后烧之，烧时因怕火蔓延到别的山林，所有的人都去围着不让火燃到别处。"俗语说："靠山吃山，靠水吃水。"德昂族居住地区山多林多，山里边可供采摘的食物也比较多，如栗子果、苦子果、白露花、白刺花、鱼腥菜等。这些野生果蔬都是绿色健康食物，吃了对身体具有很好的保健作用。而这大量果蔬的存在也从另一个角度反映出德昂族居住地区良好的生态环境。

（二）德昂族宗教与民俗

德昂族信仰佛教，他们认为将任何一条生命弄死都是有罪的。这种观念体现在行动上表现为德昂族极少打猎，即便偶尔打猎，也是为了使庄稼免于鸟兽虫鱼的危害。德昂族尊重鸟兽虫鱼的生命，体现了"贵生"理念。从某种程度上说，生长在德昂族地区的动物是幸运的，贵生理念的背后是大量动物得以自由生长，这对保护物种的丰富性具有非常重要的意义。

在德昂族中还普遍存在着神林崇拜。德昂族认为："乱砍一棵树，就会得某种疾病，砍伐的树越多，病就越多；砍伐的树越大，病就越重，砍水源林中的树，更是会不得好死。"再加上德昂族崇拜蛇的缘故，他们会把村寨附近的一棵大树当作蛇树，每年要定期祭祀，禁止走近或砍伐蛇树。在保山市潞江坝大中寨还有这样的传闻："有一个老妈妈，砍了蛇树上的一根树枝，拿回家去烧，到夜里蛇神找来了，把她的脖子扭歪了，所以从那时起，谁也不敢走近蛇神树。"德昂族还崇拜大青树，每个村寨都有枝繁叶茂的大青树，德昂族认为砍大青树会带来灾难，并且"大青树要不断地栽植，据说这样才能接上自己的命"。德昂族对树的崇拜还表现在诞生礼和葬礼上，小孩出生的时候，要在大树旁种一棵小树，意味着孩子将会和这棵树一起长大；有老人去世的时候也要种一棵树，这会被看作是老人留给后代的命根和希望。

德昂族一直以来都被称作"古老的茶农"，他们善于种茶、制茶和饮茶，该民族创世史诗《达古达楞格莱标》反映了德昂族和茶的渊源。茶是德昂族的图腾，几乎家家户户都种茶，男女老少都喝茶，走亲访友或者托媒求亲都送茶，茶是德昂族生活中不可或缺的元素，就像《古歌》中传颂的那样："茶叶是德昂族的命脉，有德昂人的地方就有茶山。"德昂族喜欢在房前屋后和村寨周围都种上茶树，这给他们带来了多重益处：不仅有绿色的景致美化家园，大片的茶园还保护了生态，防止水土流失；喝了茶更是可以健壮体魄、颐养身心；将种出的茶叶出售还能带动经济。由此可见，茶对于德昂族来说，真的是充满生态意蕴的宝。

竹子在德昂族中使用较为普遍，因其萌生力极强，被德昂族认为是子孙发达的象征，这使德昂族有了喜欢种竹的习惯。三台山乡的德昂族把逝者统一安葬在村寨周围的山坡上，称坟山森林为"邪树林"，林中的树木不能任意砍伐，不占用耕地，家人及亲友也不上坟祭祀，若干年后，公共墓地上又可以开荒、造林。这种丧葬习俗既节约了耕地，还使土地得到重复利用。

德昂族流传着崇拜寨神的习俗，他们将村寨边上的一片森林视作"寨神林"，不能随便进入，这样使得"寨神林"的树木生长得极其茂盛，为德昂族村寨保持了一片绿荫。德昂族地区有五种树林：舍林、放风火林、坟林、水源林、保护水沟及公路边的树林和树木。这些树林对于涵养水源、防风防灾、调节气候等，都起到积极作用，特别有利于生态保护。

三、本卷选编的内容

本卷选取德昂族传统造物50个案例，从设计学角度进行解析。这些案例涉及了德昂族传统建筑、传统服饰、传统餐饮、传统生活用具、传统生产工具、传统手工艺、传统民俗与宗教造像七个部分。

"德昂族传统建筑"部分，选取了奘房、闭关亭、平安桥、矮脚干栏式草顶房、高脚干栏式瓦顶房、寨门、水井房在内的一共7个案例。这些案例可以分为：

1.宗教建筑，有当地的奘房及闭关亭、平安桥。奘房是德昂族的先民信仰小乘佛教的代表性建筑，通常是独栋单体建筑，采用干栏

式，底层架空，上层层次丰富，体量相对于民居较大，用材考究，室内外均有较丰富的佛教元素装饰，气势恢宏庄严；闭关亭作为一座具有特殊意义的宗教建筑，是德昂族尊崇佛教权威意识的产物，寄托着他们对民族祖先的缅怀，对历史文化和宗教习俗的尊重；平安桥整体为传统宗教建筑结构，由三部分独立的屋檐和构架组合而成，两侧对称下沉，立面整体呈现出"凸"字形态，平时不作为居民休憩场所使用。

2.德昂族民居，包括矮脚干栏式草顶房和高脚干栏式瓦顶房。草顶房民居为矮脚干栏式建筑，木质框架，以草盖顶。屋顶形式为毡帽式，因其圆润的外观加歇山式的造型类似于毡帽而得名。建筑包括主房、晒台、廊三部分，整体共分两层，上层是人的居住与生活空间，底层为储藏与牲畜饲养空间，布局有条不紊。高脚干栏式瓦顶房民居，住宅共两层，二层为生活空间，一层圈养牲畜或堆放杂物，家中成员依据德昂族家庭宗法制度，分配各自居所，建筑布局对称，结构严谨。

3.德昂族村寨公共建筑，包括村寨寨门和村寨水井房。寨门选自云南省德宏州芒市三台山乡出冬瓜村，寨门对于村寨的意义非凡，一方面表现为祭祀方面，另一方面体现在村寨的划界。寨门是村寨的入口，是村寨重要的交通节点，是一个村寨的象征，增强了民族认同感与凝聚力。村寨水井房为当地居民日常汲水的公共设施，满足德昂族祭祀、待客、浴佛等活动的用水。德昂族村寨都建有专门的饮水井房，传统的井房为木结构的草亭，后来多建成砖瓦结构的开放式井亭。

"德昂族传统服饰"部分，选取了包括对襟女上衣、右衽偏襟男上衣、对襟女童装上衣、女筒裙、筒帕、儿童帽、女子包头、腰箍等在内的8个案例。这些案例以服装为主，以配饰、腰饰、服

饰色彩为辅，体现了德昂族服饰整体造型的简洁利落、用色的浑厚端庄，诠释了德昂族鲜明的地域服饰文化特色。德昂族男子服饰的分类很少，支系间区别不大，一般采用上衣下裤式的着装方式，裹青色或者白色的头巾，头巾两端饰以彩色绒球；上装为大披领右衽偏襟，衣长而衣身宽松，蓝色系衣身，门襟、袖口、底边均有深蓝色贴边，后背大披领上垂下整片五彩斑斓的绒球装饰，十分艳丽，煞是惹眼；下着裤脚宽大的约七分长的裤子，扎青布长条绑腿，左耳会佩戴银耳珰，戴银项圈。德昂族女子服饰的基本形制为上衣下裙式，用黑布或白布包头，身配鞋帽、腰箍及各种银质、绒球饰品。上衣结构的造型较独特：衣身窄小，下摆尺寸明显窄于胸宽，呈逐渐收小的倒梯形趋势。这种造型在我国西南少数民族的女装中比较少见，较为符合人体造型，配上五彩的绒球、亮晶晶的银泡，展现出德昂族女子婀娜多姿的风采。德昂族童装的基本形制为上衣下裤式，男童一般穿藏青色或黑色的右衽偏襟短上衣，形制类似于德昂族成年男子的上衣；而女童一般穿黑底红边的对襟短上衣，形制接近德昂族成年女子上衣。德昂族妇女筒裙的造型由多个横条彩织的小块梯形拼接组合而成，结构简朴，线条流畅，实用方便。德昂族的五色绒球要用一缕毛线扎成球形，再染上不同的颜色制作而成。这些五色绒球运用广泛：男子包头布的两端、姑娘的项圈上、男女挎包的四周都有它们作点缀。德昂族筒帕即挎包是由基本的长方形包身和包带组成，以黑白为基本色调，按照年龄和使用场合的不同而色彩各异，包身点缀大小不一的五彩绒球，与德昂族的服饰左右呼应，成为德昂族民族服饰的标志性饰品之一。德昂族男女的头饰是其民族服饰的重要组成部分之一，德昂族成年男女包包头，儿童则戴帽。妇女剃光头，裹黑布包头，有的已婚妇女留长发，男子头饰大同小异，均留短发，通常缠两端饰以各色绒线球的黑色

前言

或白色布包头。女子竹篾腰箍是德昂族女子独有的饰物，德昂语称"脑"，这也是德昂族女孩成年的象征。德昂族崇尚黑色，其服饰材料的基色以黑、青为主。

"德昂族传统餐饮"部分，介绍了一些德昂族的传统菜式和饮食器具，具体选取了德昂族酸茶、茶叶菜、臭菜、橄榄撒、木质调料蘸碟5个案例。这些案例是德昂人日常餐饮的常见菜式和制作方法。食材的烹饪方式有油炸、凉拌和炒制三类。食材原料以就地取材为基本原则，例如以茶叶作为主要食材之一，就与德昂族盛产茶叶、喜食茶叶的传统有关。德昂族酸茶是德昂族世代相传的一门传统的制茶工艺。德昂族自古以来对茶叶就有一种崇敬之情，因此被誉为"古老的茶农""茶的民族"，德昂族认为茶是诚实和信任的象征，代表着与自然的协调，不与自然为敌，是馈赠亲友的佳礼，是民族文化的载体。饮用茶汤时苦涩之后的回甘，代表着德昂族对朋友家人真诚的祝福。德昂族饮食习俗的形成是由其生存环境、生产方式、生产力状况等多个因素所决定的，反映了德昂族的经济、文化、宗教等方面的历史进程，形成了有别于其他民族的独特饮食习俗，其中宗教信仰对德昂族饮食习俗的影响是最大的。明代中后期，南传上座部佛教在德昂族中传播，成为德昂族全民信仰的宗教。德昂族的很多饮食生活习惯都被宗教化，和尚和信徒虽然不禁荤腥，但是严禁杀生，遵从这见杀不吃、闻声不吃的戒律，为了不杀生，信徒家庭中不能养猪、鸡、鹅、鸭，需要食用这些肉类只能到市场交换、购买，或者请其他民族来宰杀。

"德昂族传统生活用具"部分，选取了木质拽秤、竹水筒、雕花木托盘、木质茶几、竹节凳、烤茶壶、铜烟草盒、切烟草台、竹筒酒壶共9个案例。这些案例是德昂族百姓所使用的传统生活用具。德昂族传统生活用具的创造和生产与德昂族所处自然环境、生

产方式、生产力状况等因素相关。木质拽秤为木制衡杆和提纽，竹编秤盘，石质秤锤，是当地居民用来称生活用品的计量工具。德昂族的竹制水筒，选材自当地盛产的龙竹，巧妙利用竹子轻便、竹节相隔的特点制作而成，在德昂族居民的生活中使用率很高，日常家用可以用它提水、倒水，在德昂族最盛大的节日浇花节期间，人们用它接水，再用竹篮提着多个水筒去奘房，将竹筒的水依次倒进龙水槽浴佛，完成浇花节的盛大仪式。烤茶是德昂族日常饮茶的一种方式，而烤茶壶是饮用烤茶所必备的工具，壶手柄是一根木质的长棍，与壶身以包裹金属连接，多为铜或铝，手柄较长，方便从火塘上取出滚烫的烤茶壶。

"德昂族传统生产工具"部分，选取了单手推柄石磨、木架铁铧曲辕犁、木质舂米桶、土砻、竹质连枷5个案例。西南地区的耕畜大多使用水牛，水牛是当地最主要的生产力，犁是至关重要的生产工具，对于不同时期、不同地域、不同民族的人来说都是不可或缺的，德昂族农民在农业生产中根据实际环境的需要改进，创造适合本民族劳作的犁，一人一牛配合拉犁耕作，提高生产效率。砻为破去谷壳之用，是用于连耞击打禾谷之后，风车扇去稻米中的糠秕之前对谷物去壳的粗加工用具，德昂族因地制宜地采取多种方式来代替刀耕火种，如在抛弃了刀耕火种的一部分土地上，发展畜牧业、林业等生产。德昂族地区土地资源比较丰富，因此充分利用当地区位优势、气候条件等，分类指导、因地制宜，大力扶持德昂族村民发展经济作物，如橡胶、甘蔗、咖啡、澳洲尖果、茶叶等。这不仅能够增加德昂族村民的收入，而且能很好地利用德昂族自身的有利因素。

"德昂族传统手工艺"部分，选取了德昂族绕线机、服装刺绣、银手镯、银臂钏、银耳铛、竹篮6个传统手工艺案例，并重点对它们的纹样和工艺展开了分析。在服饰中出现的图案、纹样、佩饰

以及色彩搭配等，也受风俗审美和生活信仰潜移默化的影响。德昂族祖祖辈辈用传统的手工方式进行土布、面料的制作，日常服饰与布料的制作都需要绕线机器，在一定程度上，提高了德昂族妇女绕线织布的效率。德昂族的服饰色彩搭配极富民族特性，其刺绣工艺精细，如妇女上装的下沿处用各色丝线绣有荠菜花、宝塔花及几何图案，色彩对比鲜明亮丽。德昂族人就有信佛的风俗信仰，佛塔造型在耳铛中出现，既是小乘佛教的体现，也是原始宗教的体现，佛塔造型的金银饰品佩戴身上，有辟邪驱魔的作用，德昂金银工匠把耳铛塑成佛塔形是为了寻求神灵保佑庇护，祈求平安。无论从造型还是纹饰，都透露着浓郁的少数民族气息。云南地区的绝大多数银饰都能体现出阴柔美，唯有胸泡排扣一类，充溢着古代盔甲武士般的阳刚之气。德昂族在很早前就有自己的银匠，能用碎银铸造银手镯、银坠、银项圈、银牌扣等，还善于在银制品上錾刻花纹图案，花纹繁复细致。雕刻图案多为对称的花草和几何图案之类，地方特色、民族特色浓郁，有着很强的乡土气息和生活气息，是德昂族人民历史文化社会生活的缩影体现。德昂族银手镯为圆筒錾刻加银丝盘绕焊接制作，表面用四条盘绕好的银丝焊接于银镯表面，一组两盘银丝；四组银丝两侧分别衔有拧好的两条银丝做装饰；银丝外围有錾刻密集的几何纹样。它代表了一个民族的精神态度，同时其精湛的制作工艺也为后人提供了宝贵的经验。

　　"德昂族传统民俗和宗教造像"部分，选取了包括德昂族浇花节、烧白柴节、水鼓舞、婚礼、葬礼、龙阳塔、铜质鱼磬、木质仪仗用具、释迦牟尼像、木质经书柜10个案例。德昂族一年中最重要的节日是浇花节，也被称为"泼水节"，这是一种是把佛陀诞生、成道、涅架3个日期合并在一起举行的纪念活动。烧白柴节又称为"咩崩"节，是德昂族重要的宗教节日，于每年农历腊月十四日，即傣历三月十四日举行。德昂族为祭奠牺牲的牛、羊、象、狮四种动物，制作白柴来代替它们的骨头，垒起焚烧，由此演变为烧白柴节。德昂族婚姻生活方面独具特色，德昂族的婚姻是一夫一妻制，同姓不婚，很少和外族通婚。由于人口规模较小，生存环境恶劣，德昂族奉行自由恋爱和自主婚姻，女子在选择对象上有一定自主权。德昂族对待死亡的态度比较达观，家中若有人病故老死，家属即在门外对天鸣放三枪，寨里的邻里乡亲闻讯，便会携带米、菜、肉陆续来到死者的家里。待死者埋葬以后，拿到奘房里献佛。德昂族艺术主要是音乐和舞蹈，水鼓舞作为德昂族的传统舞蹈，在祭天地、祭灶神、祭龙、祭谷魂、浇花节、龙阳节等重要祭祀仪式与节日期间都会跳起水鼓舞以示庆贺。水鼓"嘎奔当"是"远古回音"的再现，水鼓体现着德昂族的鼓神崇拜，聆听水鼓声可以唤起德昂族对祖先的缅怀，也深刻激发着德昂族的民族自豪感。龙阳塔是德昂族信仰的象征物，又叫喇定塔。德昂族虔信太阳为父、青龙为母的传说，其图腾是中华龙文化的体现。每逢农历正月十九日，德昂族都要在龙阳塔下开展祭祀"圣父圣母"的传统活动。德昂族的宗教信仰与其生活方式、生存环境、思维模式、道德观念、审美情趣等多种文化信息紧密相关，将精神信仰通过可视化的生动形象给德昂族树立民族图腾，对追溯民族起源和增强民族归属感具有重要意义。对于增强民族向心力起到重要作用。

四、本卷编辑思路

德昂族卷的编写工作始于2014年1月，前期主要通过实地与网络调研相结合的方式收集相关案例资料。实地调研方面，撰写团队多次派专人前往云南德宏进行实地拍摄，特别是在云南省博物馆、德宏傣族景颇族自治州文化馆、德宏州三台山德昂族乡文化传习站、德宏州三台山德昂族乡中国德昂族博物馆、三台山乡出冬瓜村等单

位与场所获得了大量的一手资料，实地考察路线详见图一；同时从中国国家博物馆、中央民族大学、上海博物馆少数民族工艺馆等单位对案例资料进行了进一步补充性采集。在网络调研方面，主要通过编委会提供的几家大型正规图片供应商的网络平台，进行相关案例图片及使用场景图片等信息的收集工作，收集过程中特别注意图片的出处，较多地选择了博物馆或展览的影像资料；同时，通过中国知网、万方数据知识服务平台、维普期刊资源整合服务平台、超星数字图书馆等学术资源库，对案例的文字资料进行了收集整理工作。除此以外，撰写团队还购买了大量参考画册与书籍，如《云南物质文化》《德昂族简史》《德昂族》《云南民族的历史与文化概要》《德昂族概览》《德昂族文学简史》《德昂族文化史》《德昂族文化大观》《德昂族社会历史调查》《云南少数民族图库：阿昌族·德昂族》《中华民族全书—中国德昂族》《德昂族觅踪——德昂族中英文图集》《大美德宏——德宏傣族景颇族自治州非物质文化遗产荟萃》

图一　德昂族实地考察路线图

《古老的茶农——中国德昂族社会发展变迁史》等，这些材料为项目的开展提供了必要的支持。

经过前期调研，撰写团队共收集案例97余项，根据编写章节的安排以及案例的实际采集情况，通过层层筛选，最终敲定编撰案例50项，结合编委会的要求，分八章节进行编撰。所分八章节分别为：第一章，德昂族传统建筑；第二章，德昂族传统服饰；第三章，德昂族传统餐饮；第四章，德昂族传统生活用具；第五章，德昂族传统生产工具；第六章，德昂族传统手工艺；第七章，德昂族传统民俗和宗教造像。

为了能够全面地反映德昂族造物思想与设计思维，在案例的编撰过程中，撰写团队主要围绕设计学本体进行内括与延展，通过对案例外观、功能、色彩、材质、工艺等几大方面的研究，归纳整理出能够较为全面反映案例设计特征的图例与文字。具体到每个章节，案例的制图类型与分析短文内容可能略有不同。

制图方面，第一章德昂族传统建筑的图例编撰主要围绕建筑学相关制图规范展开，主要包括反映建筑外观全貌的案例主图，反映建筑整体规划水平的平面图，反映建筑施工方法的立面图，反映建筑自身结构的剖面图，反映建筑空间的结构图、分解图以及其他一些反映建筑物外观、内饰等细节的图例。第二章德昂族传统服饰的制图内容主要依托服装设计相关专业制图手法，除了反映服装整体效果的主图外，还涉及服装设计专业领域内的尺寸图、开片图、着装示意图、色彩分析图、工艺分析图的制作等。在表现手法上，借鉴服装设计的专业表现技法，增加制图的专业性。第三章德昂族传统餐饮的编撰内容涉及两个方面，一是具体的饮食，二是盛放饮食的器具，对两者的制图略有不同。饮食方面，主要围绕制作流程展开，重点展示原（食物）材料、制作工具、制作流程和食用场景

气氛。为了更加真实地反映德昂族传统饮食的制作过程，编写小组还深入德昂族家庭赵玉月家、赵腊退家以及德昂族餐厅后厨，通过影像记录了大量的餐饮制作信息，因此饮食方面有展示具体的制作过程的图例。饮食器具方面，与第四章德昂族传统生活用具、第五章德昂族传统生产工具制图类型相同，主要围绕产品设计的相关规范展开，除了案例主图，还包括反映案例各部分名称的结构图、反映案例结构特征的分解图、反映案例大小的尺寸图、反映案例制作方式的工艺分析图、反映案例如何使用的操作分析图以及反映案例使用环境的使用气氛图。第六章德昂族传统手工艺的制图包括尺寸图、纹样分析图、动态分析图、材质分析图、色彩分析图、制作步骤图与使用场景图等。第七章德昂族传统民俗的图例编撰主要利用平面行序分析图、礼俗服饰分析图、礼俗道具用具分析图、现场效果图来还原节庆、婚嫁、祭祀等德昂族传统礼俗，包括案例主图、行序分析图、色彩分析图、场景图以及各个礼俗中所使用的道具、服饰等细节图；德昂族传统宗教造像的内容涉及传统宗教造像和设施部分，通过案例主图、尺寸图、操作分析图、材质分析图、造型分析图、色彩分析图、陈设效果图来展示德昂族特色的宗教造像。

　　分析短文方面，除了介绍案例的基本情况外（名称、形态、出产地、时间、功能），主要立足于设计学本体展开，从案例的外观特色、设计风格、尺寸、各部分名称、结构、材料与制作工艺、使用环境等方面入手，并结合制图内容来反映案例的特色。最后，对该案例在德昂族造物文化体系中的价值评估及设计学启迪意义两方面进行概述。由于各个章节所涉及的内容存在差异，分析短文的内容也因案例而略有不同。

　　本卷的编写工作得到了王琥教授的悉心指导，从案例采选、格式、行文、注释等诸多方面提供了纲领性的建议。诸多同仁对本

卷的撰写工作提出了许多中肯的建议。在实地考察过程中，云南艺术学院曾金华教授，德宏州文化馆支部书记、馆长穆贝玛途，德宏州潞西市三台山乡林业工作站站长孟必勇，德宏州芒市三台山德昂族乡出冬瓜村民委员会村务监督委主任赵腊退，中国德昂族博物馆工作人员以及沿途各地民间学者、手工艺人、乡民对于案例的采选和编写给予了诸多帮助，为案例的进一步完善提出了宝贵意见和建议，在此，一并表示最真挚的感谢。本卷的撰写是建立在前人研究的基础上，他们的研究成果廓清了本卷诸多案例的研究思路，在此向本卷所引用参考文献的作者表示深深的谢意。

在德昂族卷编写完成后，编撰团队严格按照编撰委员会的要求进行了细致的自查自纠工作，排除潜在的知识产权隐患，提升制图的质量，规范文字的内容与格式。历时近三年半时间的编撰工作于2017年9月基本结束，编撰团队自始至终倾情投入，以极大的热情与责任心对待这份重任。尽管编撰团队查阅了大量文献资料，进行了多次实地考察，通过不同渠道获取了大量一手资料，但终因学识水平有限，再加上受到案例体量与篇幅等方面的制约，无论是在案例选择的典型性方面，还是具体案例分析的全面性方面均存在诸多不足之处，难免出现疏漏与以偏概全情况，恳请广大读者批评指正。

　　　　　　　　　　　　王强　江南大学　2017年9月

目录

第一章 德昂族传统建筑

德昂族奘房 002

德昂族闭关亭 008

德昂族平安桥 014

德昂族矮脚干栏式草顶房 020

德昂族高脚干栏式瓦顶房 026

德昂族寨门 032

德昂族水井房 037

第二章 德昂族传统服饰

德昂族饶薄支系对襟女上衣 044

德昂族饶薄支系右衽偏襟男上衣 050

德昂族饶薄支系对襟女童装上衣 059

德昂族饶薄支系女筒裙 066

德昂族饶薄支系筒帕 072

德昂族饶薄支系儿童帽 079

德昂族饶薄支系女子包头 086

德昂族饶薄支系腰箍 091

第三章 德昂族传统餐饮

德昂族酸茶 098

德昂族茶叶菜 105

德昂族臭菜 110

德昂族橄榄撒 113

德昂族木质调料蘸碟 117

第四章　德昂族传统生活用具

德昂族木质拽秤　124
德昂族竹节水筒　129
德昂族雕花木托盘　134
德昂族木质茶几　139
德昂族竹节凳　145
德昂族烤茶壶　151
德昂族铜烟草盒　155
德昂族切烟草台　162
德昂族竹筒酒壶　168

第五章　德昂族传统生产工具

德昂族单手推柄石磨　176
德昂族木架铁铧曲辕犁　182
德昂族木质舂米桶　188
德昂族土砻　195
德昂族竹质连杆　202
德昂族绕线机　208

第六章　德昂族传统手工艺

德昂族服装刺绣　212
德昂族银手镯　218
德昂族银臂钏　223
德昂族银耳珰　229
德昂族竹篮　235

第七章　德昂族传统民俗和宗教造像

德昂族浇花节　242

德昂族烧白柴节　250

德昂族水鼓舞　255

德昂族婚礼　262

德昂族葬礼　271

德昂族龙阳塔　281

德昂族铜质鱼磬　285

德昂族木质仪仗用具　290

德昂族释迦牟尼像　296

德昂族木质经书柜　303

第一章 德昂族传统建筑

德昂族奘房

图一　德昂族奘房主图

　　德昂族信奉南传上座部佛教，自其传入以后，逐渐成为德昂族全民性的宗教信仰，贯穿在德昂族的点滴生活中。为满足日常祭祀、参拜等佛教活动的需求，人们在村寨中广泛建造规模各异的佛寺建筑奘房，成为村寨中奇特的风景。奘房通常是独栋建筑，采用干栏式，底层架空，上层层次丰富，体量相对于民居较大，用材考究，室内外均有较丰富的佛教装饰元素，气势恢宏庄严，体现德昂族对佛教与奘房建筑的崇敬。

　　德昂族奘房沿袭了缅甸、泰国等东南亚国家的建筑结构与装饰特色，借鉴了汉族佛寺的对称手法，结合当地其他少数民族的佛教建筑布局，形成了德昂族奘房空间对称、布局严谨、内部装饰华丽的建筑特征。奘房整体高7米，建筑空间分上下两层，上层为佛堂与廊。佛堂作为建筑的核心，是举行祭祀、参拜等佛教活动的主要场所，佛堂内部的柱、梁、枋等构件挂有绘制经画的布，传承佛教典籍，并形成色彩华丽的室内装饰。廊围绕佛堂一周呈"回"字形，连接佛堂的前后出入口，成为重要的人流通道，丰富了奘房的行走路径，也是从事佛教活动人员进入佛堂前脱靴、修容的场所。奘房下层是架空空间，高 2.2 米，由 25 根立柱支撑上层佛堂，能有效隔离地面湿气，保护建筑内部的佛教设施。奘房西侧设置有楼梯出入口，与上层廊相接，构成"中"字形的交通流向，成为奘房建筑的主要出入节点。奘房主要采用木质柱梁结构，以柱架梁，以梁穿枋，枋上搭檩条，再架椽条，最后盖瓦封顶，构成建筑的主要框架结构。隔墙使用木板穿插柱梁之间，局部辅以砖石，保持较好的通透性。建筑屋顶采用重檐歇山式，两重檐高度相差约 1 米，其四角均做有飞檐，形式曲直相间，丰富了屋檐的形式。

德昂族奘房是当地人传承与表达佛教信仰的重要场所，为当地人的宗教信仰提供了建筑载体。奘房周边不设置围墙，村民能从任何角度瞻仰佛殿，体现了奘房建筑的庄严神圣，使奘房成为德昂族村寨标志性建筑形式。奘房的营造融合当地其他少数民族、汉族、东南亚国家风格特点，体现了佛教文化对上述各民族建筑形式融合的促进作用。

图片来源
图一　曹杰　制图
图二至图十　张金威　制图

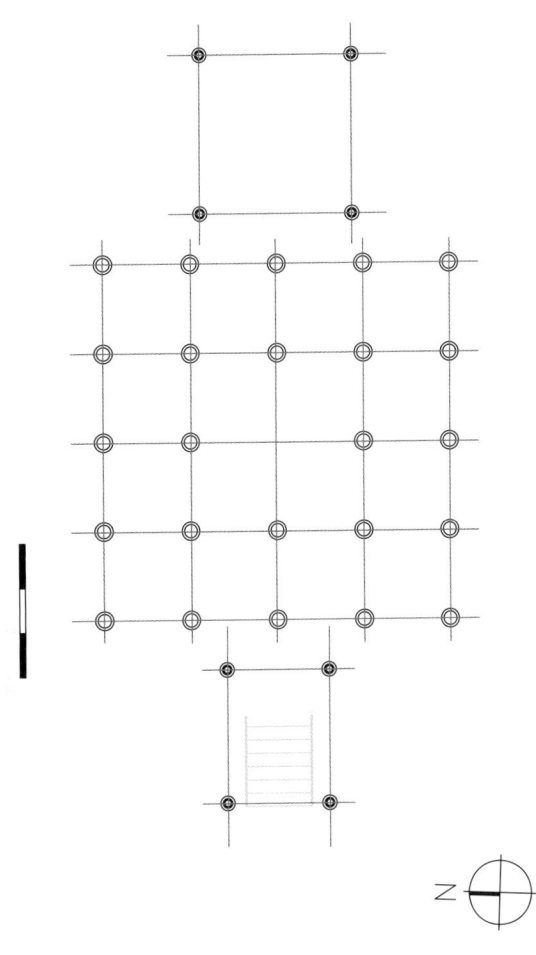

图二　德昂族奘房一层平面图

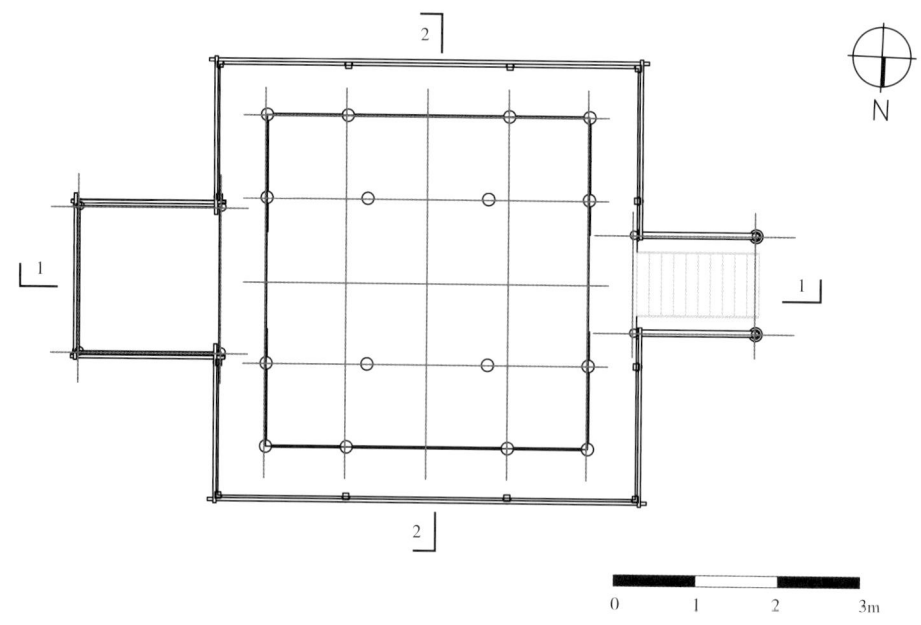

图三　德昂族奘房二层平面图

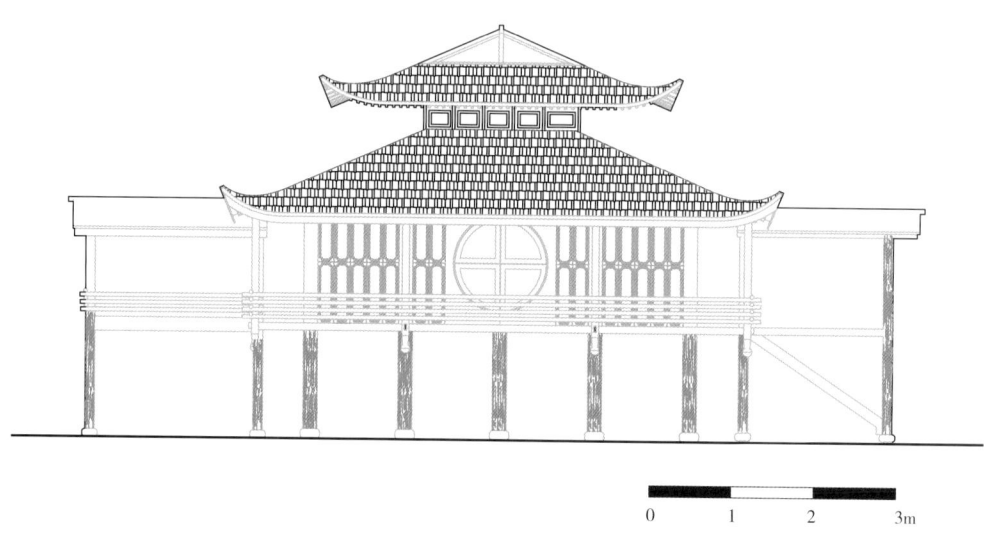

图四　德昂族奘房北立面图

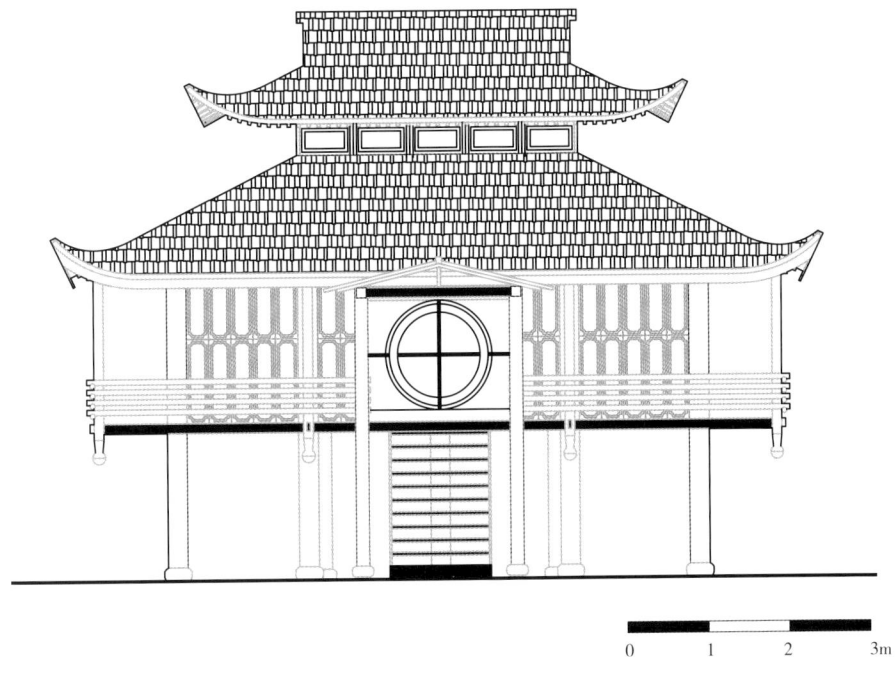

图五　德昂族奘房西立面图

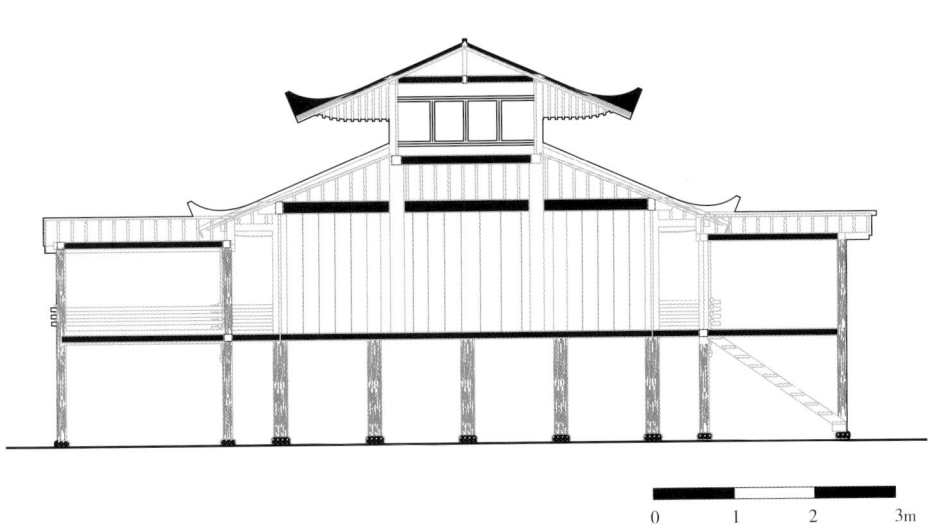

图六　德昂族奘房1-1剖面图

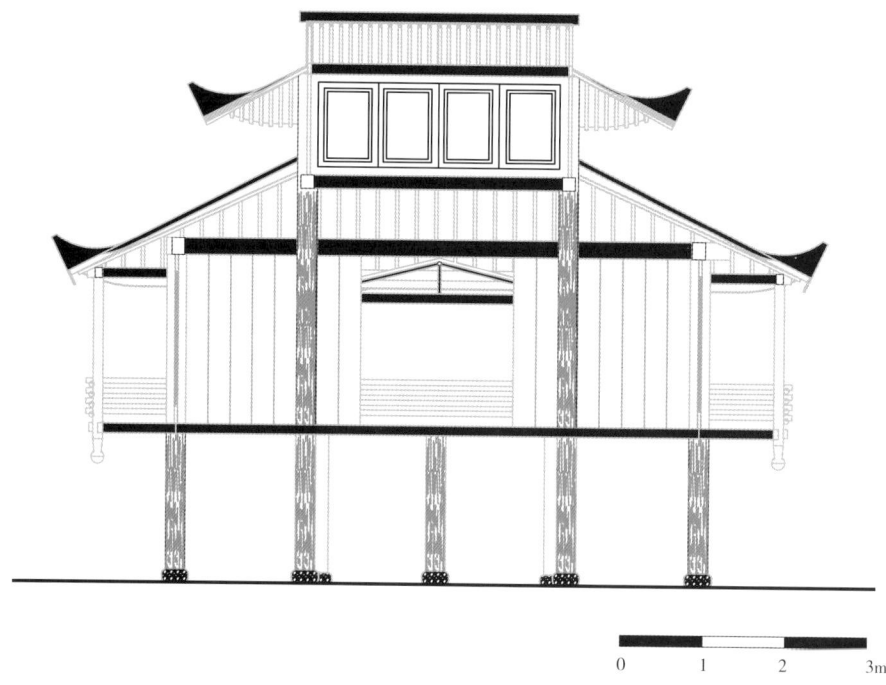

图七　德昂族奘房 2-2 剖面图

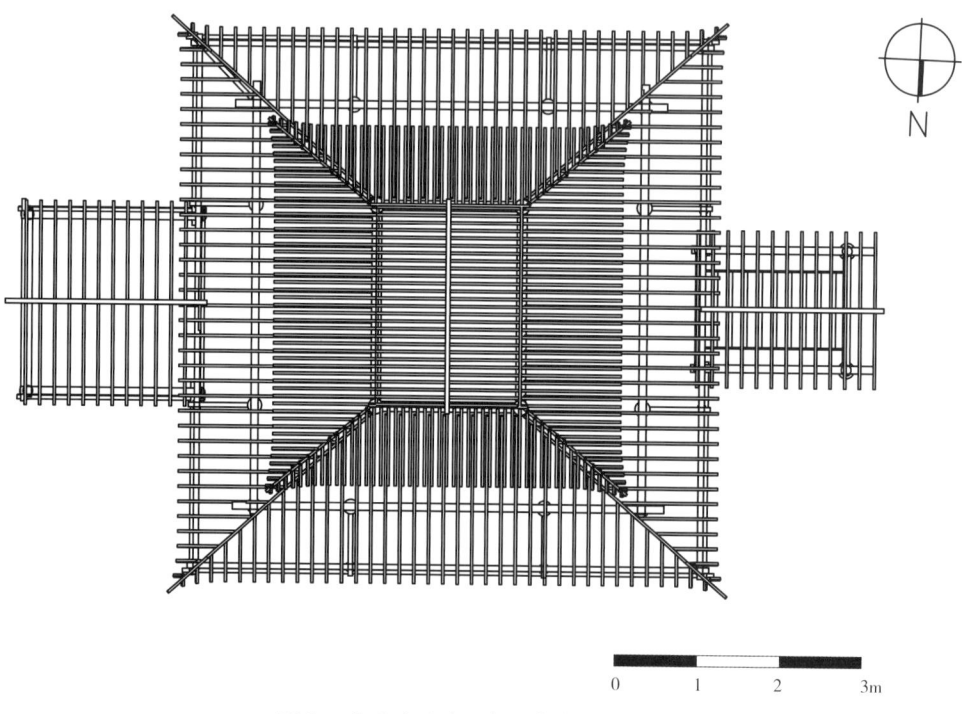

图八　德昂族奘房顶部椽条布置图

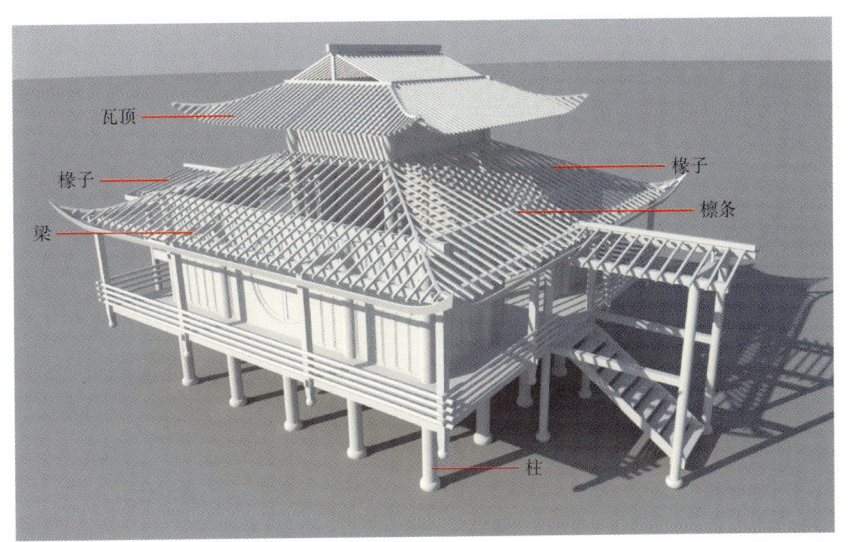

图九　德昂族奘房结构名称图

图十　德昂族奘房解析图

德昂族闭关亭

图一　德昂族闭关亭主图

　　本案例为德昂族宗教建筑闭关亭，坐落于云南省德宏州芒市三台山德昂族乡出冬瓜村，建在山顶的开阔平台之上，为长方形的重檐歇山顶建筑样式，底部筑有石台地基，四周挖空留出排水沟渠。建筑主体长6.02米，宽5.05米，高4.98米，十六根柱，双层梁枋，顶覆青瓦。整体为木质结构，梁枋四周悬挂布匹穗带等装饰物，顶层小阁居中，未铺设楼板，以便室内采光。

　　闭关亭一层正中央设有佛坛，摆放着佛爷画像，旁边时常有村民敬献的花卉瓜果等供品，以表达对佛爷的尊崇和追思之情。闭关亭仅一面墙体留有大门供出入，门框为瓶形，左右对称，门框后面为矩形门板，关闭之后与瓶形门框重叠；其他三面墙由木板围合，留有木栅窗通风透气。这其中约下二分之一处的木栅窗以木板封住间隙，上二分之一处又分作两部分：下半部为木栅窗，间隙留空；上半部完全留空不设木栅。整个墙体由下至上，由全封闭至半封闭再到全敞开，逐层增加了间隔空间，产生由密变疏的视觉效果。亭外四角屋檐下均请放了蜂巢，以防止闲杂人等靠近，打扰佛祖清修。闭关亭二层与大门同朝向的一面墙，装有四面镜子，在宗教当中用以辟邪。其中正中一块较大的矩形镜子，长0.38米，宽0.25米，镜子下排装有三只均匀排列的圆形小镜子，每只直径 0.06 米。传说佛祖为了照拂德昂族的生产生活，化身佛爷下凡，专为人们解决各种疑难问题，深受敬重和爱戴。当人们的生活逐渐安定富足，佛爷便在一座亭子里闭关修炼，以备重返佛界。彼时有宿敌乔装成孕妇，谎称佛爷即为腹中胎儿的生父，妄想破坏佛爷的声誉。当她接近闭关亭时，亭下河中的鱼虾蛙类齐跃出水面，拽出她腹中塞藏的衣物，戳穿了其阴谋，她便没能阻挡佛爷修炼成佛。为了感念佛祖的功德，德昂族在山顶上修建了这座闭关亭，保留了象征护亭河的沟渠，并派有专人管理，称之为"达幸"。

闭关亭位于云雾缭绕、风景殊胜的山顶之上，东边建有佛塔，南边即为奘房，历经百年，如今依旧巍然挺立。德昂族普遍信仰南传上座部佛教，虽然各地信奉不同的教派，但其教义有相似之处，他们认为好人死后可上天，还可再转化为人；坏人死后，则入地狱，受尽煎熬。因此，德昂族崇尚和平正义，故而社会安定，勤劳节俭，蔚然成风。

德昂村寨里建有佛寺和佛塔，大多数村寨中的奘房还供养着佛爷。从佛教传入德昂地区伊始，和佛教有关的传说典故不胜枚举，宗教意识对德昂族的影响根深蒂固，而与宗教有关的建筑则成了村寨之中最为威严壮观的人文风景。三台山乡德昂族闭关亭，作为一座具有特殊意义的宗教建筑，是德昂族尊崇佛教权威意识的产物，也寄托着他们对本民族祖先的缅怀，对历史文化和宗教习俗的尊重。闭关亭独特的重檐歇山顶木结构建筑形式，有别于德昂族传统的"干栏式"竹楼民居，带有较为明显的汉族建筑特征，这一建筑元素的变化反映着佛教文化传入德昂地区的同时，也带来了内地的先进技术。正是与不同民族文化相互交融、博采众长，德昂族才能历经千百年沧桑巨变，至今仍存留着无数璀璨的文化瑰宝。

图片来源
图一、图九　刘翔宇　摄影
图二至图七　华建业　制图
图八　王强　摄影

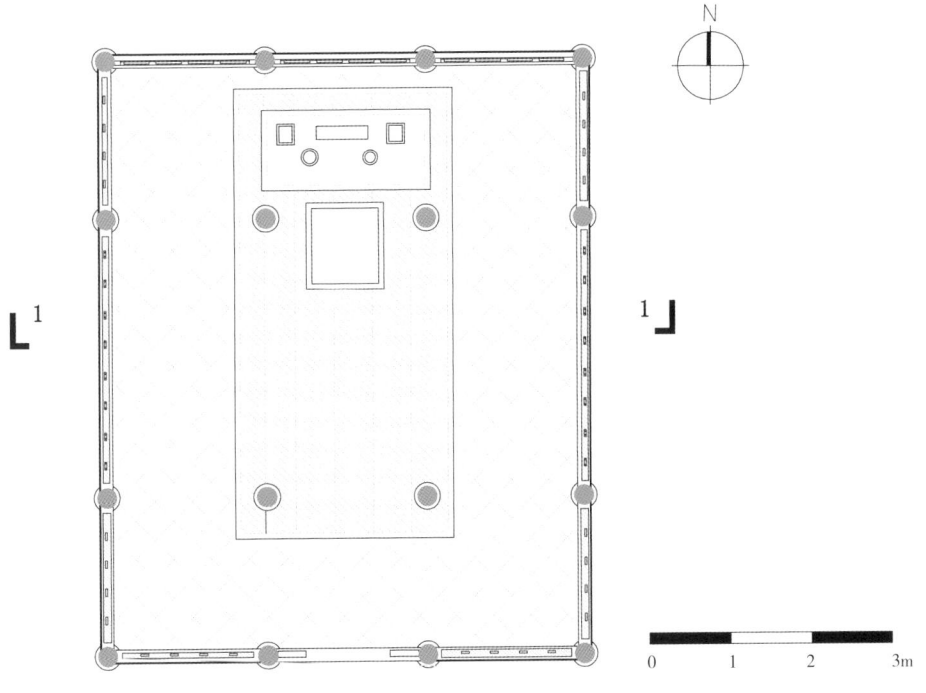

图二　德昂族闭关亭平面图

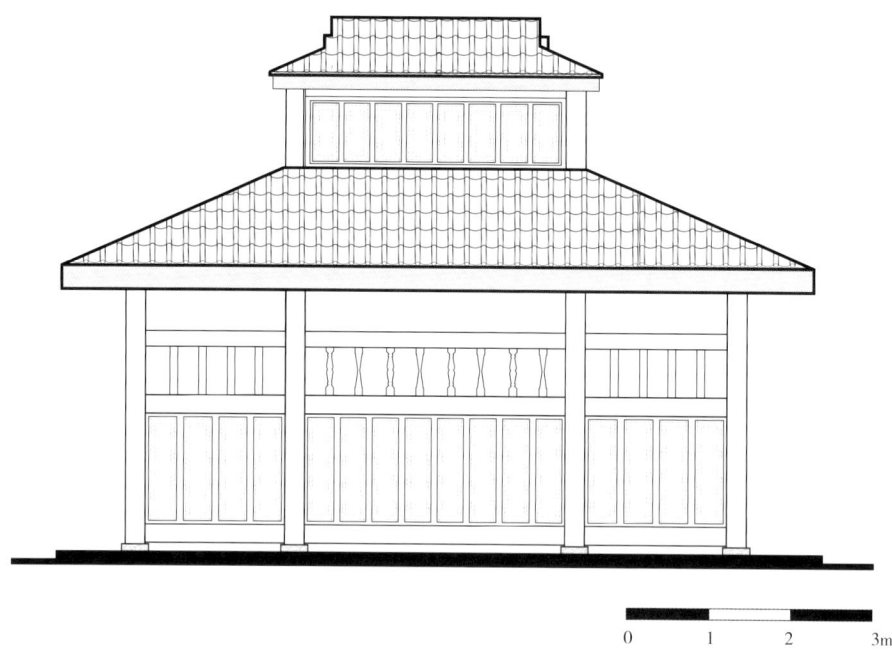

图三　德昂族闭关亭东立面图

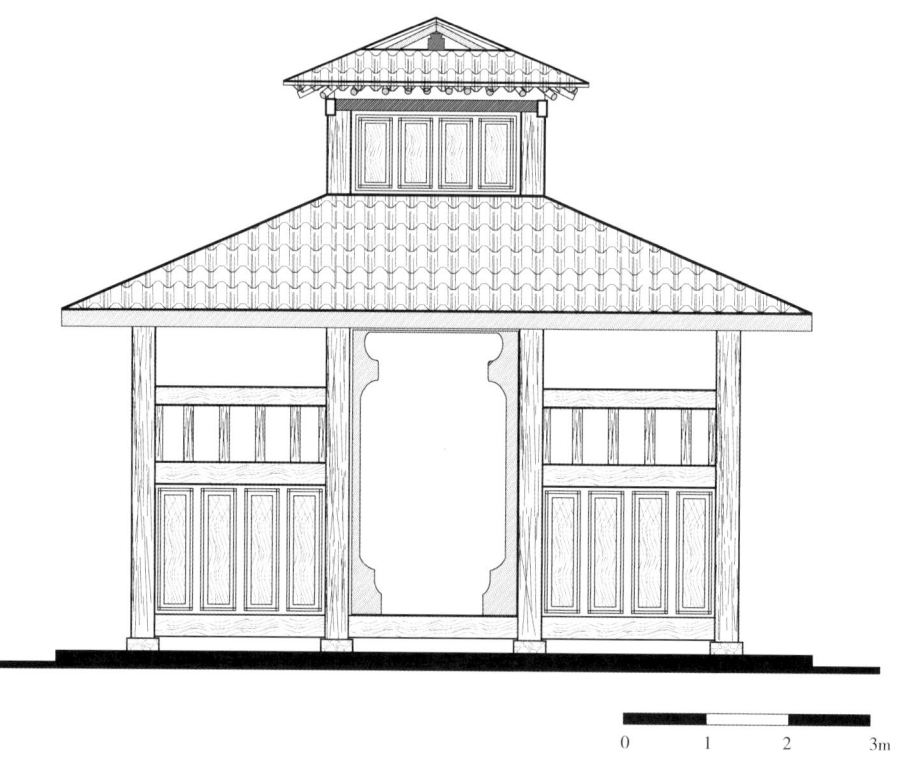

图四　德昂族闭关亭南立面图

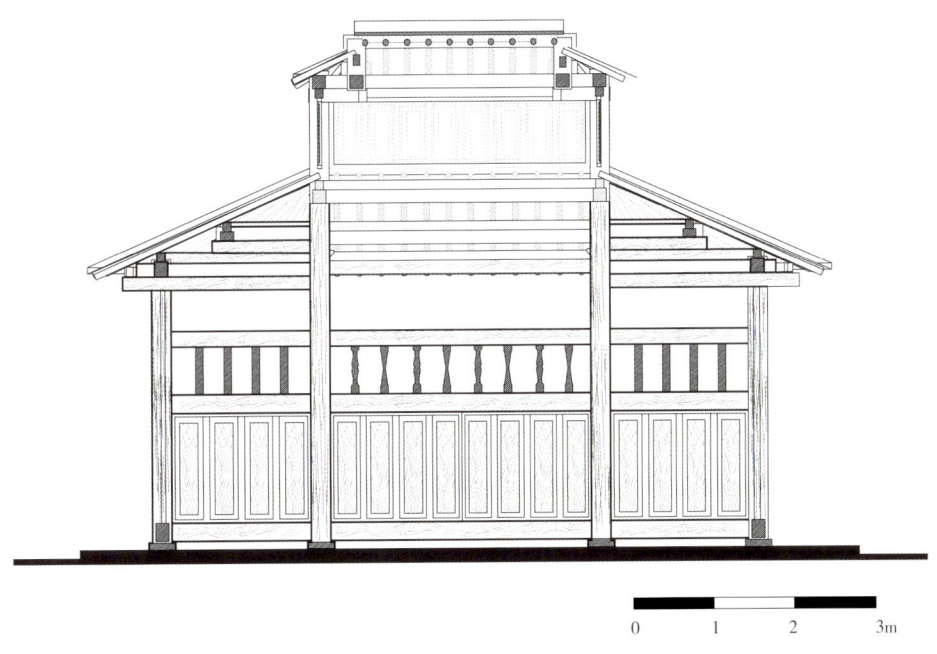

图五　德昂族闭关亭 1-1 剖面图

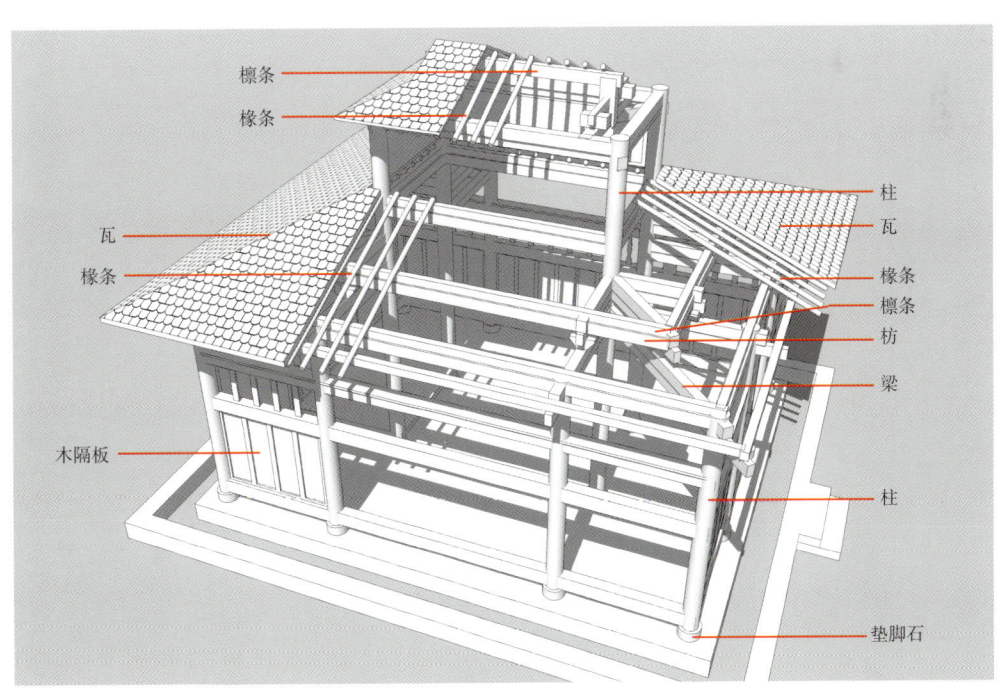

图六　德昂族闭关亭结构名称图

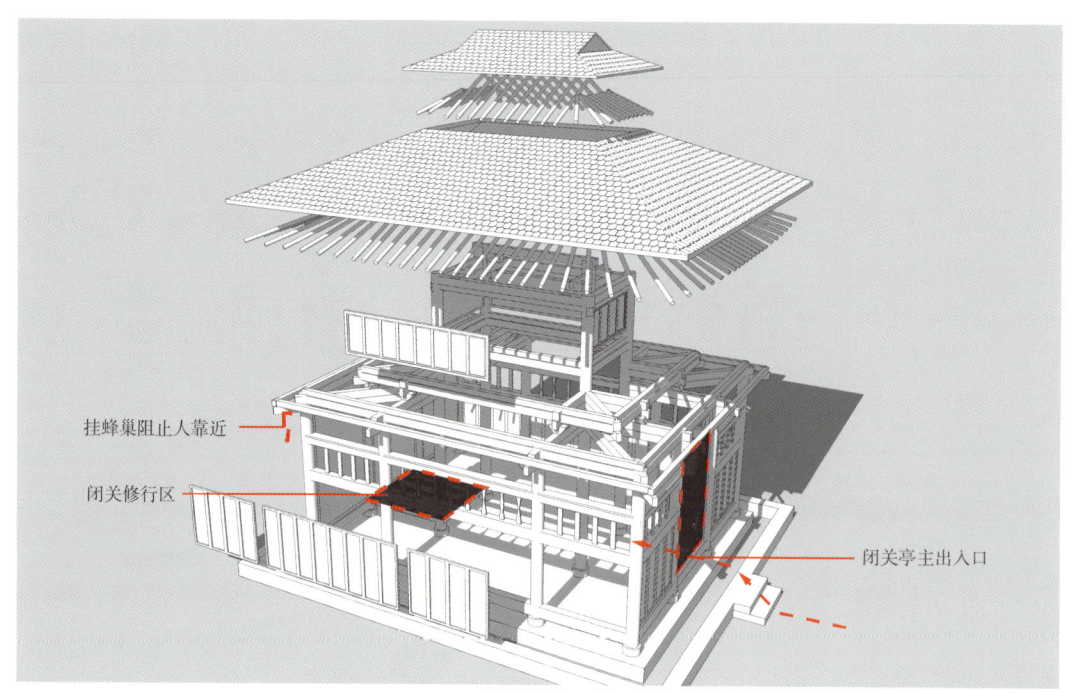

图七　德昂族闭关亭解析图

图八　德昂族闭关亭局部细节图

图九　德昂族闭关亭气氛图

德昂族平安桥

图一　德昂族平安桥主图

本案例为德昂族传统宗教建筑平安桥，又称长生廊，位于云南省德宏州芒市三台山德昂族乡出冬瓜村。建筑坐南朝北，平安桥整体长5.6米，宽2.1米，占地面积约11.76平方米。德昂族普遍信仰南传上座部佛教，平安桥作为德昂族传统宗教建筑，是德昂族信仰的鲜明体现，也是族人精神与憧憬的外在表达。

平安桥由三部分独立的屋檐和构架组合而成，两侧对称下沉，立面整体呈现出"凸"字形态。东西两侧分别设置出入口，居中屋檐顶部最高达3.9米，两侧高2.75米，其梁与两侧较矮的屋檐顶端保持水平。由于修建于近代，其在建筑材料的选择上更加广泛，平安桥主体为蓝色，采用钢架结构，这有别于德昂族其他以竹木为主的干栏式房屋。屋顶铺设两面坡红色彩钢瓦，屋檐部分为黄色，饰以佛教莲花纹以及连续纹样装饰，框架部分为敞开式，采用钢结构，四面通透无门，搭建8根承重柱，纵横两个方向分别承接梁与枋，两侧安置靠背长条钢结构座椅。建筑底部基柱由八个统一尺寸的柱础排列而成，上部铺设木板以架起整个建筑。平安桥作为德昂族传统的宗教建筑，具有其独特的功能性。信奉南传上座部佛教的德昂族，将神灵万物作为其民族信仰的核心，认为人在死后灵魂依旧不会消失，其归宿取决于生前所有的功过善恶，因此，德昂族虔诚信仰佛教，佛教对其日常行为礼俗等方面具有约束的作用。平安桥作为其宗教建筑的代表之一，在日常祭祀活动和重大的节庆时，村民会以平安桥和奘房为中心举办当地特有的宗教仪式。平安桥平时不作为居民休憩场所使用，只有在祭祀节日期间，才被开放使用，村寨中的百姓都会自觉遵守。进行祈福、祭祀活动时，祈福者需要取来被祈福者的日常衣服（一般为上衣），将其依次挂置在平安桥的梁枋之上，并将悬挂衣物正对村寨内奘房的位置，从而展开一系列相关的宗教礼拜仪式。

德昂族结合当地特有的地理环境和民族文化，延续着与自身生活生产相互依存、相互影响的宗教环境，其中在本民族宗教建筑的形制上保存较为完好。平安桥的建造与使用，体现了德昂族质朴的生活方式和坚定的民族宗教信仰，保留了本民族特有的文化底蕴，也约束着族人的行为，产生了一定的积极影响。

图片来源
图一、图八、图九　刘翔宇　摄影
图二至图七　承恺　制图

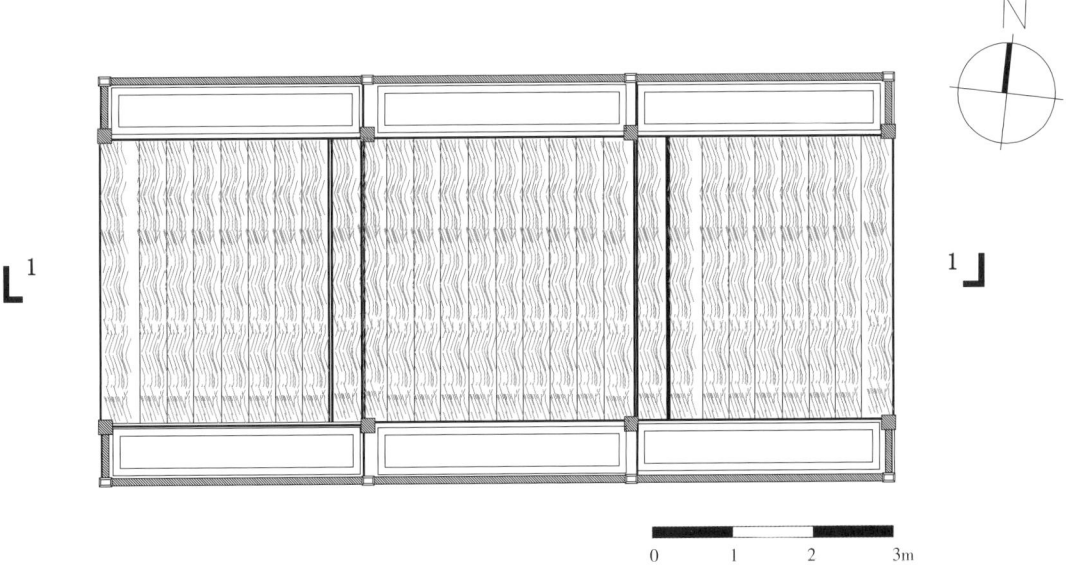

图二　德昂族平安桥平面图

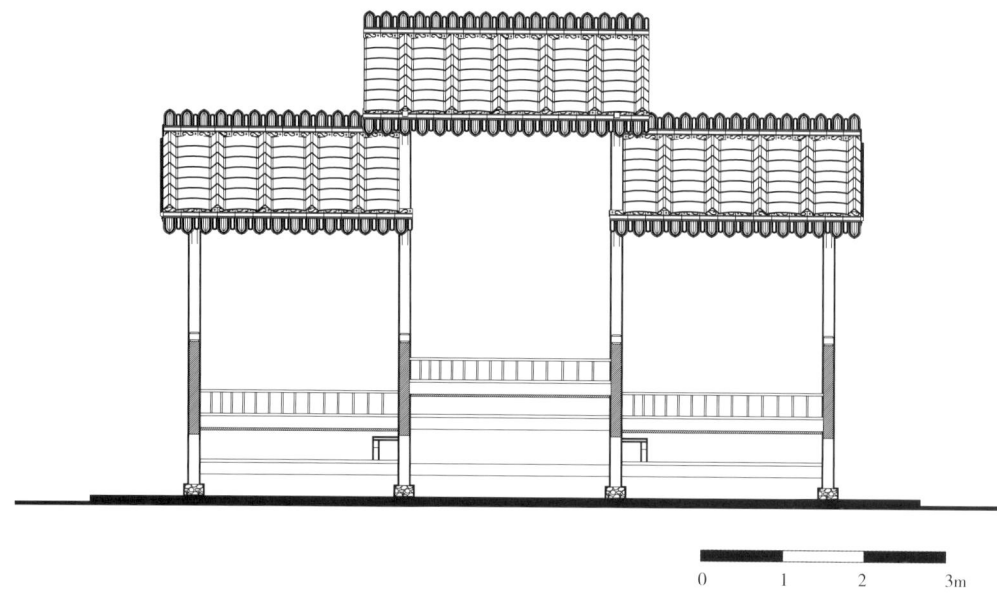

图三　德昂族平安桥南立面图

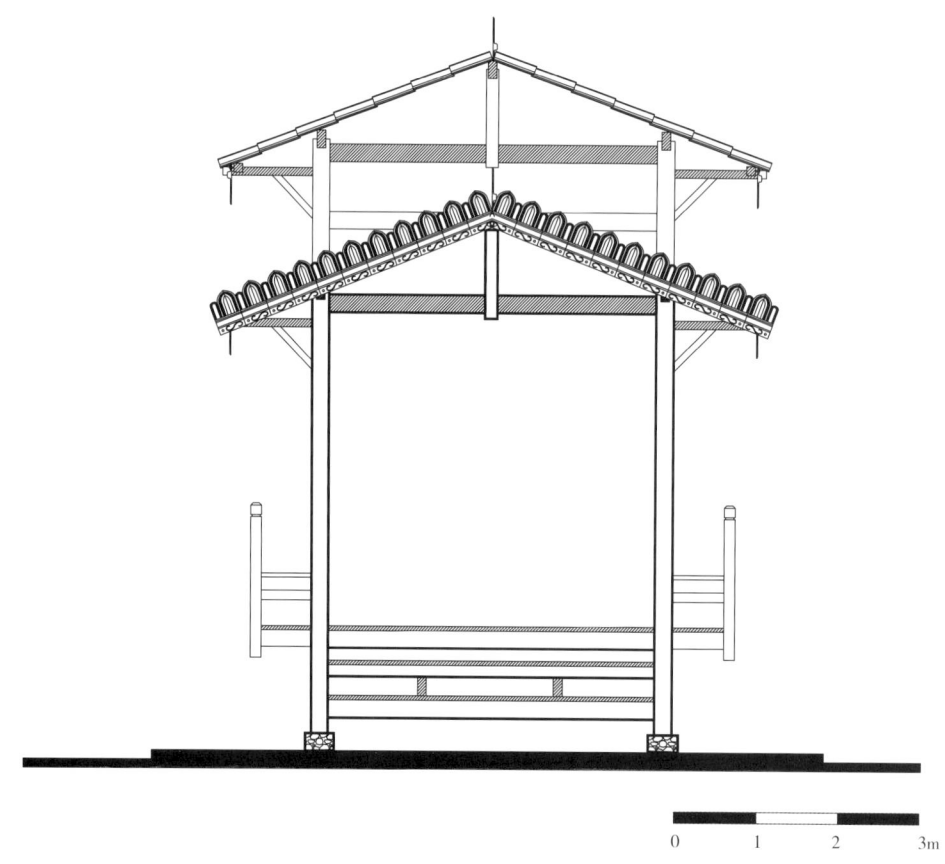

图四　德昂族平安桥西立面图

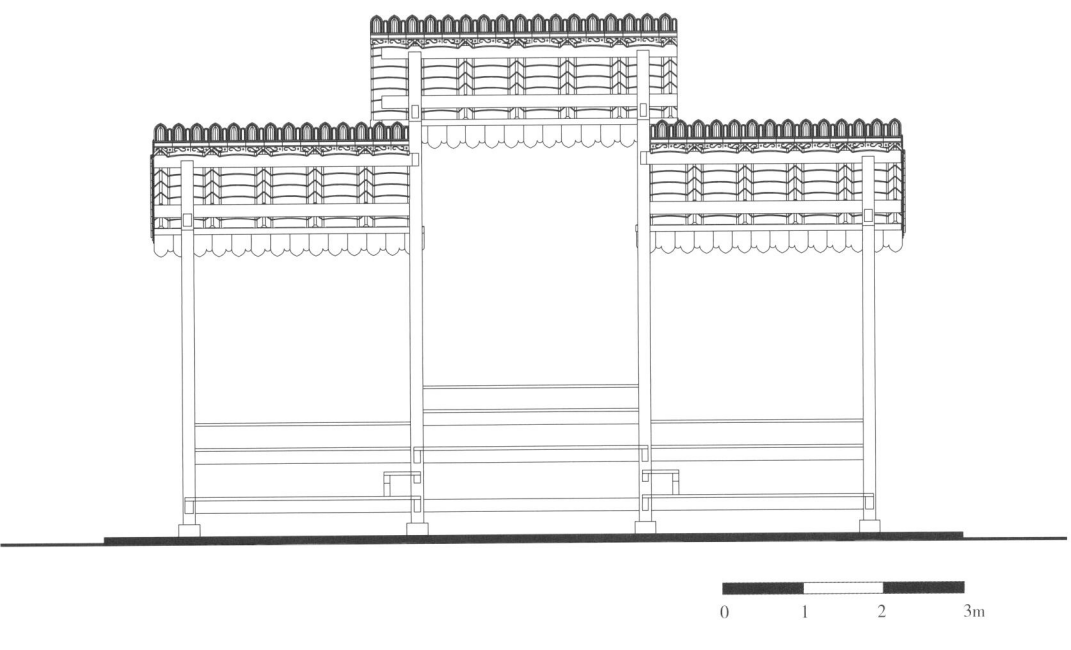

图五　德昂族平安桥 1-1 剖面图

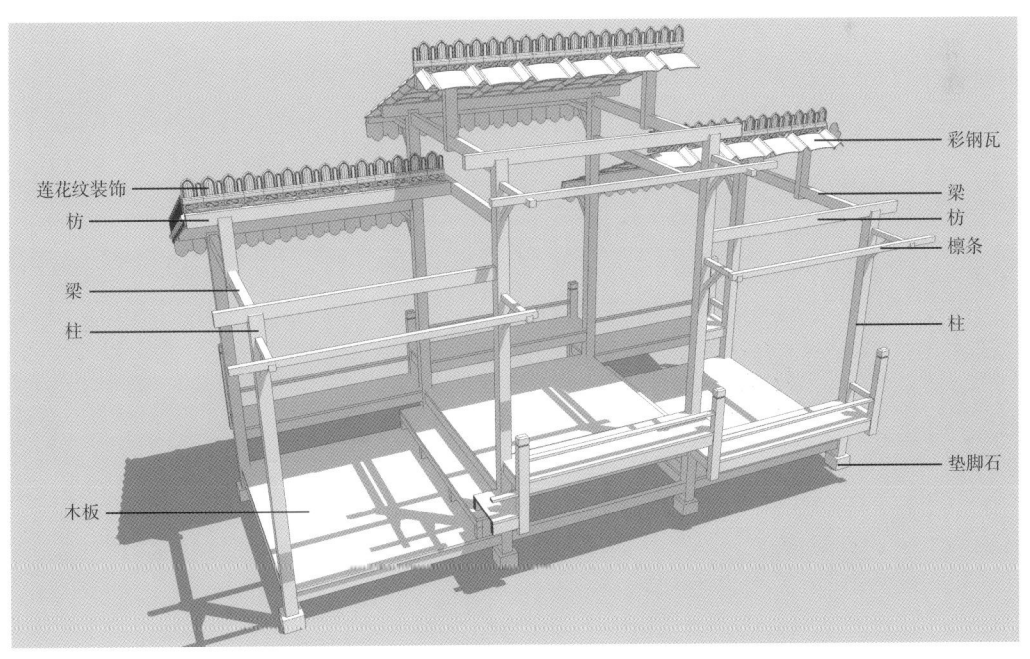

图六　德昂族平安桥结构名称图

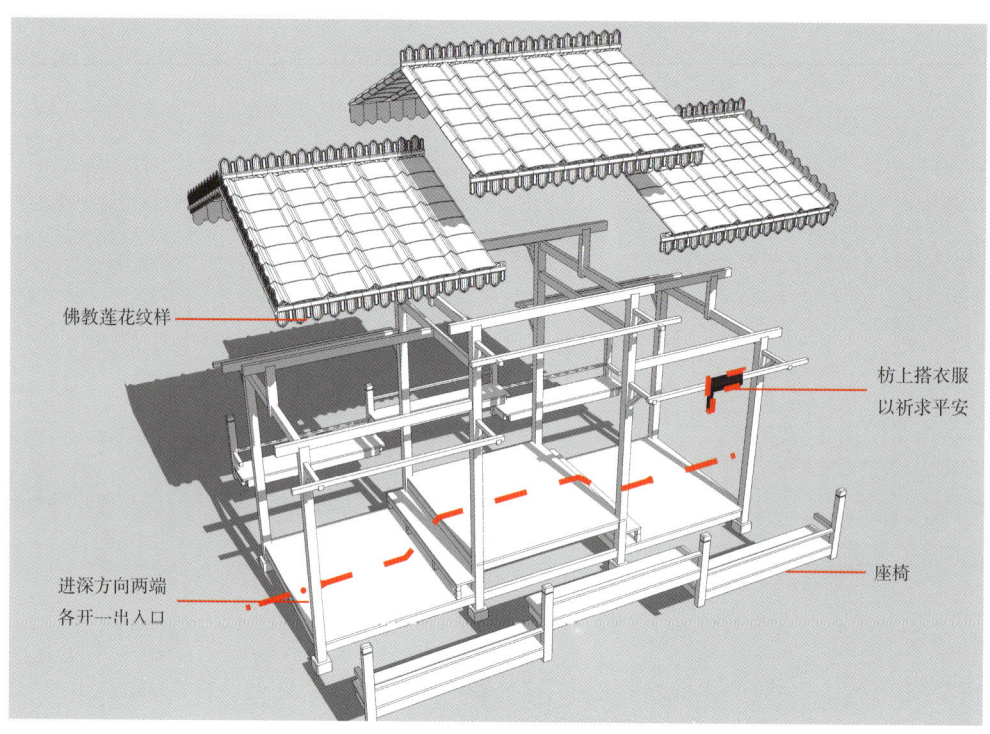

图七　德昂族平安桥解析图

图八　德昂族平安桥局部细节图

图九　德昂族平安桥场景图

德昂族矮脚干栏式草顶房

图一 德昂族矮脚干栏式草顶房主图

镇康县位于云南省临沧市，周边群山环抱，树木葱郁，环境优美，资源较为充足，适宜居住。本案例民居为矮脚干栏式建筑，木质框架，以草盖顶。单层平面面积约为100平方米，整体高约7米。屋顶形式为毡帽式，因其圆润的外观加歇山式的造型类似于毡帽而得名。建筑包括主房、晒台、廊三部分，整体共分两层，上层是居住与生活空间，底层为储藏与牲畜饲养空间，布局有条不紊。德昂族保留有一定的家庭宗族观念，常见家族群居现象，有血缘关系的若干家庭同住一个屋檐，居住人口较多，使德昂族对民居的居住面积要求较高，形成小家庭一间、大家庭一户的居住方式。

毡帽式民居主房共分两层，底层架空，主要包括畜棚、农具储藏、柴房、粮仓等空间，周围除西面外，均以木板进行围合，在面南与面东的位置各开一门，与东西两侧楼梯一起构成底层重要的交通节点。畜棚位于主房底层西侧，面积约占主房底层三分之一，西面建木桩搭横条，以限制牲畜的行走。农具储藏区位于畜棚东侧、主房底层南侧，放有脚碓、石磨等粮食加工类农具以及犁、土砻、耖、耙等农具。柴房位于主房底层东侧，堆放一些木材备用，主要为火塘用柴或建筑材料等。粮仓位于农具储藏区北侧，是开敞空间，有两个竹制大筐用来盛放粮食，大筐围合严密可以起到隔湿、防虫的作用。主房上层通过东西两侧的廊与楼梯和底层相连，主房内部主要包括厨房与卧室两个区域，厨房位于西侧，内置一个火塘，用于烹煮、熏烤食材，来客时也作堂屋供休憩洽谈之用。

厨房以东几乎都作为卧室使用，其中位于中间的两间各设置一个火塘，去湿避寒，主要居住家族长者；东侧卧室没有设置火塘，居住着晚辈家庭或未成家女性；晒台位于主房的西侧，与西侧廊相接，用于晾晒粮食等物。屋顶为草编材质，一般的德昂族民居草顶房都会在草顶上编扎草塔，当一些民居逐渐换为瓦顶房时，房顶的草塔也被换成了象征用的叠瓦塔。该民居以木柱做基础，竹木做隔断，茅草做顶，建筑形式较原始。

毡帽式民居是临沧镇康地区常见的住宅形式，大家族的群居方式使有限的居住空间出现了一间多用的情况，且卧室的数量远多于其他空间，体现了家庭宗法制度对德昂族空间布局的影响。火塘与干栏式建筑形式的使用，有效避免了潮湿气候对人居生活的不利影响，是当地建筑对环境气候的适应性改变。

图片来源

图一　曹杰　制图

图二至图十　承恺　制图

图十一　戈姗姗　制图

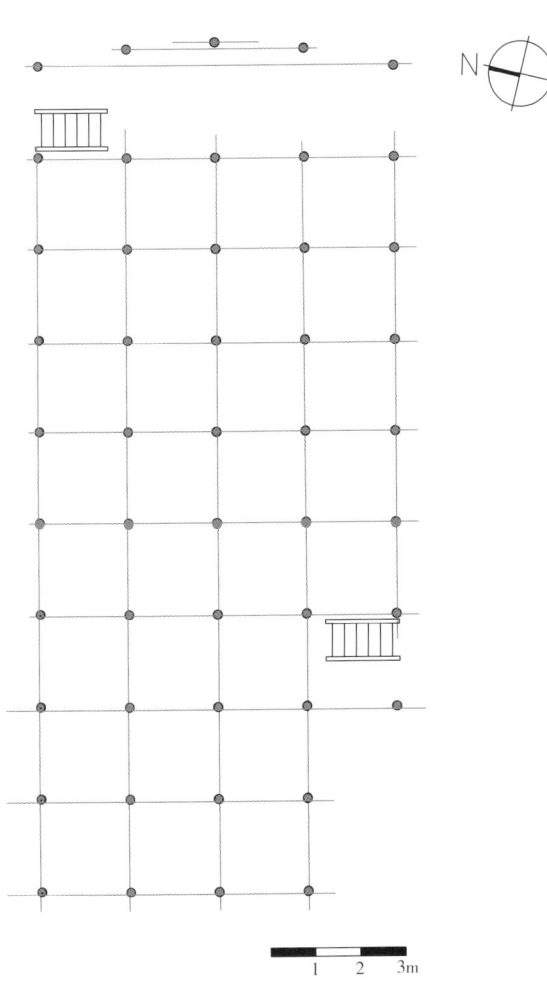

图二　德昂族矮脚干栏式草顶房一层平面图

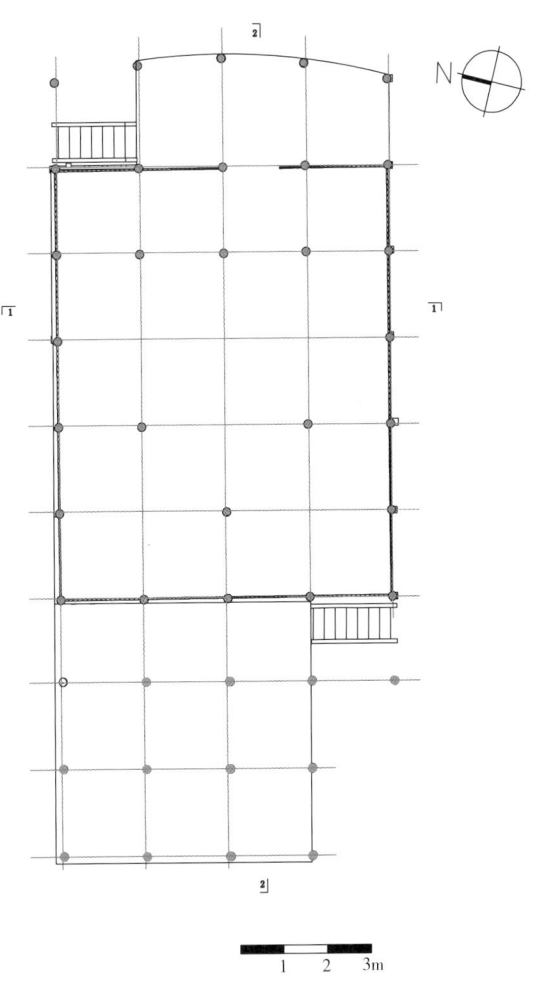

图三　德昂族矮脚干栏式草顶房二层平面图

图四　德昂族矮脚干栏式草顶房南立面图

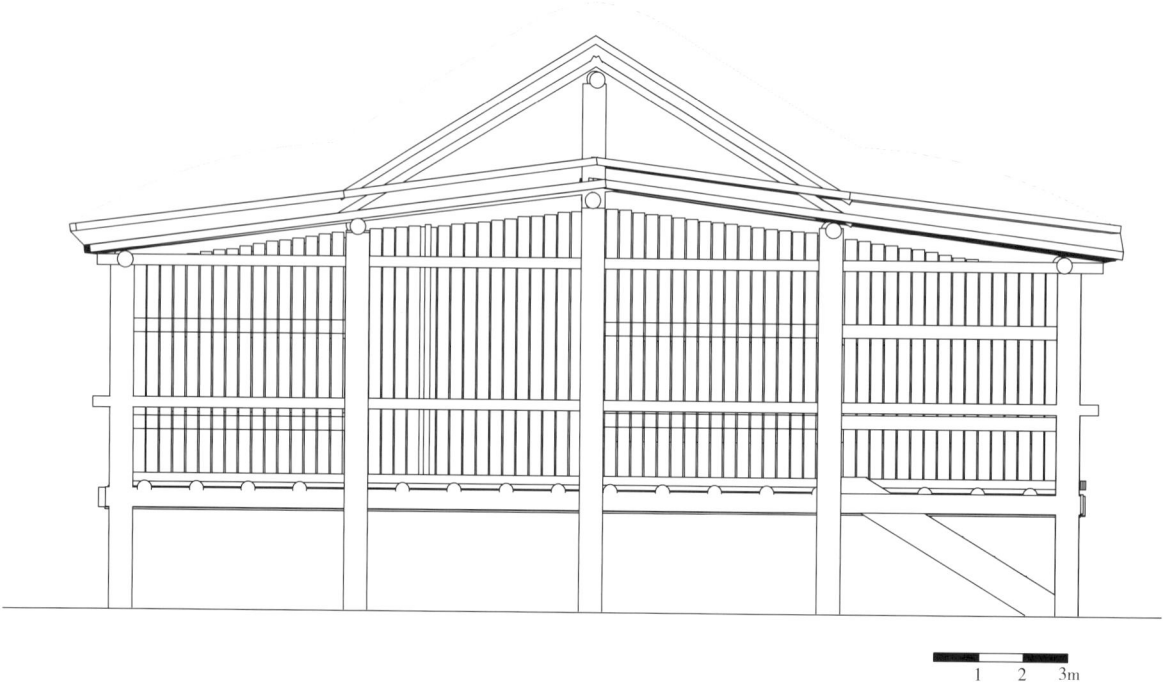

图五　德昂族矮脚干栏式草顶房西立面图

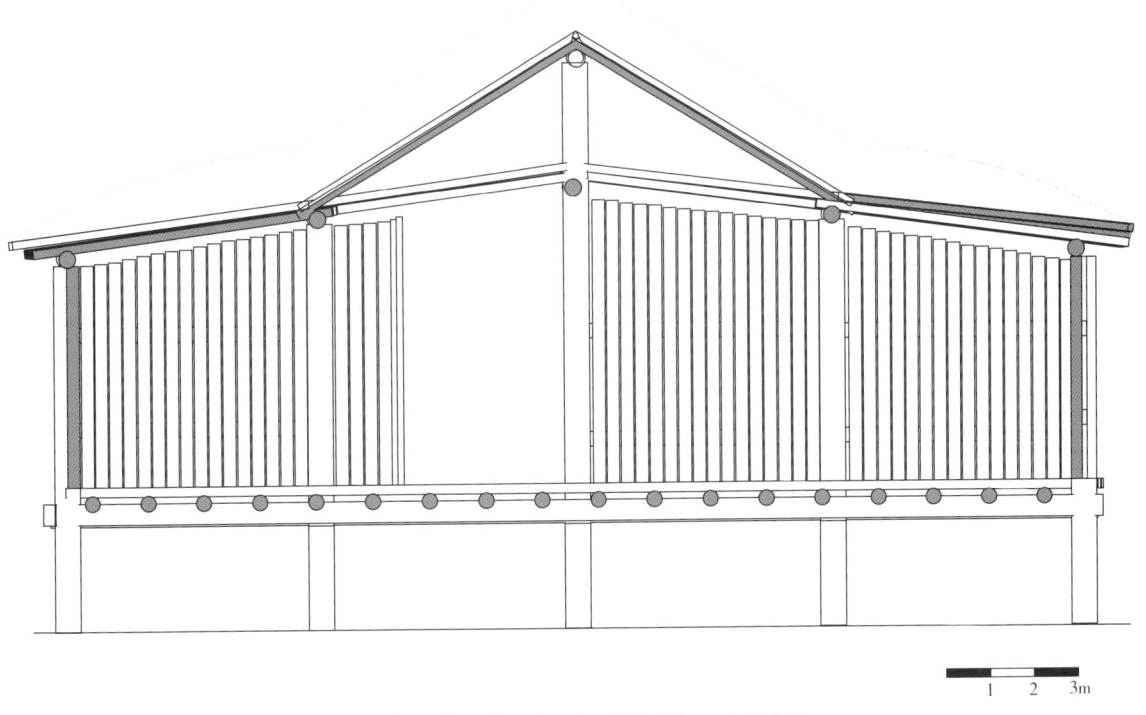

图六 德昂族矮脚干栏式草顶房 1-1 剖面图

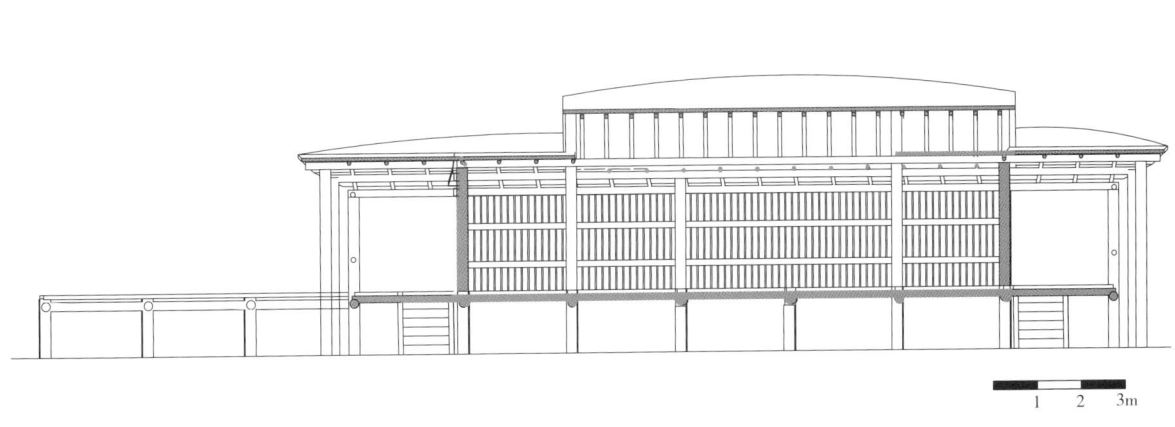

图七 德昂族矮脚干栏式草顶房 2-2 剖面图

图八　德昂族矮脚干栏式草顶房结构名称图

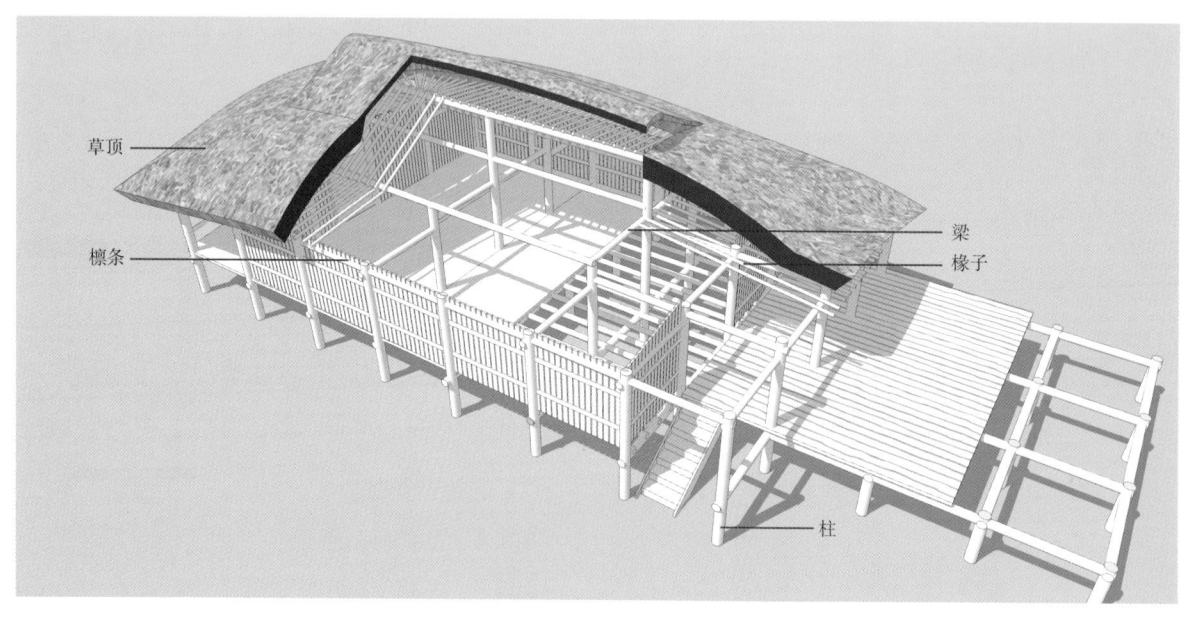

图九　德昂族矮脚干栏式草顶房解析图

图十　德昂族矮脚干栏式草顶房受力分析图

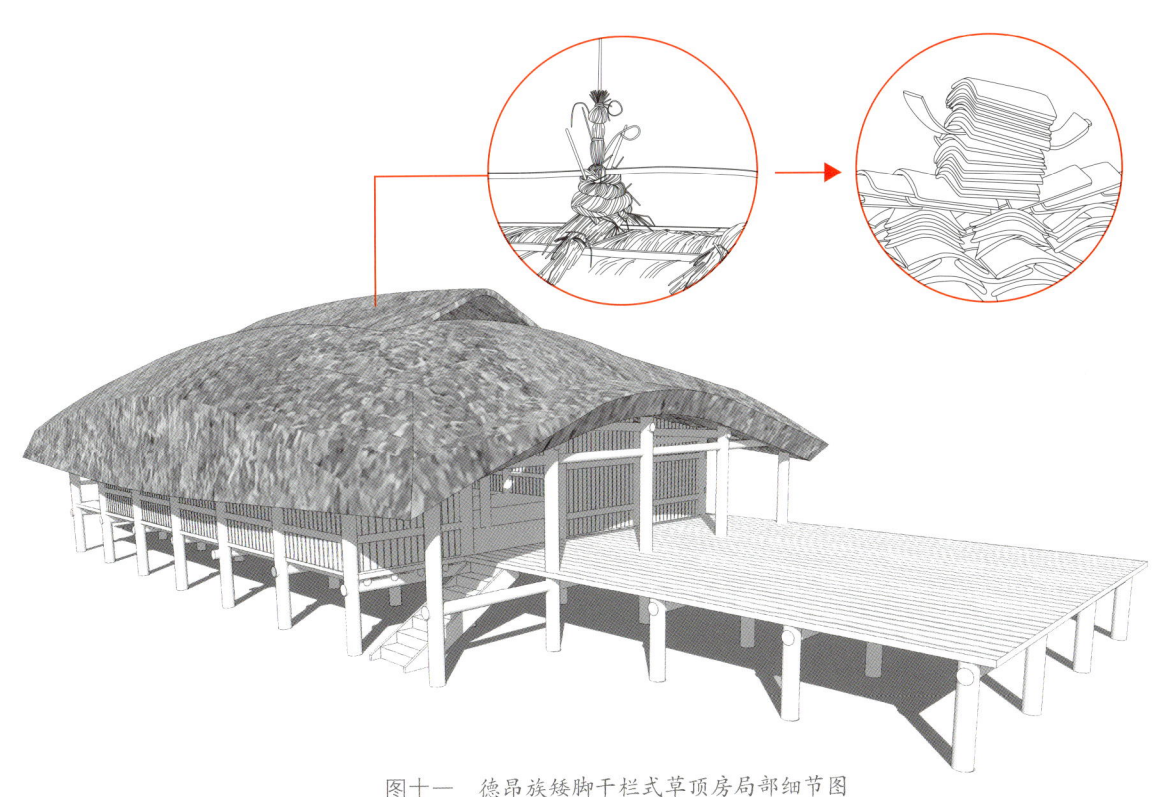

图十一　德昂族矮脚干栏式草顶房局部细节图

德昂族高脚干栏式瓦顶房

图一　德昂族高脚干栏式瓦顶房主图

本案例高脚干栏式瓦顶房位于云南省德宏州芒市三台山德昂族乡出冬瓜村，坐北朝南，掩映在绿林中。高脚干栏式瓦顶房民居，以枋穿柱，属于穿斗式结构，包含正房与正房前伸出的抱厦，面阔与进深均为五间，以木料作为柱梁枋形成主要框架，木板分隔空间，砖石辅助垫托，屋顶为瓦顶形式。住宅共两层，二层为生活空间，一层圈养牲畜或堆放杂物，家中共有9人居住，依据德昂族家庭宗法制度，以男性祖父辈"格尼阿贡"（即家长）为首，分配各自居所，建筑布局对称，结构严谨。

高脚干栏式瓦顶房民居中的正房二层布局为矩形，楼梯共有两处，分别位于住宅的东西两侧，位于住宅两侧梢间南侧，由二层的廊将两侧楼梯相连，形成近"L"形的交通流向。正房当心间为堂屋，临廊设置出入口，堂屋内置火塘，是主人迎接宾客、洽谈、休息的场所，火塘之上挂有熏烤的食物，凭借火塘的热量快速烘干利于保存。西侧明间沿中柱分割空间，设置南北两个卧室，南侧卧室为客房，无客时堆放杂物并不住人，北侧为未婚女性卧室，合住一屋。西侧梢间楼梯以北为粮仓，由于底层架空且通风良好，利于保持空间干燥，方便储藏粮食。东侧明间与梢间同分南北两室，两室均为卧室，北侧居住着家族长者，南侧是未婚男性家庭成员的居住场所。正房一层是架空层，以饲养牲畜与储藏为主，东侧明间与梢间沿中柱分割，南侧为畜棚，北侧为柴房，西侧明间与梢间主要储藏农具等物。抱厦位于正房以南，是正房明间廊的延伸，拓宽了正房的活动空间,增强了人居环境的舒适度。住宅以梁、枋穿柱,柱上直接承接檩条,再架椽条盖瓦封顶,柱阵排列较密,一层的柱子底部由锁脚枋互相连接,加强建筑整体的稳定性。

德昂族处于亚热带气候的山区,气候湿润,干栏式建筑能架空人居空间,保持环境干燥,提升舒适度,是当地住宅对气候的适应性改变。德昂族的大家族合居形式,是当地普遍存在的居住现象,体现了宗法制度对当地住宅布局与体量等方面的影响。但由于当地建筑材料多为竹木,且间距相对较小,加之近年来电力、灶具等资源的非合理化引入,使该片区比较容易发生火灾并连接成片,不利于传统建筑的保护。

图片来源
图一　曹杰　制图
图二至图十　张金威　制图

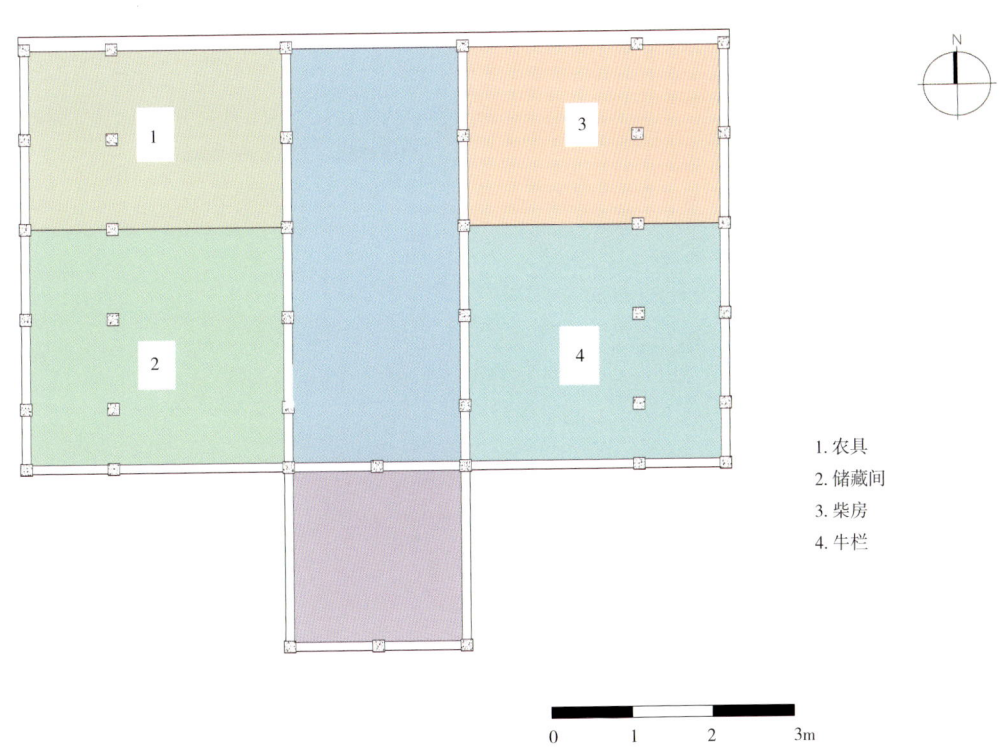

1. 农具
2. 储藏间
3. 柴房
4. 牛栏

图二　德昂族高脚干栏式瓦顶房一层平面图

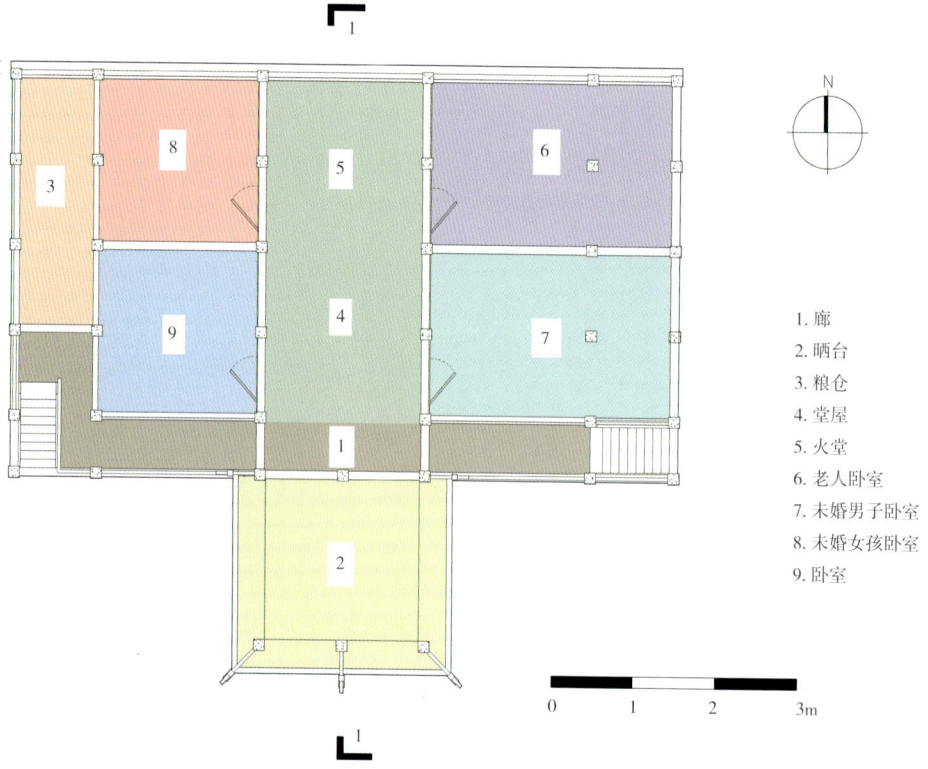

1. 廊
2. 晒台
3. 粮仓
4. 堂屋
5. 火堂
6. 老人卧室
7. 未婚男子卧室
8. 未婚女孩卧室
9. 卧室

图三　德昂族高脚干栏式瓦顶房二层平面图

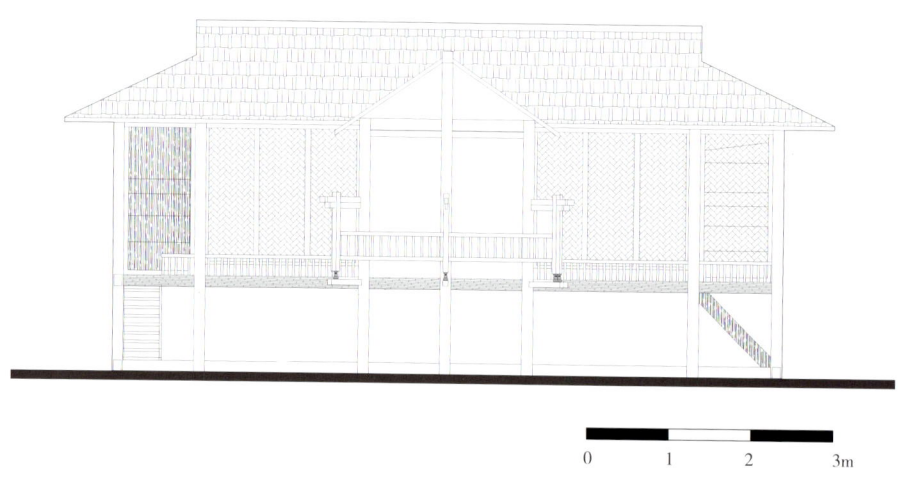

图四　德昂族高脚干栏式瓦顶房南立面图

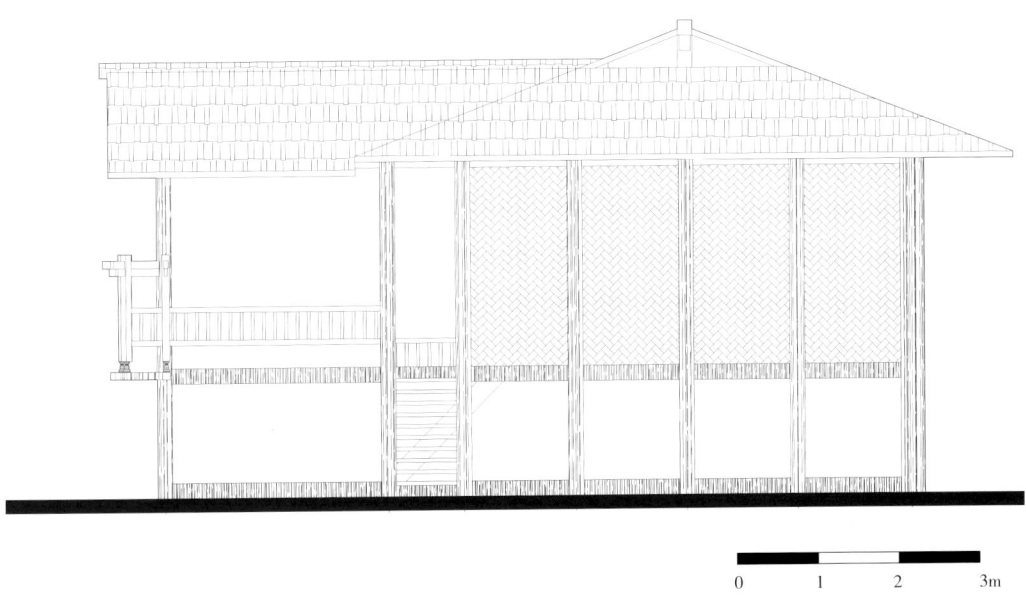

图五 德昂族高脚干栏式瓦顶房东立面图

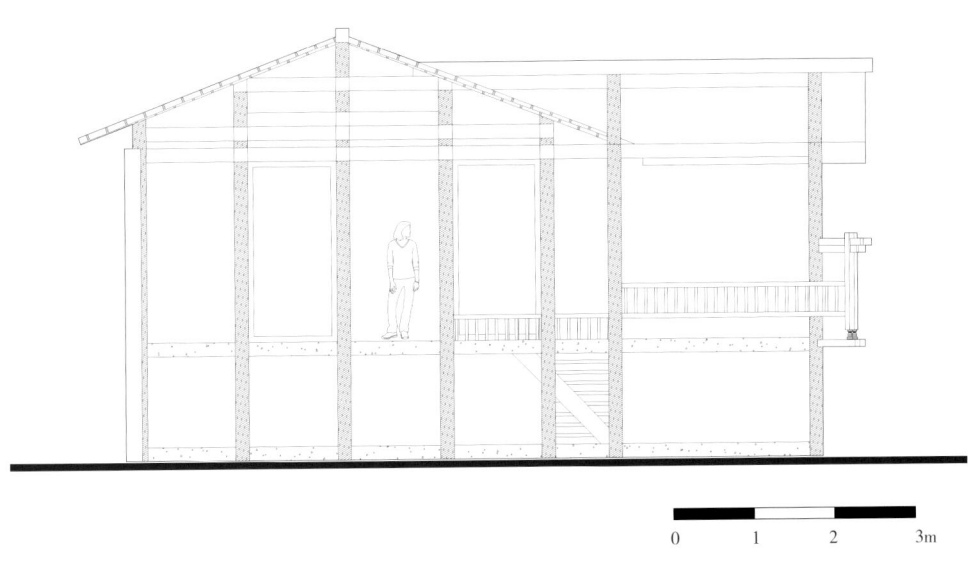

图六 德昂族高脚干栏式瓦顶房1-1剖面图

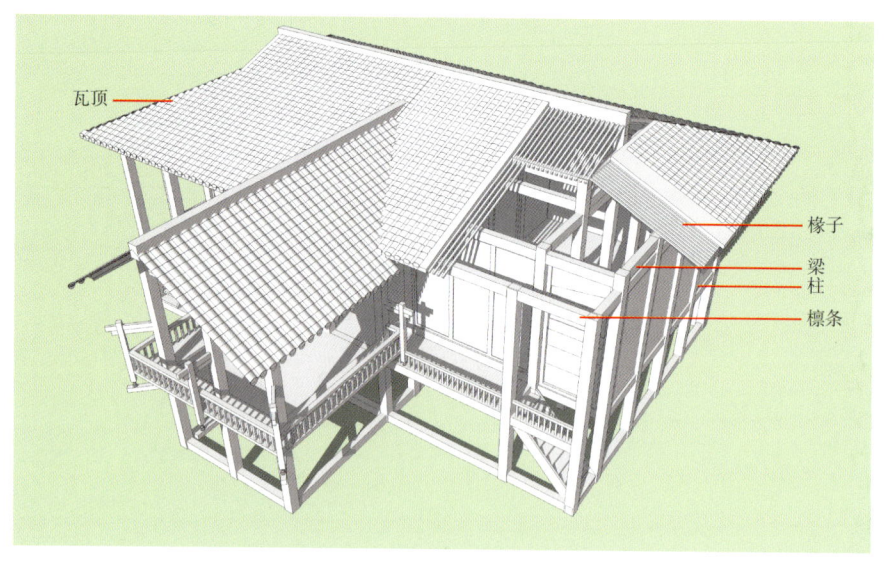

图七　德昂族高脚干栏式瓦顶房结构名称图

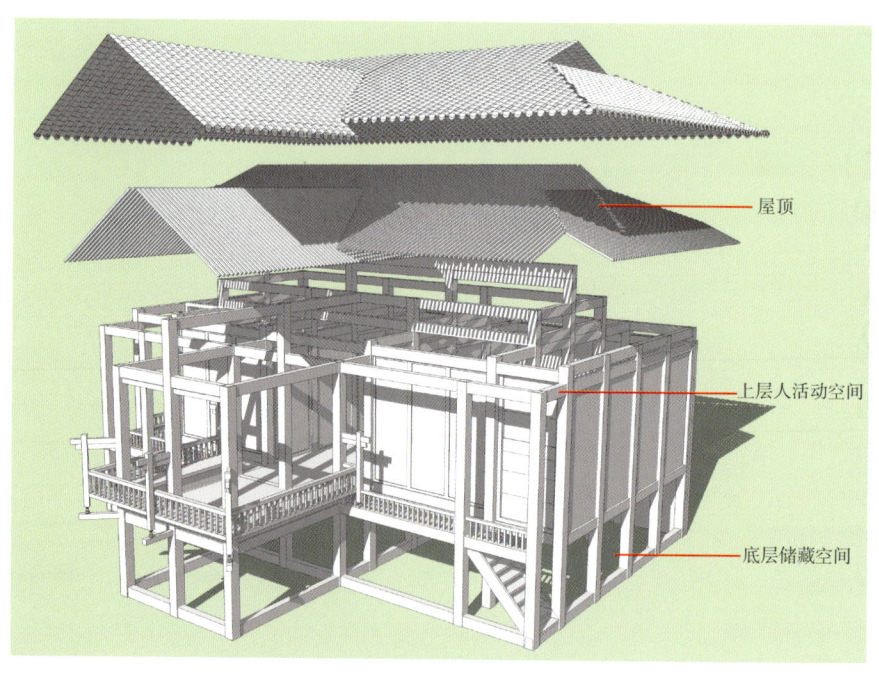

图八　德昂族高脚干栏式瓦顶房解析图

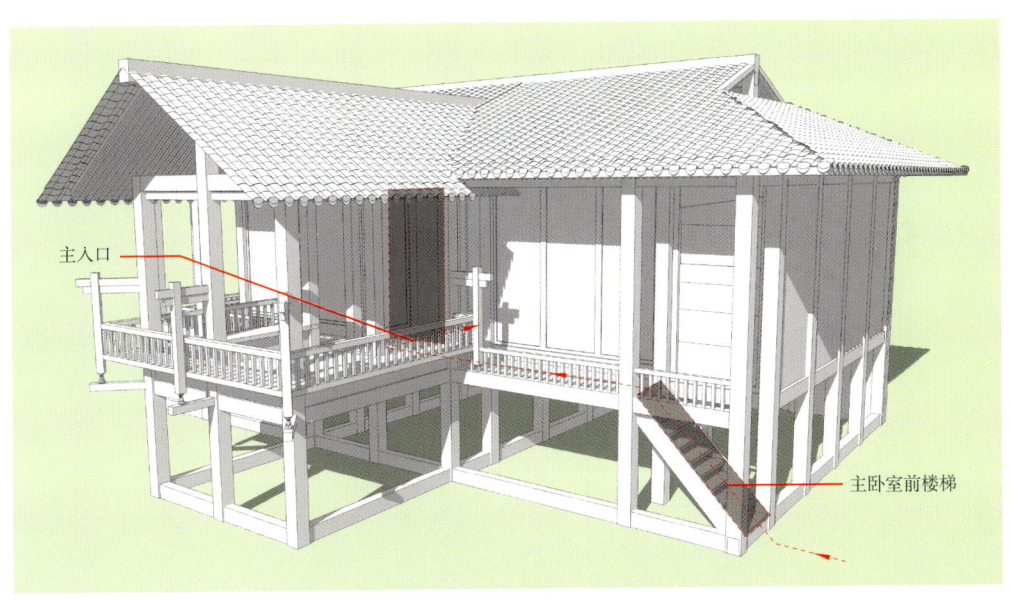

图九　德昂族高脚干栏式瓦顶房交通流向1

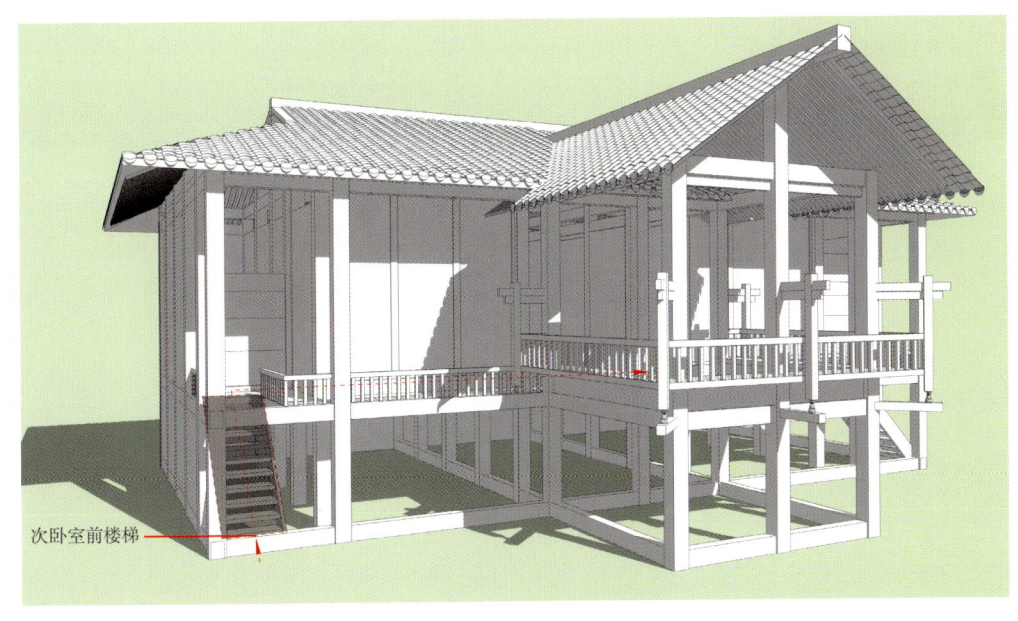

图十　德昂族高脚干栏式瓦顶房交通流向2

德昂族寨门

图一 德昂族寨门主图

寨门属于公共性建筑，是村寨的出入口，具有通行、防御以及标识的作用。本案例德昂族寨门位于云南省德宏州芒市三台山德昂族乡出冬瓜村，通高 6.68 米，宽 5.69 米。村寨的寨门临近公路，正对着三台山乡德昂族博物馆。出冬瓜村是德昂族聚居较为集中的村寨，其寨门具有一定的典型性。

本案例德昂族寨门由立柱与双门梁组成，建筑外形分别采用了德昂族传统乐器铓锣、象脚鼓、葫芦丝三种造型为元素，主色调取自近似木材的橙黄色。两侧立柱直接取用葫芦丝造型，葫芦丝由三支内装簧片的竹管作主体，正反两面分别凿刻有 7 孔及 2 孔，寨门中的孔均由色彩绘制，抽象化为 7 个黑色圆点。连接竹管的是高约 1 米的葫芦。寨门立柱宽约 0.6 米，刷有绿、红、黑、白四色腰线作装饰。双横梁中的下梁为长方形门头，长约 5 米，宽约 0.4 米，厚约 0.2 米，上有"出冬瓜德昂山寨"字样。横梁中的上梁为两脚相接的长象脚鼓，长 5.7 米，鼓面直径约 0.3 米，形似高脚酒杯，杯身部分是共鸣鼓腔，约占中空腔体的 1/3，鼓面蒙皮。鼓身外表涂漆，上半部挂绸带，下半部呈黑红相间环形图案。上梁等比例放大了鼓的造型，其中鼓面部分突出立柱0.8米，立柱上的葫芦位于鼓身之上。寨门上梁中间的鼓脚连接处放置了三个直径约0.4米的铓锣，整体呈等边三角形排列，中心锣有发散的十六角星图案，并配有拎提把手。另两只铓锣则为铜色素面，三者皆有银色锣钮。铓锣又称冬锣，铜制，体圆面扁，中心锣脐突起，面呈黑色，以锣脐为中心绘制红黄两色双线六角星图案，似铜锣，木槌击之发音圆润低沉，常与象脚鼓同台。德昂寨地处宜人的南亚热带，有优越的生态环境，拥有自己独特的语言，民众普遍信奉南传上座部佛教，诸如小乘佛教与原始宗教等教派，礼佛活动盛行。丰富的文化积淀为德昂族村寨的生长与延续提供了良好的发展环境。寨门，作为公共标识性建筑的入口，首当其冲地成为认识德昂族的文化名片，其特色是将民族的娱乐以及祭祀活动中不可或缺的乐器具像化的表达在结构与形象中。

德昂族寨门以艺术化的手法清晰再现了德昂族的社会生活片段，反映了该民族历史文化的深厚积淀，将诸多非物质文化遗产生活化、具像化、仪式化。在渐趋弱势的德昂族民族文化传播中起到积极的作用，使其得以传承与发展。在满足了功能需求的同时，也满足了该民族的审美，增强了民族认同感与凝聚力，为年轻人了解、学习与传承本民族文化传统提供了新动力。

图片来源
图一、图七至图八　赵思颖　摄影
图二至图四　张金威　制图
图五至图六　孙寒　制图

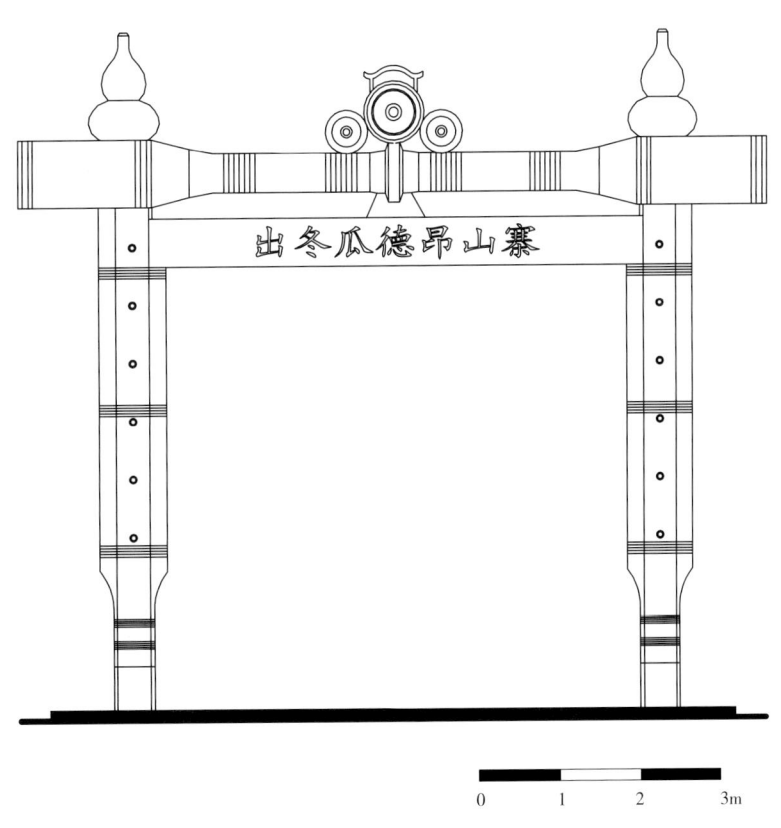

图二　德昂族寨门正视图

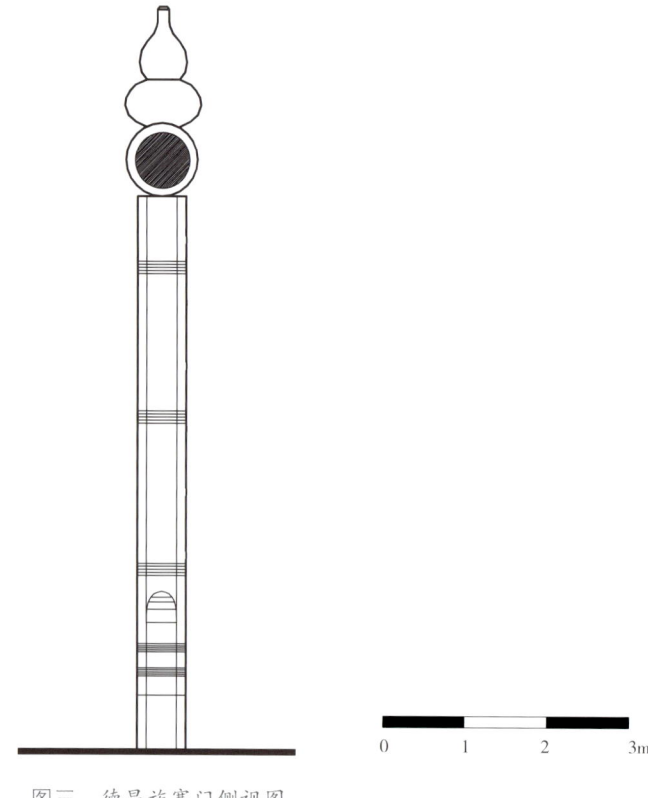

图三　德昂族寨门侧视图

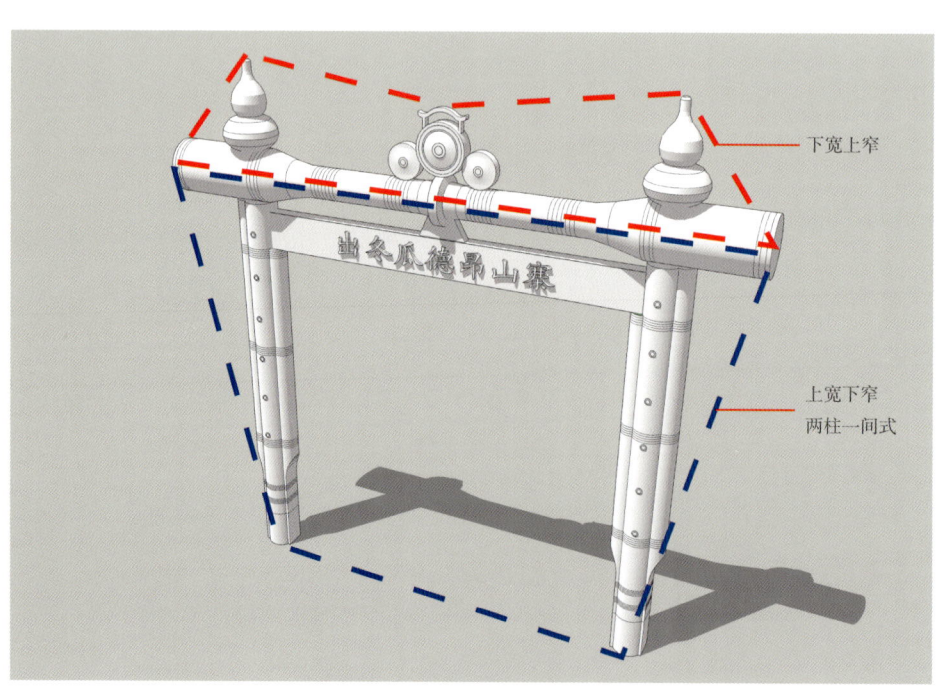

图四　德昂族寨门造型分析图

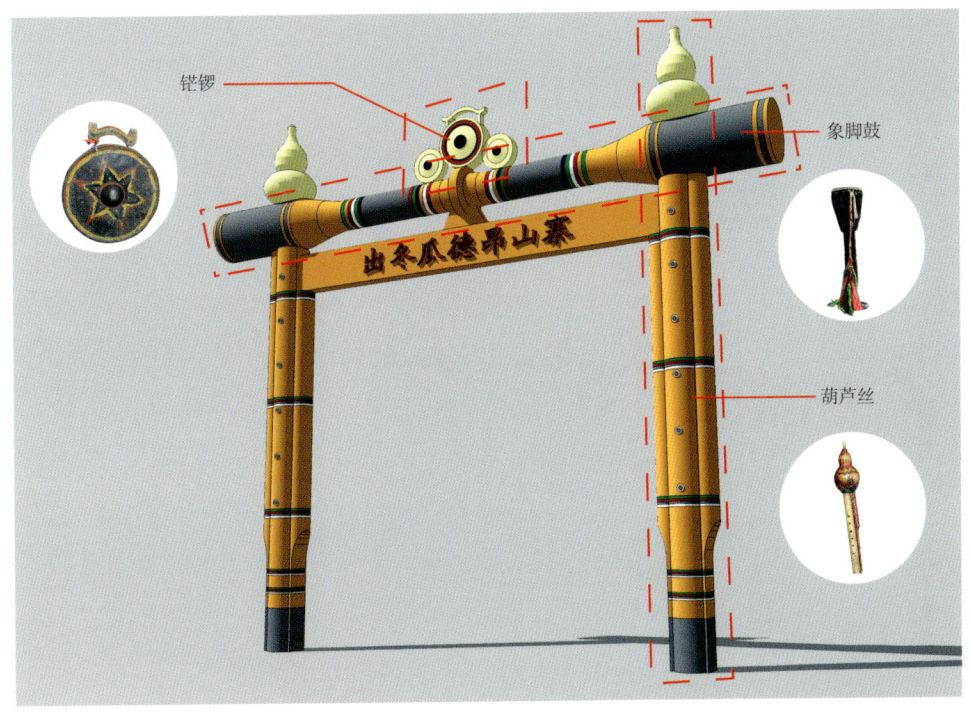

图五 德昂族寨门元素分析图

图六 德昂族寨门色彩分析图

第一章 德昂族传统建筑

图七　德昂族寨门局部细节图

图八　德昂族寨门场景图

德昂族水井房

图一 德昂族水井房主图

德昂族是十分崇尚水的民族，在其民间传说中，是水神孕育了德昂族先民。因此，水井成为德昂族村寨建寨的重要设施之一，来满足德昂族生活、祭祀、待客以及浴佛等活动的用水需求。本案例选自云南省德宏州芒市三台山德昂族乡出冬瓜村，为当地居民日常汲水的公共设施。水井房是坐落于水井之上的建筑物，起到保护水井免受外界污染，以保持水井清洁的作用。传统的水井房常为木质结构，顶覆茅草，后随建筑材料的改良，多使用砖瓦结构的开放式井亭。在德昂族新寨建设之前，水井房的建设就要提上日程，选址需要全村共同决定并要占卜，建设由全村男女老少共同参与，建成后要举行祭井仪式，并定期进行维护，水井房备受德昂族的重视。

德昂族水井房一般选择植被葱郁的地方，保障水源水质。当选址结束村民会找当地佛爷对选址进行占卜，择吉动工，建成后同样要请佛爷选吉日举行祭祀。水井房主要由井底、井壁、井台、井栏、排水以及井上建筑六个部分构成，各部分之间紧密联系，但又有着不同的功用。井底是水井的基础，在建筑过程中除了基层岩层外，还铺设一些洁净质密的岩石与沙粒，利于岩层地下水的流通，还起到过滤杂质的作用。井壁是水井的四壁，与井底相接，起到围水作用，其表面以条石筑成，并经过打磨等工序，表面光滑质密，对水质起到一定的保护作用。井台是水井房地面部分，供人站立取水，相对外界地面高出 0.1 米，避免外界污水流入水井房。井栏是井壁向上的延伸，较井台地面高约 1 米，防止汲水者或孩童跌落，井栏上做有孔洞，通风透气，避免井水形成死水。水井房内建排水沟通向外界，使井台上的积水顺沟而下，不影响汲水者在井台上的行走。井上建筑是建造在井台与井栏之上起保护作用的建筑物，面阔两间进深一间，以砖石砌成柱、墙，并承接梁枋，搭檩条架椽条，以瓦封顶，建筑顶部为歇山式，屋檐平直，结构简单。水井房在德昂族村寨除了为村民提供用水之外，还作为公共交流空间，人们一路取水一路畅谈增进感情。近些年随着自来水的入户，很多人已经不到水井房汲水，但仍有不少村民喜欢到水井边洗衣、洗菜，成为当地的特色文化现象。

一方水土养一方人，德昂族拥有丰富的民族文化积淀，而德昂族的水井房正是自然生态与人文生态的有机组合，人们享受着水井房带来的生产、生活的用水便利，同时德昂族民众围绕着水井房的物质与精神生活，为村寨中独特的文化景观。

图片来源
图一　薛冬至　制图
图二至图八　华建业　制图
图九　孙寒　制图

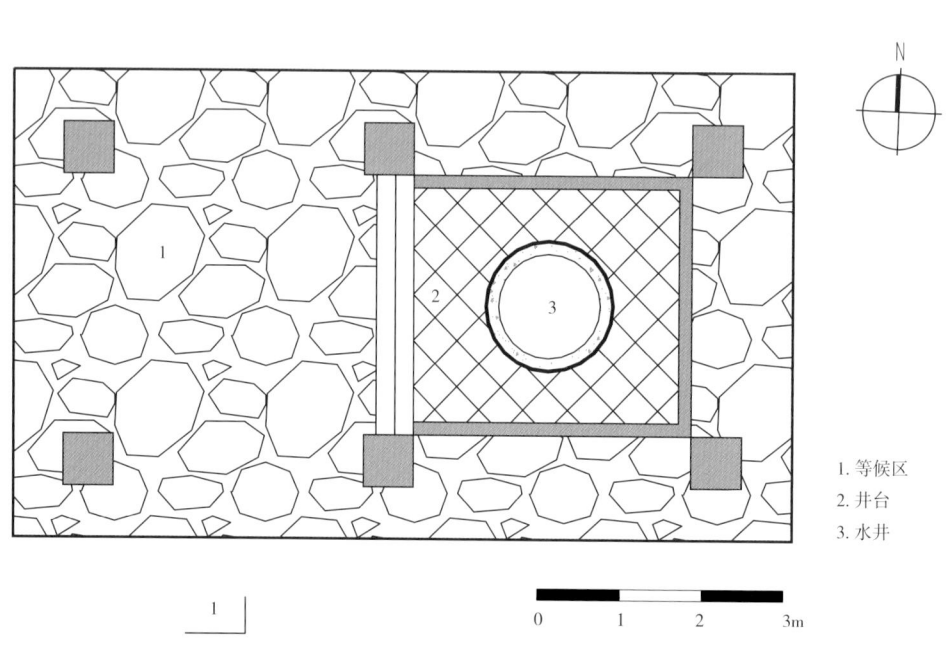

1. 等候区
2. 井台
3. 水井

图二　德昂族水井房平面图

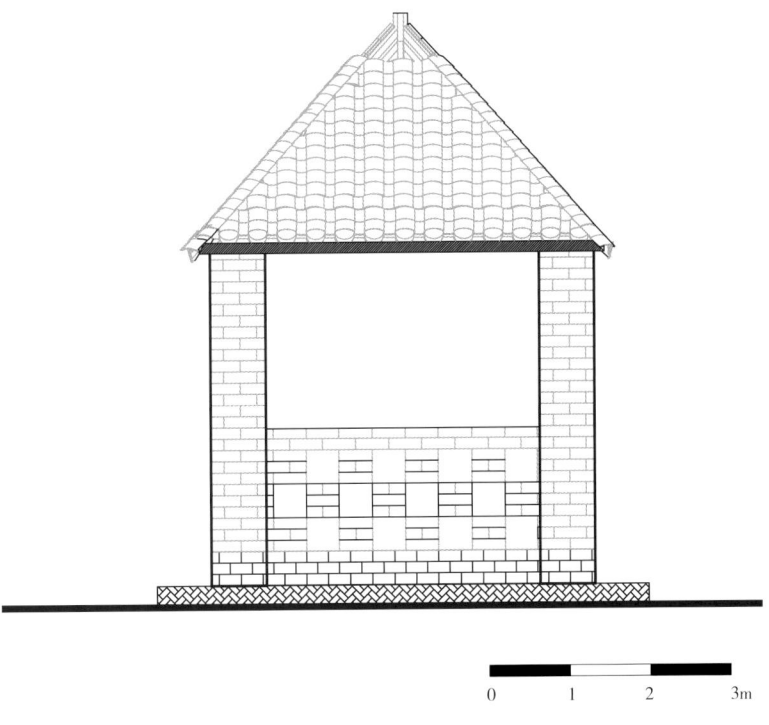

图三 德昂族水井房西立面图

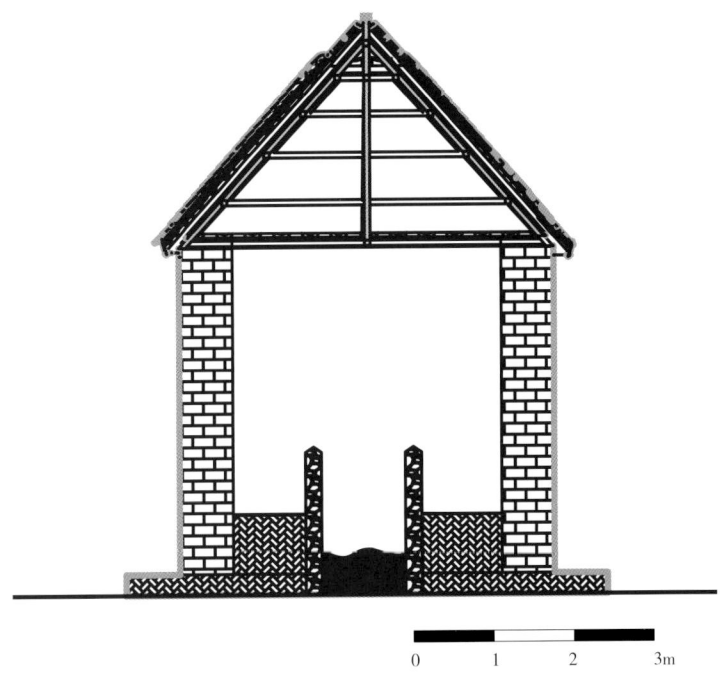

图四 德昂族水井房1-1剖面图

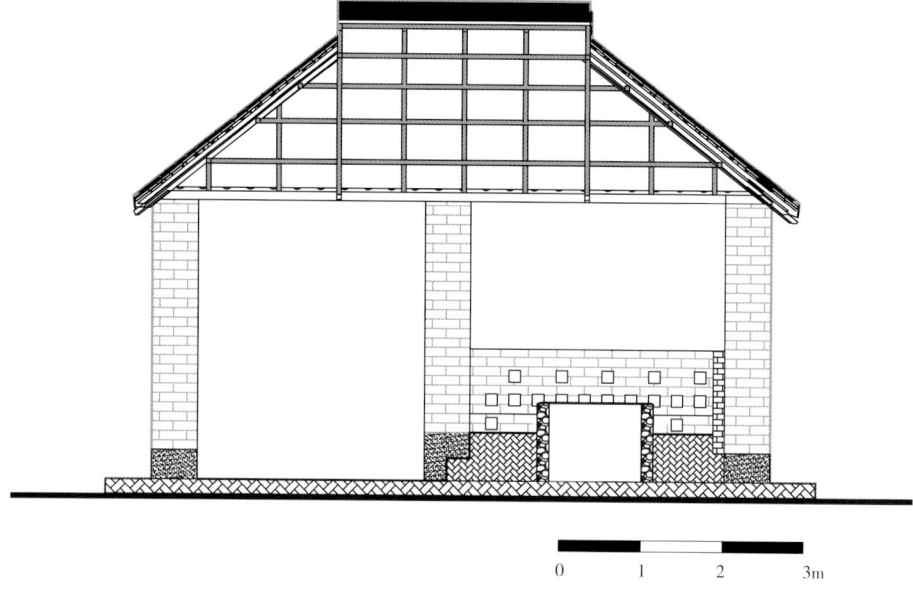

图五 德昂族水井房 2-2 剖面图

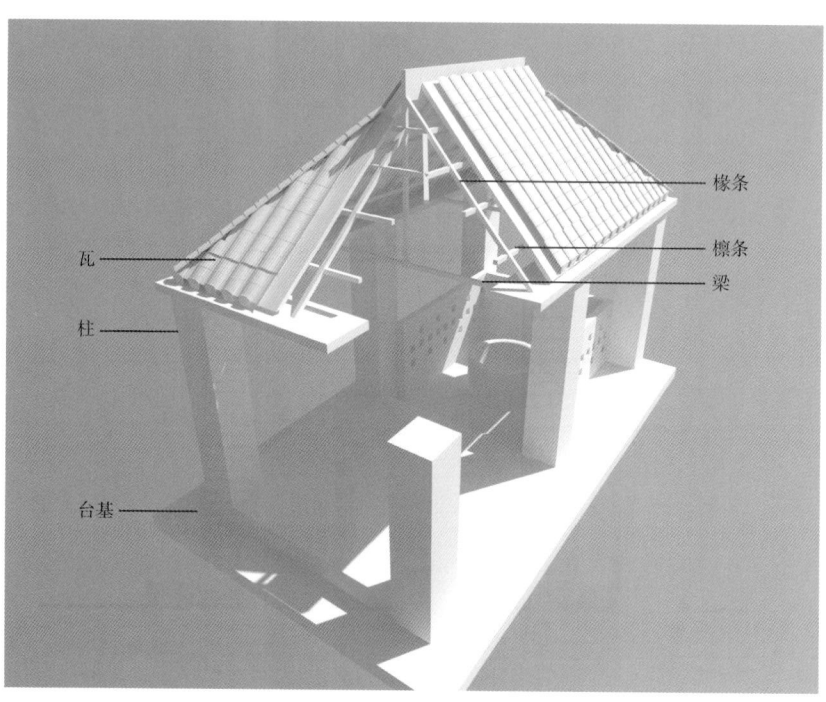

图六 德昂族水井房结构名称图

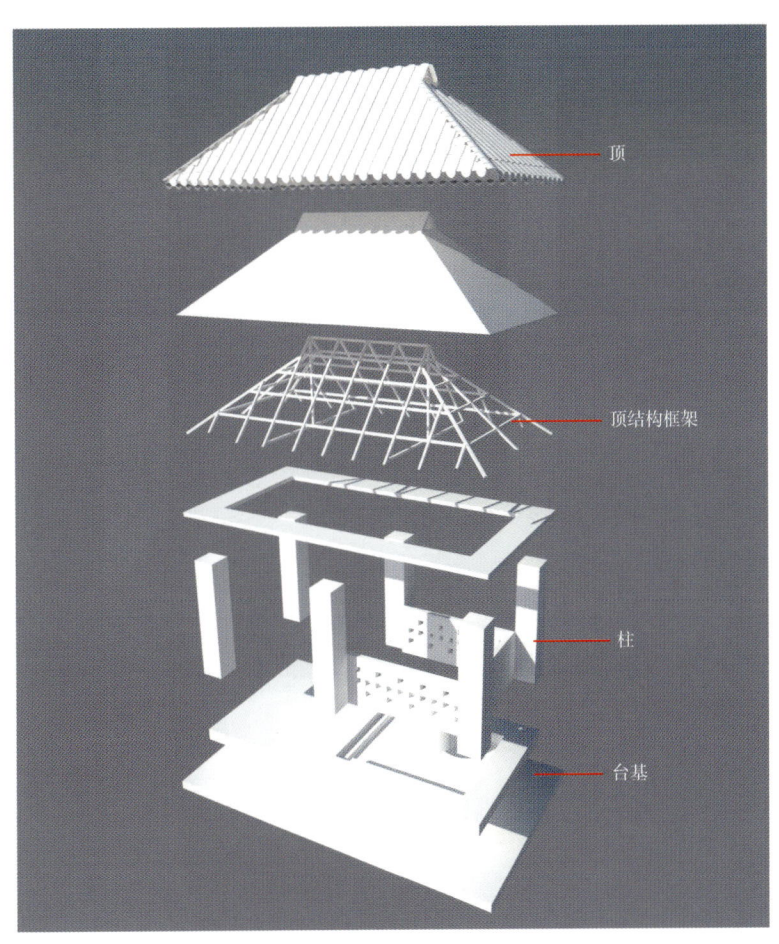

图七 德昂族水井房解析图

图八 德昂族水井房受力分析图

第一章 德昂族传统建筑

041

图九　德昂族水井房使用场景图

第二章 德昂族传统服饰

德昂族饶薄支系对襟女上衣

图一 德昂族饶薄支系对襟女上衣主图

本案例选自云南省德宏州芒市三台山德昂族乡出冬瓜村，为德昂族饶薄支系成年女性日常穿着的上衣。衣长47厘米，下摆围112厘米，袖长43厘米，主体配色为黑、红两色，黑色为底，辅以大红色贴布。领口有一枚银牌扣，门襟处饰有两排对称的银泡，衣领、衣袖、下摆均饰有五彩绒球。

德昂族女子服饰的基本形制为上衣下裙式，上衣衣身窄小，下裙尺寸明显窄于胸宽，身形逐渐收窄，呈倒梯形。这种造型在我国西南少数民族的女装中比较少见，符合人体造型的同时，更利于显示出女性婀娜的曲线身段。饶薄支系女子上衣一般为藏青色或黑色作为底色的对襟短上衣，与饶薄支系的男装上衣颇为相似，但装饰更为花哨。上衣领为披领，领口有银质方牌对扣，领尖上缀有两束流苏状五彩绒球串；门襟镶有两道鲜艳的红色贴布，红布两侧缀有对称的银泡，下摆、袖中等部位缀满五彩绒球，与黑色的衣身形成强烈对比，醒目而靓丽。德昂族女子上衣为衣短袖窄，前后无肩缝连片式的平面结构，前中线断开为门襟，后中线无断缝。整体使用黑色底布，前门襟两侧边缘用7.5厘米宽的红色布包贴，袖口处使用12厘米宽的红布包边，在红布上方的四分之三处有黑白装饰线条。领口有以两方块银牌作为扣饰，旁边镶有两列银泡，在领口、袖部、腰部及下摆等部位缀有直径1.5厘米的彩色绒球。饶薄支系女子上衣正面与背面均有丰富的装饰：下摆高度为17厘米，上部绣有绕身一周的五彩绒球；在以两边衣缝为分界线的背面，绒球以下是精美的德昂族刺绣。刺绣被五彩绒球绣成的两排纬线和六道经线均匀分割成五个矩形单元，每个单元里面又用五彩丝线绣有同样的芥菜花纹样。芥菜花是三台山乡德昂族聚居地常见的花卉，深受德昂族喜爱，常被运用在服装刺绣、银饰錾刻、生活用品彩绘等方面。德昂族饶薄支系女子的日常服饰与节庆盛装相比，它仅领口饰有一只牌扣，且五彩绒球数量相对较少，而节庆盛装则更加华丽，对襟饰有满满一排银牌扣，两侧的银泡各多加一倍，且缀上了精致的方形银片和棱柱形银饰，活动的时候可以随着身体的节奏晃动，非常耀眼夺目。

德昂族饶薄支系女子对襟上衣造型简洁利落，用色浑厚端庄，并巧妙运用银牌扣、银泡、五彩绒球以及五彩刺绣作为装饰，使整件上衣在沉闷的深色和高饱和度的五彩色之间，在整块的单调布面和精致烦琐的刺绣之间，在柔软轻薄的布料材质和棱角分明耀眼华丽的银饰之间，形成了强烈的视觉对比，身着传承至今的特色民族服饰，使得德昂族女性传散着古老而又传统的文化气息，充分突显出了该民族独特的审美观念。

图片来源
图一至图二、图八　何卓娱　摄影
图三至图五　单文霞　制图
图六至图七、图九　赵思颖　制图

图二　德昂族饶薄支系对襟女上衣正面、背面图

图三　德昂族饶薄支系对襟女上衣外观图

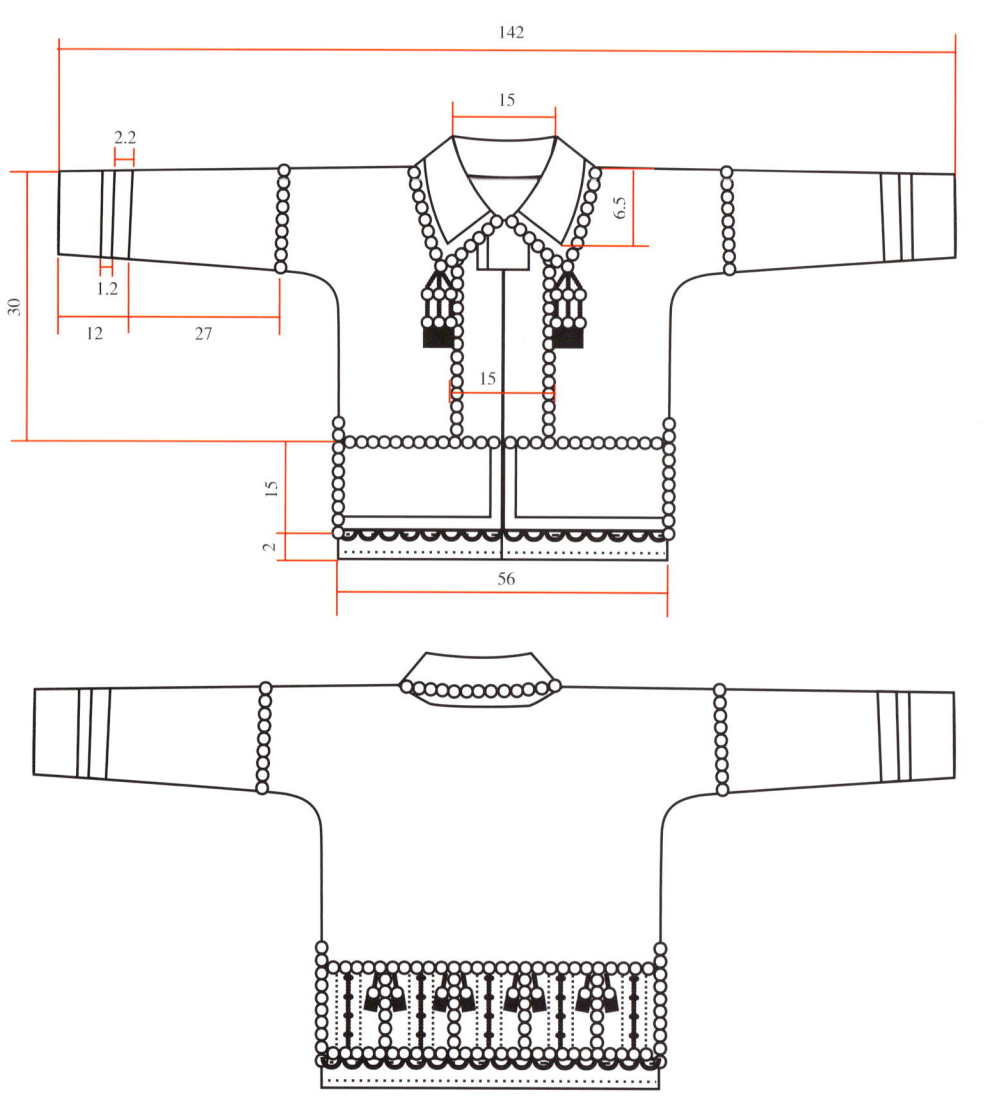

图四　德昂族饶薄支系对襟女上衣平面尺寸图（单位：cm）

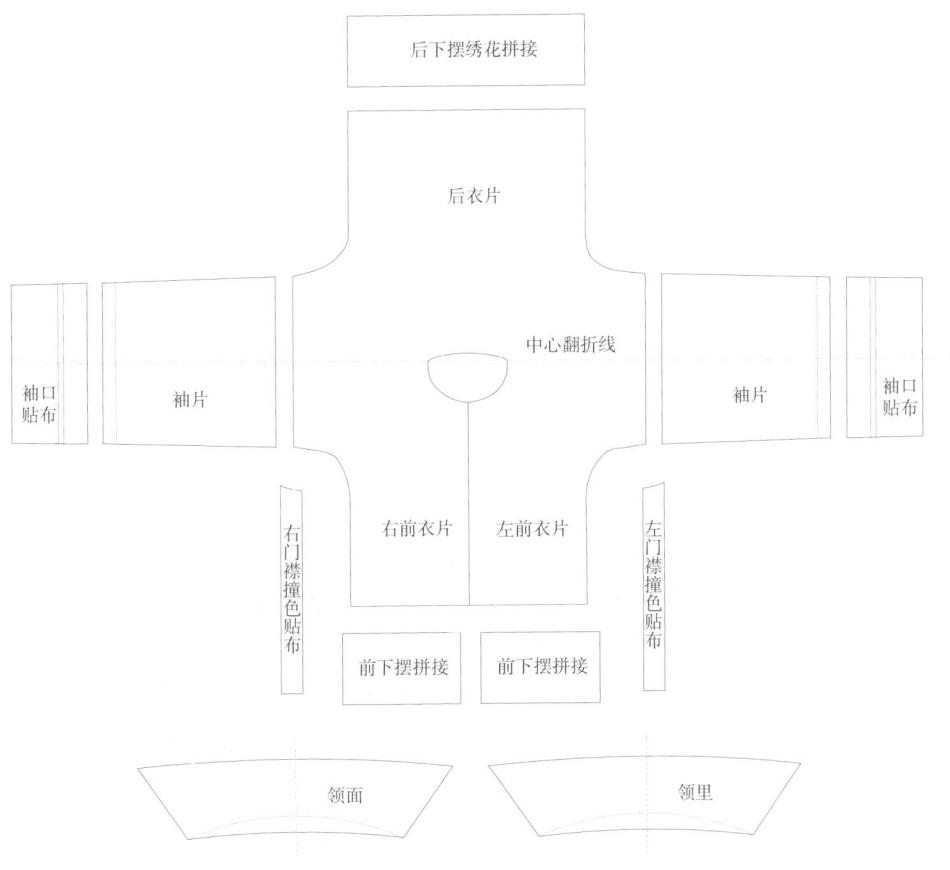

图五 德昂族饶薄支系对襟女上衣开片图

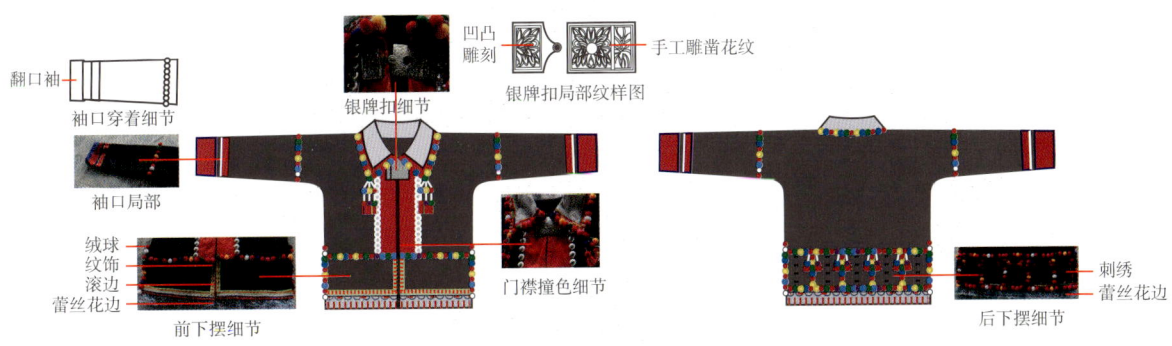

图六 德昂族饶薄支系对襟女上衣局部分析图

图七 德昂族饶薄支系对襟女上衣色彩分析图

正面

背面

图八 德昂族饶薄支系对襟少女盛装上衣

图九　德昂族饶薄支系对襟女上衣着装示意图

德昂族饶薄支系右衽偏襟男上衣

图一　德昂族饶薄支系右衽偏襟男上衣主图

本案例为德昂族饶薄支系右衽偏襟男上衣，选自云南省德宏州芒市三台山德昂族乡出冬瓜村。衣长68厘米，下摆围120厘米，袖长42厘米。整体以黑色为底，配蓝色袖口和贴边，是三台山乡德昂族饶薄支系成年男子的日常穿着。

德昂族男子一般采用上衣下裤式的着装方式，头部裹饰有彩色绒球的青色或白色的头巾；下着裤脚宽大的七分裤、扎青布长条绑腿，左耳佩戴银耳珰，颈戴银项圈。本案例饶薄支系男上衣的整体形制为大翻领右衽偏襟，上衣基本保持中国传统的基身与袖连片式、十字平面结构。前后衣片采用一片式，无肩缝，布料中间开孔，形成后领口弧线，后领深2.3厘米，与现代后领口弧线相似。衣身的下摆平直，左右两侧开衩，前中断开并与右衽偏襟相接缝。袖子为一片袖，离袖口10厘米处有拼接辑线。上衣后衣片无拼接缝，因传统手工腰织机的幅宽达不到衣身宽度，由于现代工业制品的介入，后衣片无须断开，形成今天"后无接缝、前有拼缝"的独特结构。该上装衣领为白色，外沿缝有两排五彩贴布，每排分别以4厘米长、0.5厘米宽为一段，每段由不同的颜色贴补拼接而成；缀有两排直径1.5厘米的五彩绒球，并在衣领下端顺势形成两把流苏状绒球束。上衣短而衣身宽松，底色为黑色，衣身、门襟、袖口、底边均有醒目的蓝色贴边；右衽偏襟的接合处采用一字扣的连接方式，一共有三部分：上段紧挨衣领旁边，在前片和后片的布料上各缝并列的四只两排彩色绒球；中段位于腋下5厘米处，仅前片列有三只单排绒球；下段紧邻两侧开叉处上方，前后片各有四只三排绒球。三部分均为后片接蓝色扣带，前片接银质原片状扣坨，穿衣时将前片的右衽偏襟合上，从上到下依次将银质原片扣坨扣入扣带即可。日常穿着的男子上衣黑底蓝边，而大婚之日的新郎装则是蓝底黑边，以大片鲜艳的钴蓝色为底，在衣领外沿除了五彩贴布和绒球，还加上了网状的彩色串珠缀饰，沉稳又不失活泼。相比起德昂族饶薄支系的男装，饶静支系的男装更加华丽，虽然也为黑底蓝边，但是五彩绒球上大量增加了金色串珠和大红色绒球，而衣领上的绒球缀饰一直铺到肩头，盘口处的绒球串也较长，可垂挂晃动。饶扩支系的男装则在配色上独具特点，整体蓝绿为底，金黄为边，衣领为金黄底粉色边，看起来轻盈秀丽。在缀饰的运用上，饶扩支系的男装要比饶薄支系和饶静支系的男装都要含蓄，仅在衣领处挂有稀疏的三束绒球，十分简洁。

德昂族饶薄支系右衽偏襟男上衣多以蓝黑色为主色，常配有五彩绒球缀饰，颇具民族特色，体现了该民族特有的审美观。德昂族饶薄支系、饶静支系、饶扩支系男上衣均为右衽偏襟式，装饰方式均为一主色铺底，一辅色贴边，并在衣领和盘扣处加以不同程度的缀饰。主色调一般为黑色或深浅不同的蓝色，但都遵循底色为主缀饰为辅的设计观念，灵活运用色彩和缀饰，在形制基本不变的基础上演变出适合日常和节庆两种不同场合的服装款式。

图片来源
图一至图二、图十　何卓嫔　摄影
图三至图六、图九　单文霞　制图
图七至图八　赵思颖　制图
图十一至图十二　赵思颖　摄影

图二　德昂族饶薄支系右衽偏襟男上衣背面图

图三 德昂族饶薄支系右衽偏襟男上衣外观图

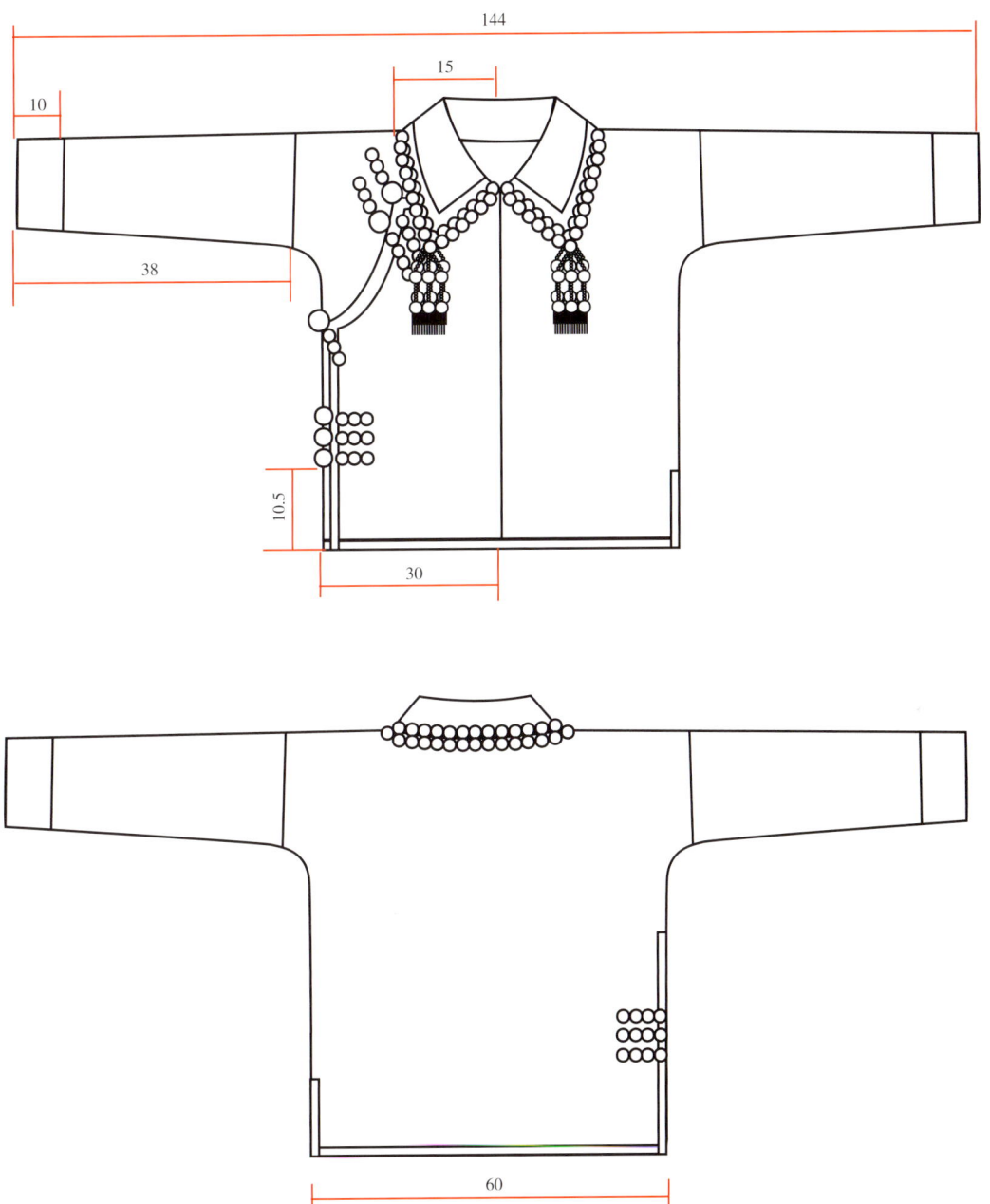

图四 德昂族饶薄支系右衽偏襟男上衣平面尺寸图（单位：cm）

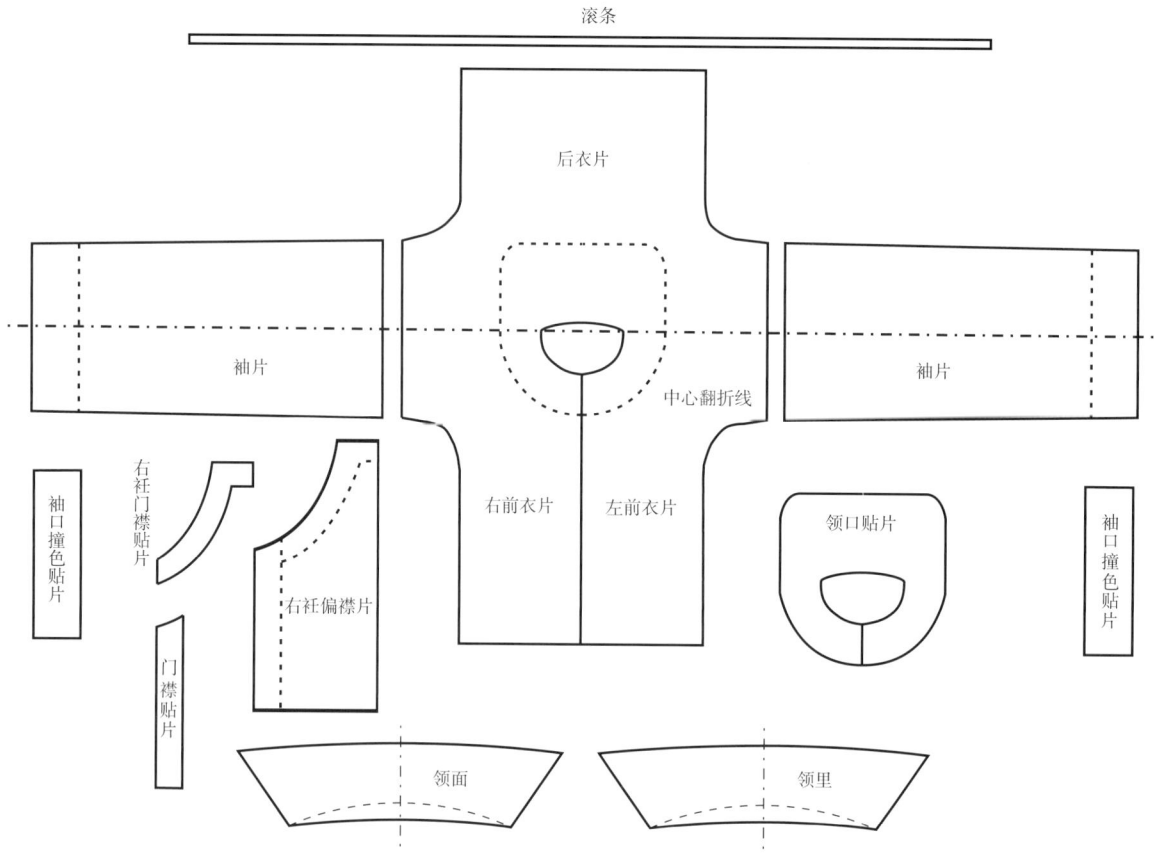

图五 德昂族饶薄支系右衽偏襟男上衣开片图

图六　德昂族饶薄支系右衽偏襟男上衣局部分析图

图七　德昂族饶薄支系右衽偏襟男上衣着装示意图

图八　德昂族饶薄支系右衽偏襟男上衣色彩分析图

前片成衣制作细节实物图

腋下绒球 3 粒一字扣制作细节实物图

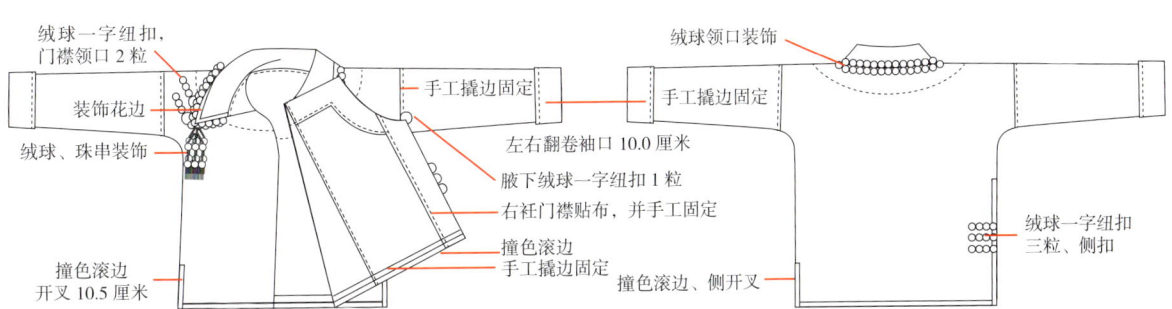

图九　德昂族饶薄支系右衽偏襟男上衣工艺分析图

正面

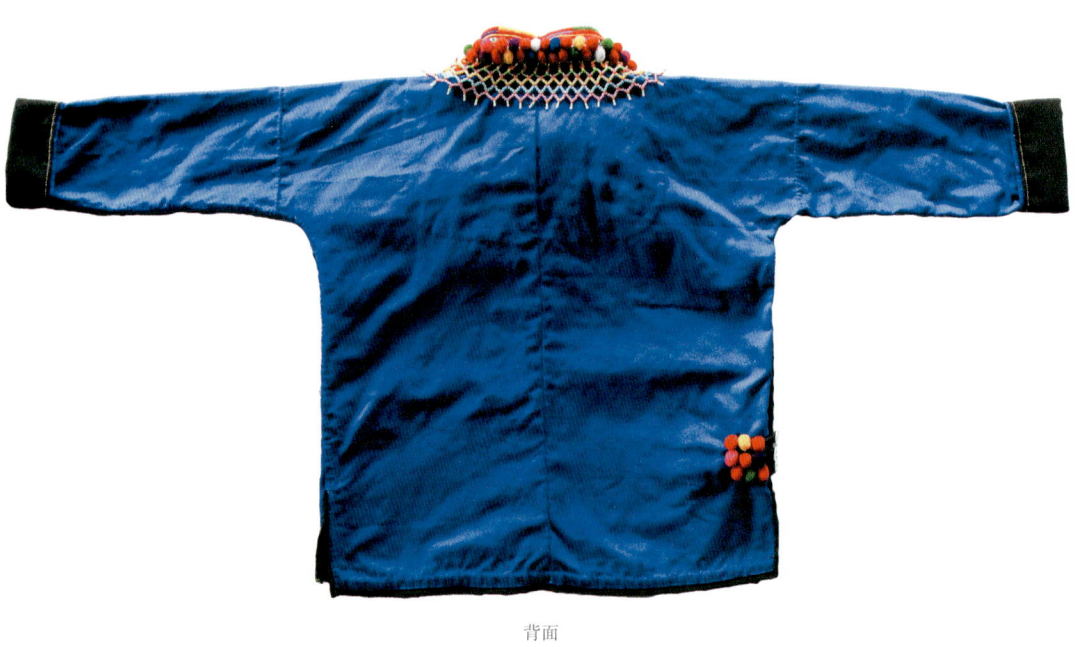

背面

图十　其他形制的德昂族饶薄支系右衽偏襟新郎上衣

图十一　德昂族饶静支系男装

图十二　德昂族饶扩支系男装

德昂族饶薄支系对襟女童装上衣

图一　德昂族饶薄支系对襟女童装上衣主图

　　本案例选自云南省德宏州芒市三台山德昂族乡出冬瓜村。该上衣为对襟款式，主体配色为黑、红两色，上衣长36厘米，下摆围64厘米，袖长32厘米，领口有银牌扣一只，襟边两侧各缀一列银泡，衣领、袖中、下摆均饰直径1.5厘米的五彩绒球。此案例是三台山乡德昂族饶薄支系女童日常穿着的上衣。

　　德昂族童装的基本形制为上衣下裤式，男童一般穿藏青色或黑色的右衽偏襟短上衣，形制类似德昂族成年男子上衣；而女童常着黑底红边的对襟短上衣，形制近似德昂族成年女子上衣。本案例女童上衣为大翻领倒三角短形制，胸围72厘米。窄袖式十字平面结构，前后无肩缝连接，前中断开为门襟，后衣片无断缝。衣领为白色，外沿缝有红、白、绿三色线绣成的刺绣贴边，贴边外沿缀有一圈五彩绒球。前门襟左右两侧有宽为6厘米的红布包边，上端有一块方形银牌扣，牌扣上錾刻有连续花卉纹样，门襟撞色拼接处的刺绣贴边上镶有两列银泡，每只银泡直径1厘米。袖口处同样也有宽6厘米的红布包边，撞色拼接处亦有三色刺绣贴边。在袖口至肩27厘米处、翻领外弧线与下摆拼接部位皆缀有彩色绒球装饰。德昂族女童上衣与成年女子上衣的相同之处在于形制基本相同，都是黑布为底、红布包边且在相同的部位缀有牌扣、银泡、五彩绒球。然而女童上衣与成年女子上衣的不同之处在于领口贴边款式不同，下摆两排五彩绒球之间饰有大块红色布块，且背后无精美的刺绣。对此饶扩支系的童装底色较为明艳，翠绿色底配大红色边，撞色大胆；而缀饰的使用也如同饶扩支系的其他服饰一样，较为含蓄，极少使用五彩绒球，更偏爱银饰和彩色亮片饰品。此外，从饶扩支系童装内衬上衣可看出，德昂族儿童服饰的内衬衣物采用的也是撞色搭配，都是一色为底，另一色包边，与外衣协调一致。

德昂族饶薄支系的女童装上衣与成年女子上衣形制一致但同中有异：成年女子的上衣装饰有连续的刺绣纹样，来衬托成熟女性的细腻妩媚与华美多姿；女童的上衣则无刺绣装饰，但红色布料的面积大幅增加，使撞色更加鲜明，体现出儿童的可爱与活泼。这样的服饰设计，既突显了饶薄支系富有层次的服饰文化特色，又将成年人和儿童的身份作了明确而恰当的区分。

图片来源

图一至图二　何卓嫔　摄影
图三至图六　单文霞　制图
图七至图八　赵思颖　制图
图九至图十　赵思颖　摄影

图二　德昂族饶薄支系对襟女童装上衣背面图

图三　德昂族饶薄支系对襟女童装上衣外观图

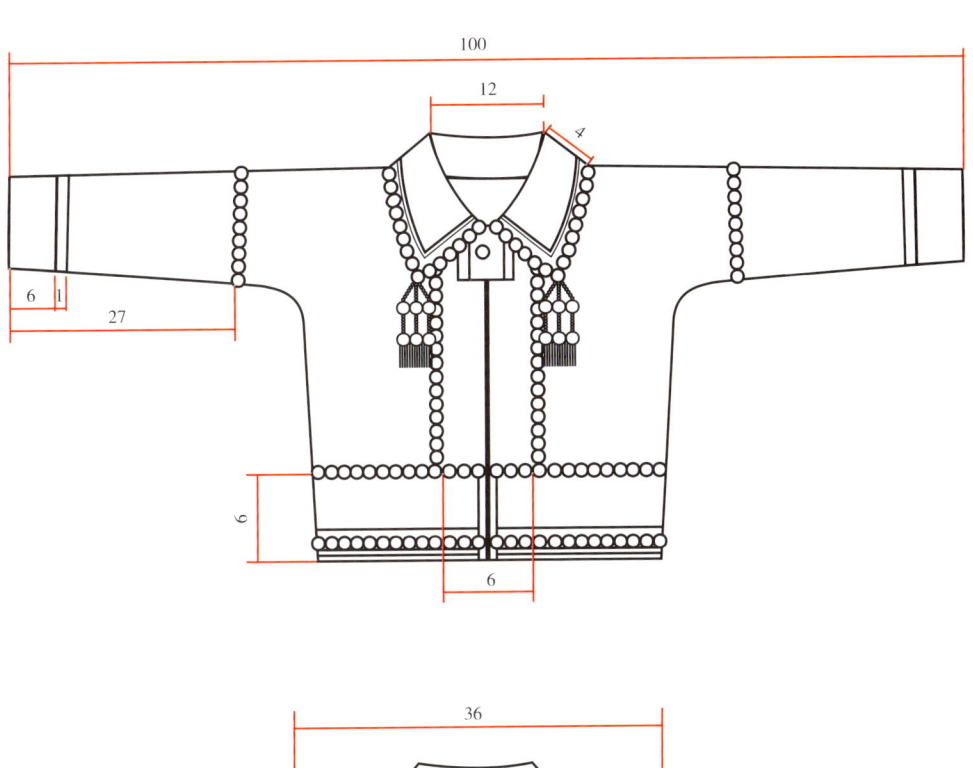

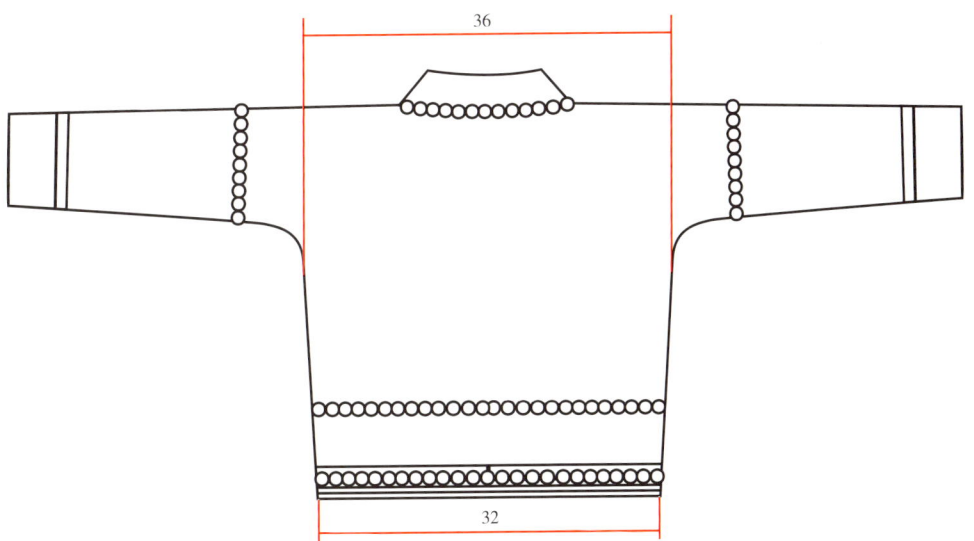

图四 德昂族饶薄支系对襟女童装上衣平面尺寸图（单位：cm）

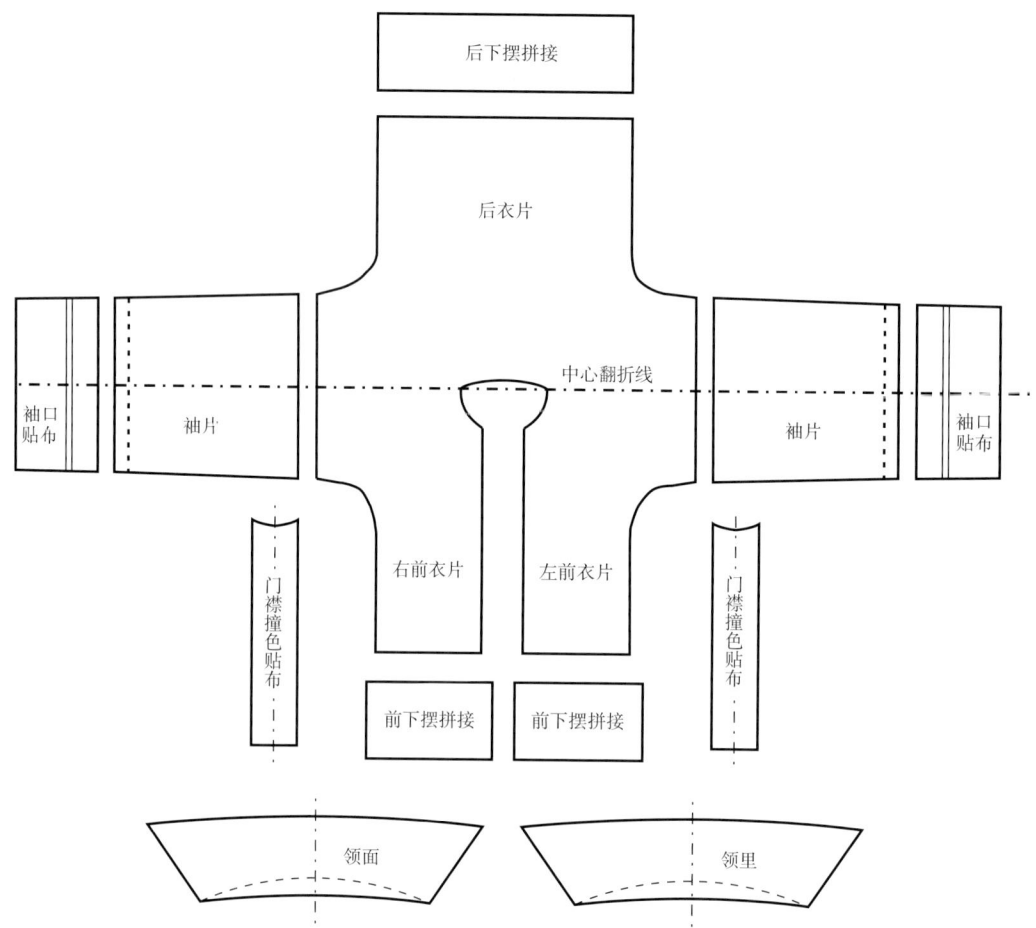

图五 德昂族饶薄支系对襟女童装上衣开片图

图六 德昂族饶薄支系对襟女童装上衣局部分析图

图七　德昂族饶薄支系对襟女童装上衣色彩分析图

图八　德昂族饶薄支系对襟女童装上衣着装示意图

图九　德昂族饶扩支系女童装

图十　德昂族饶扩支系女童装内衬上衣

德昂族饶薄支系女筒裙

图一　德昂族饶薄支系女筒裙主图

本案例为德昂族饶薄支系女筒裙，选自云南省德宏州芒市三台山德昂族乡出冬瓜村，平铺时整体呈矩形，穿着后呈上窄下宽的筒状，主体配色为红黑两色，裙长93厘米，腰围140厘米，是三台山乡德昂族妇女日常生活与节庆时期所穿的服装。

德昂族主要分为饶薄、饶静、饶买三大支系。三个不同支系的区别在女性的筒裙上可以非常直观地体现出来：饶薄支系俗称"花德昂"，筒裙特点为红黑色均匀间隔，其长度均等皆为5厘米左右，这种同等长度的间隔重复，色彩对比强烈，边缘规整的线条也让人感受到规律而庄重的韵律美；饶静支系俗称"红德昂"，其筒裙一般为黑色铺底，在裙摆向上约15厘米处织有长约20厘米的红色宽条纹，在整块黑色筒裙上处于较为自由的位置，以自由比例切割了底色，相比起饶薄支系筒裙的平均节奏，让人感到更大的视觉冲击力和跳跃的节奏感，同时与上身的红色布料、大红绒球首尾呼应，很好地平衡了红黑两色的分布；绕买支系俗称"黑德昂"，筒裙一般为大面积的黑色，另有少量的彩色细条纹对黑色底面进行有规律的分割，端庄严肃之余又不失优雅别致。除了颜色分布，饶薄支系筒裙的造型与其他两个支系筒裙基本一致：即由多个横条彩织的小块梯形拼接组合而成，结构简单质朴，线条流畅。制作筒裙的布料是德昂族用传统腰机自制的土布，厚实耐磨。筒裙缝制时按彩条横向花纹方向缝制成圆筒形，穿上之后一般上能遮胸，下盖脚踝。筒裙的腰围尺寸较宽松，与下摆宽度一致，穿着时将腰部多余的布料重叠成褶裥，再系上布条，整体形成"A"字裙上窄下宽的效果，从实用角度来说，在收紧腰部保证筒裙不易滑落的同时也增加了腿部的活动空间，利于日常劳作和活动；从视觉角度来说凸显了女性的腰臀比，更加体现出女性的曲线美，既实用又美观。

德昂族无论是哪个支系，其女子筒裙的主色调均为黑色和红色，但各个支系通过对颜色分布的巧妙控制，既统一遵循了德昂族整体的服饰配色特点，又在有限的色彩搭配中尽显本支系的服饰特色。德昂女子筒裙的制作与款式，很好地实现了实用性和美观性之间的平衡，和一些一味体现曲线感、不便活动的服饰相比，多了几分实用性和人文关怀；相比起一些为了方便实用而减缩美观性的服饰，也更富有审美趣味。

图片来源

图一、图九　刘翔宇　摄影
图二至图五、图八　单文霞　制图
图六至图七　赵思颖　制图
图十至图十一　赵思颖　摄影

图二　德昂族饶薄支系女筒裙外观图

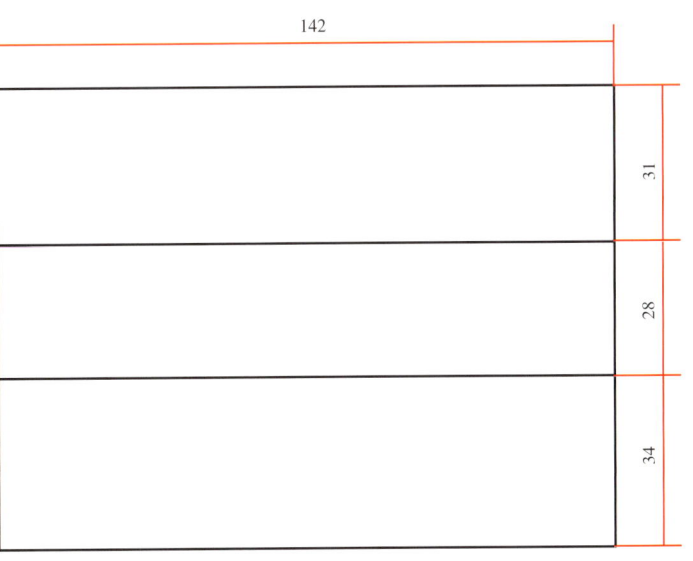

图三　德昂族饶薄支系女筒裙平面尺寸图（单位：cm）

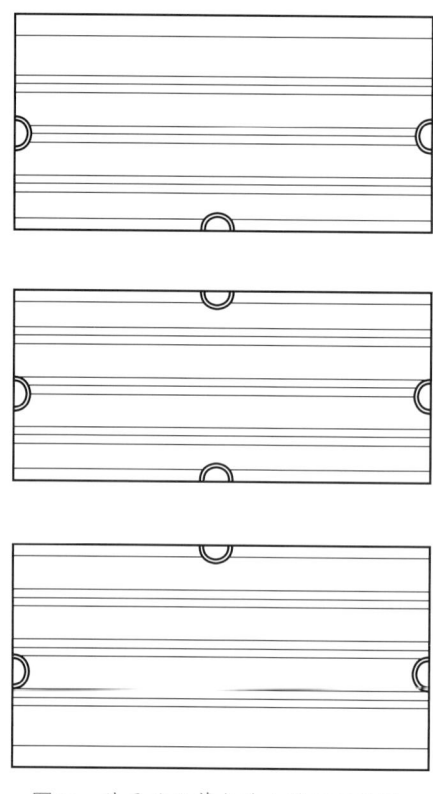

图四　德昂族饶薄支系女筒裙开片图

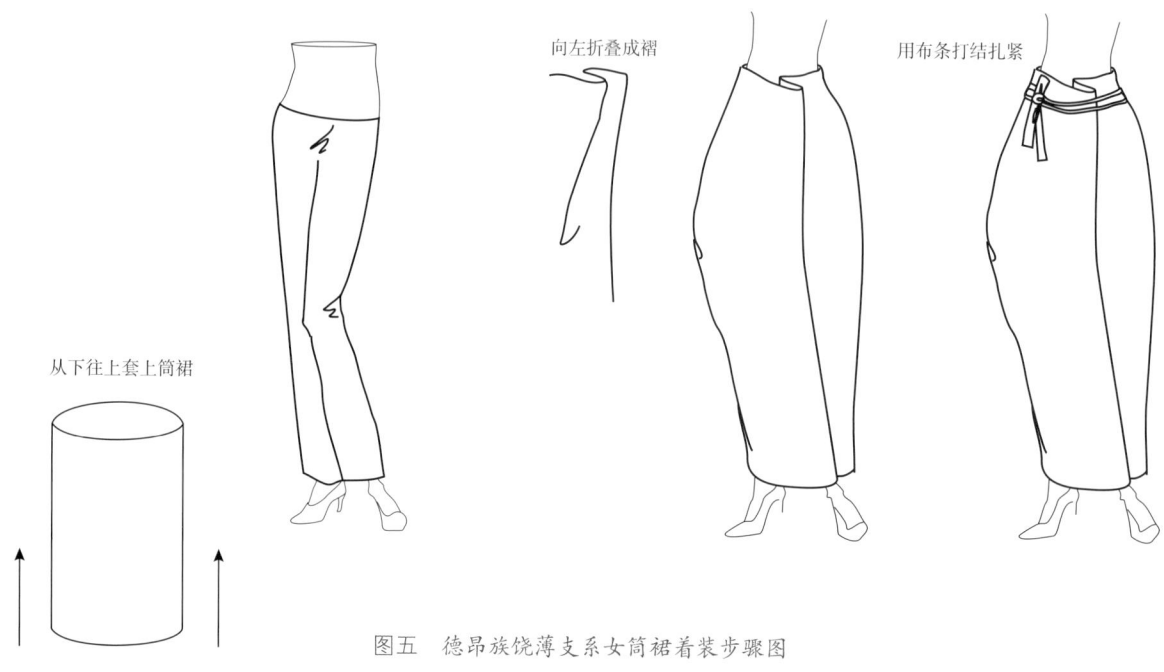

图五　德昂族饶薄支系女筒裙着装步骤图

图六 德昂族饶薄支系女筒裙穿着示意图　　图七 德昂族饶薄支系女筒裙色彩分析图

饶薄支系女筒裙色彩分析图　　饶静支系女筒裙色彩分析图　　饶买支系女筒裙色彩分析图

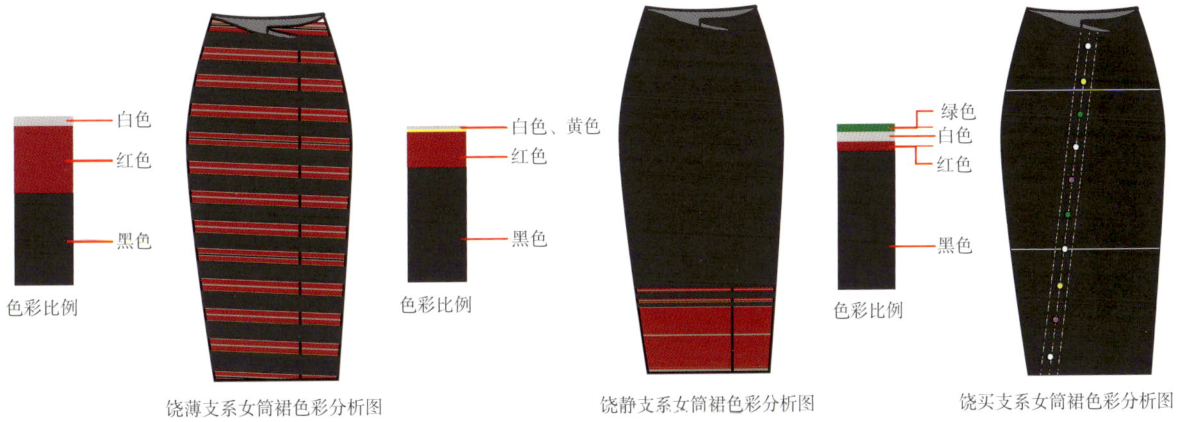

图八 德昂族饶薄支系、饶静支系、饶买支系女筒裙色彩比较图

第二章 德昂族传统服饰

071

图九　德昂族饶薄支系女筒裙织造示意图

图十　德昂族饶静支系女筒裙

图十一　德昂族饶买支系女筒裙

第二章　德昂族传统服饰

德昂族饶薄支系筒帕

图一　德昂族饶薄支系筒帕主图

筒帕即挎包，德昂语称为"勒夏"。本案例为德昂族饶薄支系筒帕，选自云南省德宏州芒市三台山德昂族乡出冬瓜村，包身整体为方形，单肩长背带，下坠流苏。底色米黄，配五彩绒球。筒帕包身长34厘米，宽18厘米，下坠的流苏长23厘米，是三台山乡德昂族饶薄支系日常普遍使用的随身挎包。

该筒帕由方形包身和长条形包带组成。包身由一块矩形土布对折而成，两侧以宽约11厘米的包带纵向对折缝制于包身之上，包的两侧下端坠有两束宽约6厘米的流苏。整个筒帕的布料以德昂族自家腰机织造的土布为底，米白底色上间有均匀的红色细条纹。包身的上部与两侧以及包带部分均缀有整齐排布的五色绒球，其中包身上部的缀饰最为精彩，与德昂族饶薄支系女子对襟短上衣的背面图案形制相仿。在包身最上端以相距约16厘米的两排五彩绒球为纬线，包身两侧的长五彩绒球串和中间的三道短的绒球串为经线，分割出四块面积均等的矩形区域，其中交接部分均配有和绒球串长度相当的小银珠串。分割出的每个矩形区域里面又以彩色的条状刺绣作为装饰，将原本的4块区域进一步细分为更小的16块矩形区域，其中上下排以奇数格与偶数格为界，分别缀有三角形与圆形刺绣图案。而上一排的偶数格和下一排的奇数格每格内饰有均匀排布的4只圆形刺绣图案。五彩绒球、银珠、刺绣图案的材质、颜色、形状各不相同，每种缀饰均排列为直线，对整个包身进行非常严谨、对称的几何式划分。整齐的线条分割给人以严肃、稳重的视觉效果，而构成分割线条的各类缀饰又因其丰富的色彩、多变的材质、不同的大小甚至平面与立体的对比给人以活泼灵动的视觉效果。再加上包身的下端坠有两束长而轻巧的彩线流苏，可随着人的肢体动作飞扬飘动，更增加了一份灵巧轻盈的美感。

德昂族三大主要支系的服饰风格各异，而筒帕作为服饰的一部分，其形制、风格同样如此。饶薄支系的筒帕多为白底五彩缀饰，饶静支系的筒帕多为素净米白，而饶买支系的筒帕则是以大面积的黑底为主。不仅如此，筒帕还有尺寸的区分，一般分为大、中、小三种，根据不同的场合和需求进行选择；有年龄的区分，年轻人的筒帕以白底为主，老年人则多用黑色和深蓝色；有日常和节庆的区分，日常多用装饰朴素的筒帕，而节庆时则用更为华丽的款式。

图片来源

图一、图八至图九　何卓嫔　摄影

图二至图五　单文霞　制图

图六至图七　赵思颖　制图

图十至图十二　陈力.云南民族包.昆明：云南人民出版社，2004年.89—92.

图二　德昂族饶薄支系筒帕外观图

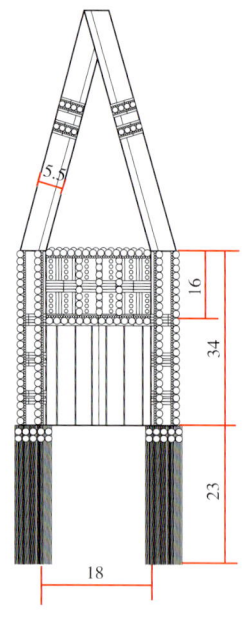
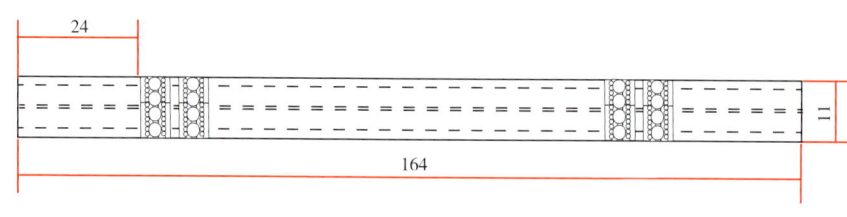

图三　德昂族饶薄支系筒帕平面尺寸图（单位：cm）

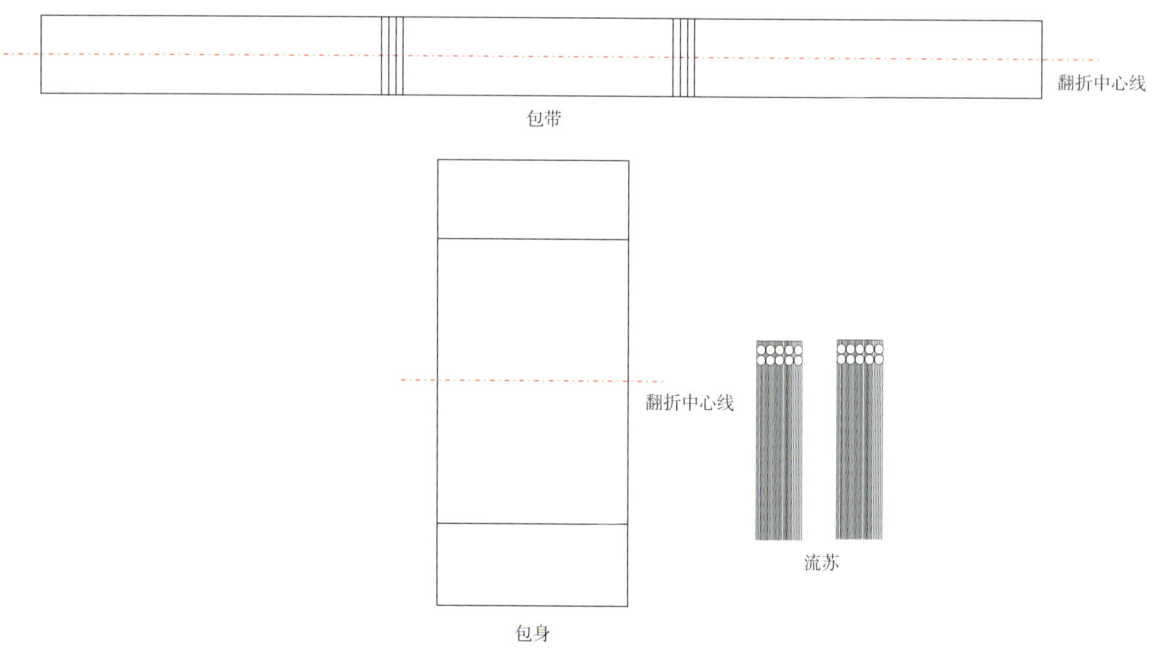

图四　德昂族饶薄支系筒帕开片图

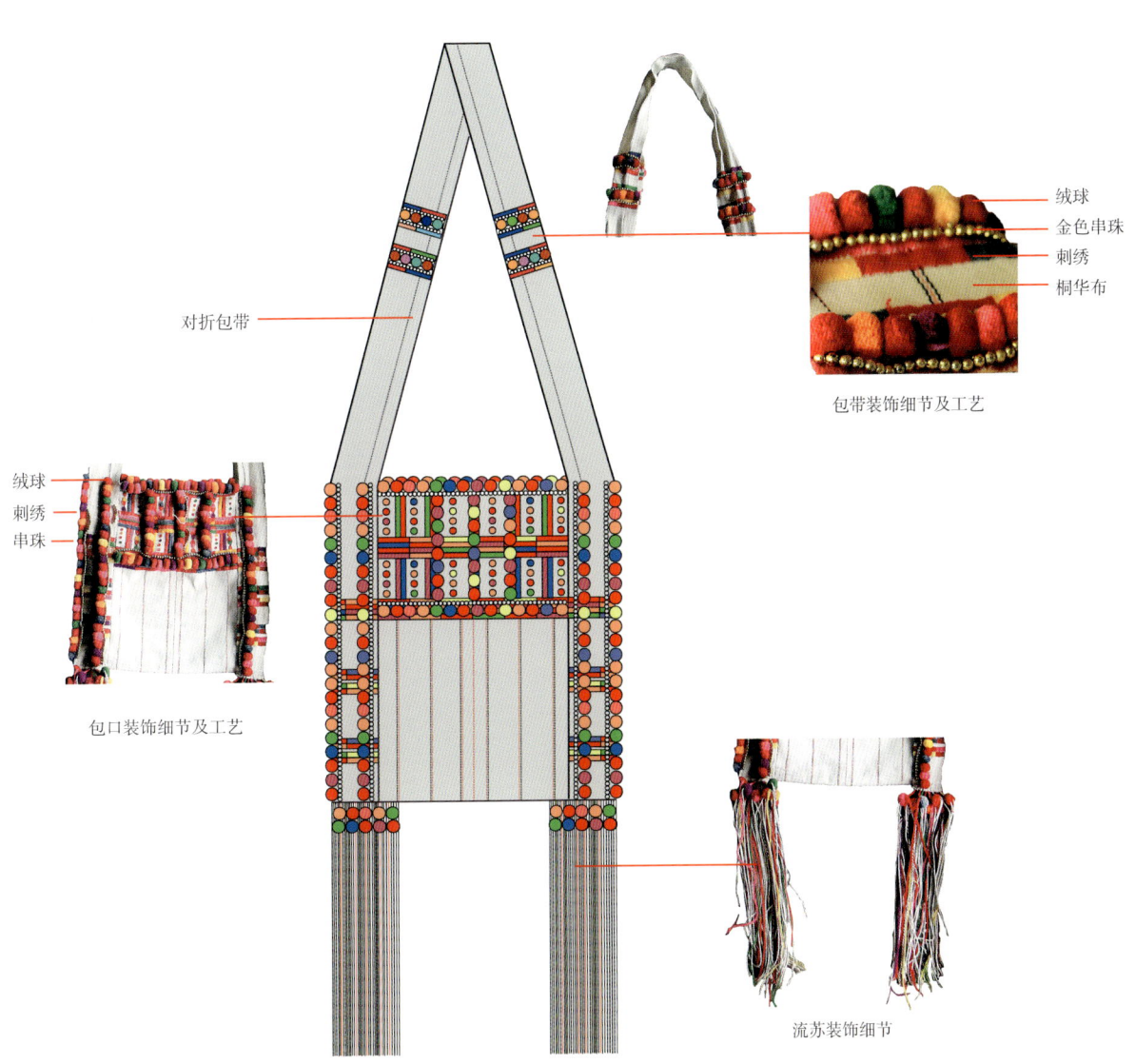

图五 德昂族饶薄支系筒帕局部分析图

图六　德昂族饶薄支系筒帕着装示意图　　　　图七　德昂族饶薄支系筒帕色彩分析图

图八　德昂族饶薄支系筒帕效果示意图　　　　图九　德昂族饶薄支系小筒帕

图十　德昂族饶静支系筒帕

图十一　德昂族饶买支系筒帕

图十二　德昂族饶筒帕不同尺寸比较图

德昂族饶薄支系儿童帽

图一　德昂族饶薄支系儿童帽主图

本案例为德昂族饶薄支系儿童帽，选自云南省德宏州芒市三台山德昂族乡出冬瓜村，款式为瓜皮帽，该帽7瓣合缝，顶系绒球，附有帽带。帽瓣和帽腰正面均缀有银饰，主体配色为黑、红两色，帽高12厘米，帽口直径20厘米，是三台山乡德昂族饶薄支系儿童日常佩戴的帽子。

儿童帽主要分为帽顶、帽瓣、帽腰和帽带四部分。帽顶由一只直径4.8厘米的绒线球与下方直径5.8厘米的圆形彩色布片缝接而成。绒球以大红色为主，间有黄、白、紫、绿等色。圆布片共六层，依次为红、蓝、白三色布片相间叠加。帽瓣分为7瓣，由彩色土布制成，以帽顶为中心均匀发散，3瓣红色，2瓣蓝色，黄色和白色各1瓣，四色相间，两两缝合。各帽瓣在靠近帽顶处缝有直径2厘米的银泡装饰，银泡外侧开有小孔，并挂两串蝶形银片，银片下部又缀有三只剑形银片。银饰串由银泡至剑形银片总长度为7厘米，蝶形银片铺于帽瓣，剑形银片则垂于帽瓣和帽腰连接处，跟随佩戴者的头部动态摇曳碰撞，银光闪烁。帽腰为筒形，高 8.5 厘米，由黑色土织布缝制而成。帽腰上下沿均缀有五彩绒球，下沿仅在前半部分缝制。帽腰正面从上至下分别饰有彩珠、银泡、花形银饰和宝螺壳，背面则不做任何装饰；帽腰下沿是帽口部分，有一圈蓝色包边，两侧缝有红、蓝、白三色绒线编织而成的帽绳，系于佩戴者下颔，起防风固定的作用。该案例儿童帽剪裁贴合孩童的头部曲线，包裹严实，前遮额头，后裹脑勺，两侧包裹至耳朵上方。造型设计方面，帽顶绒球、银泡、五彩绒球的圆形与帽瓣银饰的蝶形、剑形以及帽腰宝螺壳的椭圆形构成形态对比；帽腰缀饰的绒球、珠串、银泡、宝螺壳个体大小均有差异，形成了尺度对比；剑形银片与串珠垂直平行，五彩绒球、银泡、宝螺壳横向平行，坐立行走时产生动静对比。色彩的使用方面，红黑两色占比最多，蓝白两色次之，黄色又次之，最后是极少量的紫、绿、品红色作为点缀。用色虽多却次序井然，既突出了德昂族民族特色，又保留了儿童活泼朝气的年龄特征。在材质的选用方面以土布、绒线、银饰、彩珠、宝螺相结合，土布和绒线给人温暖柔和的触觉感受，均匀分布的金属缀饰和贝壳让人感觉厚重华丽，中和了土布与绒线过多的软塌感，是一件兼顾实用性和地方审美的民族服饰。

德昂族素来喜戴头饰，无论哪个支系，成年男女都戴包头，儿童则会戴帽。德昂族儿童帽除了本案例款式，还有更为日常化且不附帽带的款式，如饶扩支系的儿童帽同为 7 片帽瓣的瓜皮帽，装饰则更为简洁，受到当地家长及儿童的喜爱。

图片来源

图一、图六、图八　何卓嫔　摄影
图二至图四　单文霞　制图
图五、图七　赵思颖　制图
图九　赵思颖　摄影

图二　德昂族饶薄支系儿童帽外观图

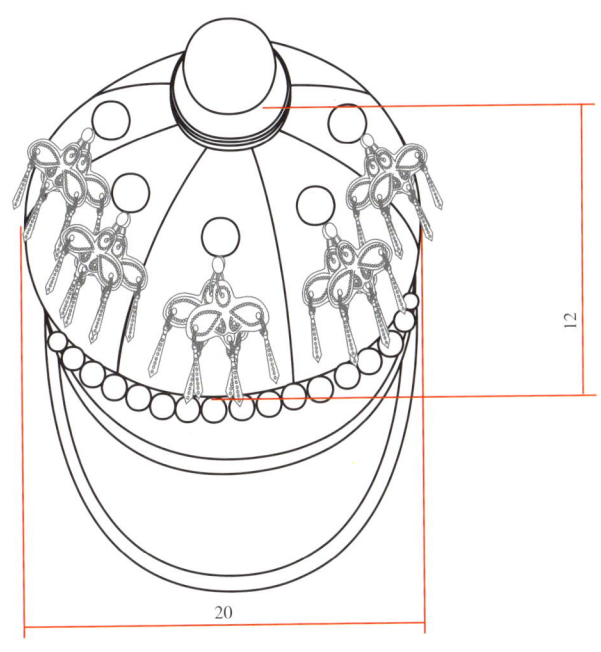

图三　德昂族饶薄支系儿童帽尺寸图（单位：cm）

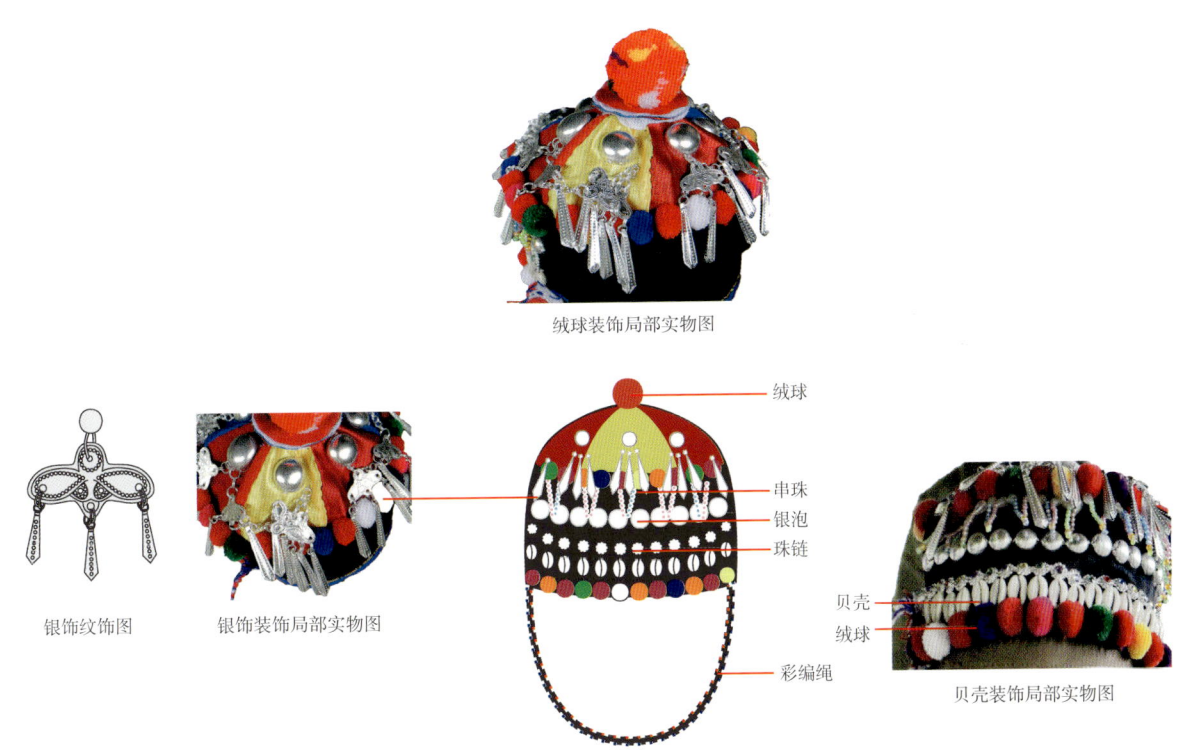

图四　德昂族饶薄支系儿童帽局部分析图

图五　德昂族饶薄支系儿童帽着装示意图

图六　德昂族饶薄支系儿童帽效果示意图

图七　德昂族饶薄支系儿童帽色彩分析图

图八　其他形制的德昂族饶薄支系儿童帽

图九　其他形制的德昂族饶扩支系儿童帽

德昂族饶薄支系女子包头

图一　德昂族饶薄支系女子包头主图

本案例为德昂族饶薄支系女子包头，选自云南省德宏州芒市三台山德昂族乡出冬瓜村，整体平铺时呈矩形，呈全长 158 厘米，宽 40 厘米，整体为纯黑色，两端各缀有一排直径约 1.5 厘米的五彩绒球，是三台山乡德昂族饶薄支系的已婚女性日常佩戴的头饰。

本案例包头为整块黑色土布所制，两端有彩色包边，边上各缀有一排色绒球。用于包头和筒裙的布料材质均是德昂族村民自制的土布。制作这种土布需经过弹棉、搓棉、纺线、牵线、织布、配料染色共六个主要步骤，做出的土布结实耐用，不易掉色，口碑颇高。德昂族女性在包裹包头时，首先将黑色包头布平铺展开，然后以包头布的中间位置对准前额，两端向后缠绕至后颈中心交叉，再各自绕回前额，如此反复并于后颈处交叉打结，后将包头布的两个末端再绕回前额上方打结，调整服帖后即完成包裹。除了这种黑色的土布包头，德昂族饶薄支系还有妇女选用白绿相间的毛巾布包头，包裹方式也略有差异，不再全部扎起，而是留有一截从前额垂于肩后。德昂族女性在孩童时期会佩戴彩色瓜皮帽，十三岁以后便开始以包头作为头饰。戴包头时需要剃光头发，仅留前额的刘海，饶薄支系和饶静支系的妇女通常会保持剃发的状态，不再蓄留长发，也有女性仅把头部四周的头发剃掉，只留顶部一束头发，再将其编成一根细长的小辫，与包头的头巾混缠起来，盘绕于头顶。近年来随着社会发展，德昂族村寨与外界的文化交流逐渐增多，新一辈的德昂族爱美女性也开始留起了长发。饶买支系的妇女则是在婚后逐渐蓄回长发，露出额头。除了支系之间的差异，包头的款式也会根据佩戴者的年龄发生变化：德昂族妇女年龄超过 50 岁，便不会在包头的末端缀五彩绒球，她们会在头上盖两层包头布，里层为红色，外层为黑色，节庆时期则反过来，将红布包在黑头巾外面，俗称"观音斗"[1]。德昂族剃发裹包头的习俗与他们的宗教信仰有着密切关联：一是德昂族民众普遍信仰南传上座部佛教，剃发象征着信徒对佛的虔诚；二是在德昂族心目中，人去世之后尸体腐烂而头发却不易变质，这会导致他们无法投胎；三是德昂族认为头发是不洁净的，做饭或劳作时头发掉落是很不卫生的表现。

本案例饶薄支系女包头简朴端庄，在与整体民族服饰风格保持高度一致的情况下，通过对局部缀饰色彩的调节使其更加符合个人身份形象；并且在包头、上衣、筒裙三块主要的服饰配色上，都以黑色和红色为主色调，且从头到脚，由上至下服装面积逐渐增大，黑色占比却逐渐减少，以颜色的深浅平衡了面积的大小，整体装束巧妙达到了色彩和造型上的视觉平衡。

图片来源

图一、图四、图六　刘翔宇　摄影
图二至图三　单文霞　制图
图五、图七　赵思颖　制图
图八至图九　赵思颖　摄影

参考文献

[1]桑耀华.德昂族文化大观.昆明：云南民族出版社，1999年.

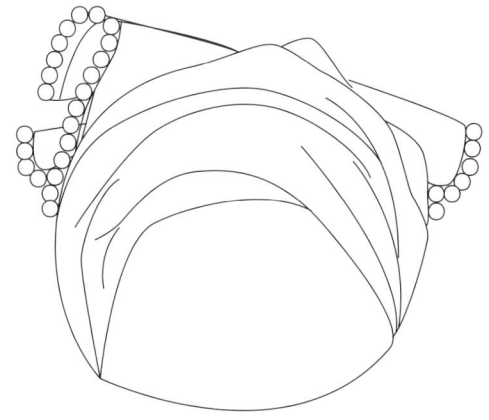

图二　德昂族饶薄支系女子包头外观图

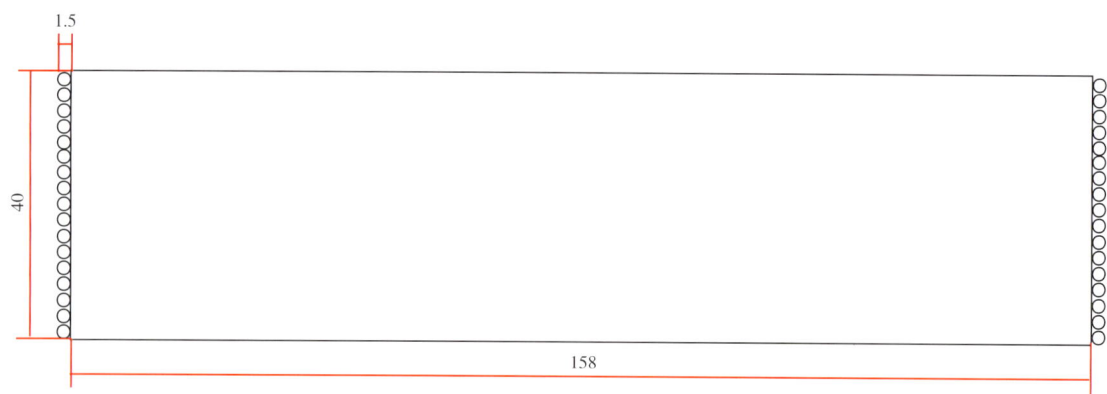

图三　德昂族饶薄支系女子包头平面尺寸图（单位：cm）

步骤一：取包头布并使其中间位置对准前额

步骤二：两端绕至后颈交叉

步骤三：多次重复缠绕

步骤六：将包头布的两个末端再绕至前额上方打结，完成包头佩戴

步骤五：调整前额包头布，使其服帖

步骤四：在后颈处交叉打结

图四　德昂族饶薄支系女子包头操作示意图

图六　德昂族饶薄支系女子包头效果示意图

图五　德昂族饶薄支系女子包头着装示意图

图七　德昂族饶薄支系女子包头色彩分析图

第二章　德昂族传统服饰

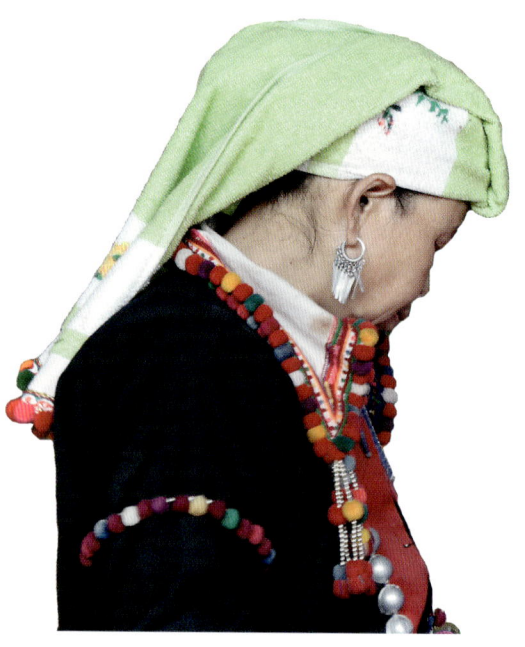

图八　其他形制的德昂族饶薄支系女子包头

图九　德昂族饶静支系女子包头

德昂族饶薄支系腰箍

图一　德昂族饶薄支系腰箍主图

　　腰箍是德昂族女子独有的饰物，也是德昂族女性成年的象征，德昂族女性服饰因支系不同而形制各异，但佩戴于腰间的腰箍却保持着相同的样式。本案例为德昂族饶薄支系腰箍，选自云南省德宏州芒市三台山德昂族乡出冬瓜村。整体以竹篾材质为主，由 10 只单圈腰箍组合而成，每圈腰箍宽约 1 厘米，直径约 30 厘米，是德昂族饶薄支系女子日常戴于腰部的装饰品。

　　德昂族的腰箍主要分为四类：草编腰箍、竹篾腰箍、藤篾腰箍和银腰箍。本案例为典型的竹篾腰箍，由四款共十圈不同花色的单圈腰箍组合而成，分别是两圈纯黄色腰箍、两圈粉底米色竖条纹腰箍、两圈朱红底黄斑纹腰箍以及四圈素色刻花纹腰箍。竹篾腰箍的制作工艺主要分为五步：首先砍取竹材，并按照所需尺寸将其劈为均匀的细竹条，然后进行打磨加工，使竹条厚度均匀，光滑无毛刺，并将两端削成箭头状，便于后续调节捆绑；接着用银丝或者铝丝把竹条捆扎成大小适中的圆圈。经过前三步的加工，腰箍的雏形已基本完成，接下来需对竹篾圈进行装饰，如果采用涂漆装饰，就用小刷子蘸取漆料对竹篾内外两面进行平涂，而以雕刻作为装饰则使用小刀在素色竹条外圈刻出各种花纹；最后一步是系彩线，用五彩的绒线将单圈腰箍套在一起进行捆扎，使其连成一个整体。本案例中六圈彩色腰箍均采用涂漆装饰，而素色的四圈为雕刻装饰。彩色腰箍中，黄色腰箍通体明黄，简洁明快，无其他装饰；粉色腰箍上均匀绘有粗约 0.1 厘米的米白色竖条纹，较为细腻娟秀；朱红色腰箍涂有不规则的明黄色斑纹，笔触奔放，撞色热烈鲜明。素色腰箍则用阴刻的手法，在竹圈一周雕刻了植物卷草纹和锯齿纹，远看朴素无华，细看则别有意趣。除了用涂漆和雕刻进行装饰，德昂族饶薄支系还有用彩色绒线装饰的腰箍，一组腰箍当中有粗、细圈之分，粗圈有的整圈用同色绒线缠裹，有的分多段多色缠裹，既美观，又兼顾了舒适的触感。

按德昂族的风俗习惯，女性成年后，在腰部要佩戴少则五至六圈，多则二三十圈的腰箍作为装饰。在德昂族的观念当中，腰箍既是青年男女爱情和友情的信物，又是女性聪明贤惠、心灵手巧的象征。[1]德昂族的姑娘谁戴的腰箍圈数越多，就说明越受欢迎。德昂族女性在嫁娶时，嫁妆和提亲礼当中都会包含腰箍，亲朋好友也会以赠送腰箍的形式表达祝福。

图片来源
图一、图九至图十　赵思颖　摄影
图二至图五　单文霞　制图
图六至图七　赵思颖　制图
图八　孙寒　制图

参考文献
[1]赵纯善.德昂族概览.昆明：云南大学出版社，2006年.

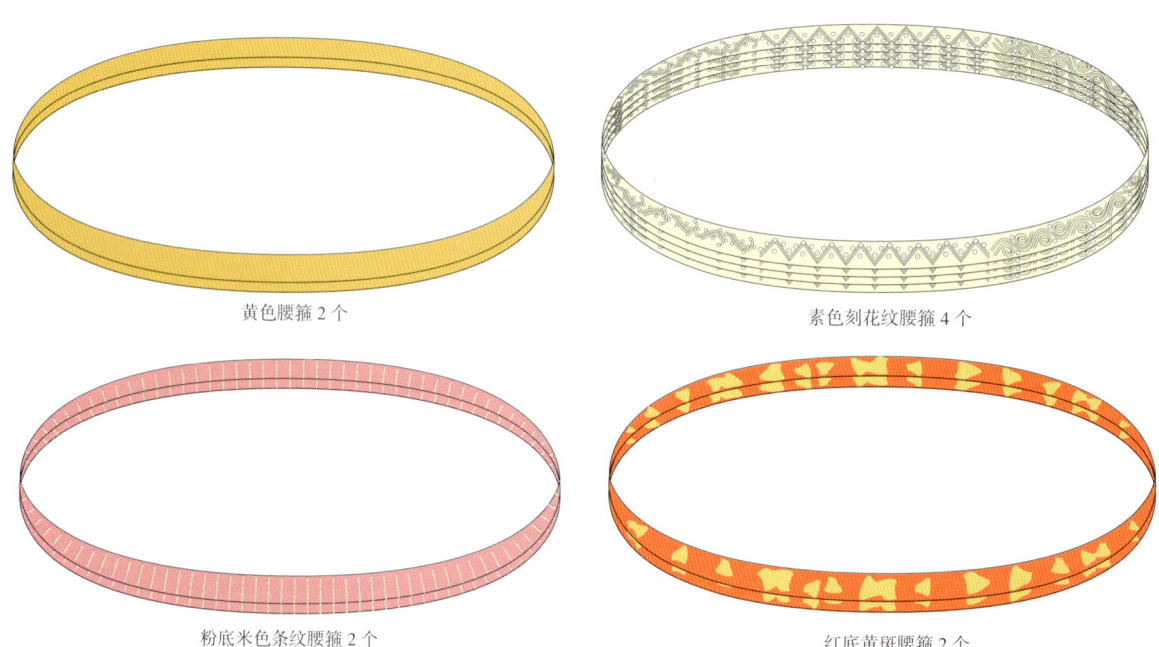

黄色腰箍2个　　　　　素色刻花纹腰箍4个

粉底米色条纹腰箍2个　　红底黄斑腰箍2个

图二　德昂族饶薄支系腰箍外观图

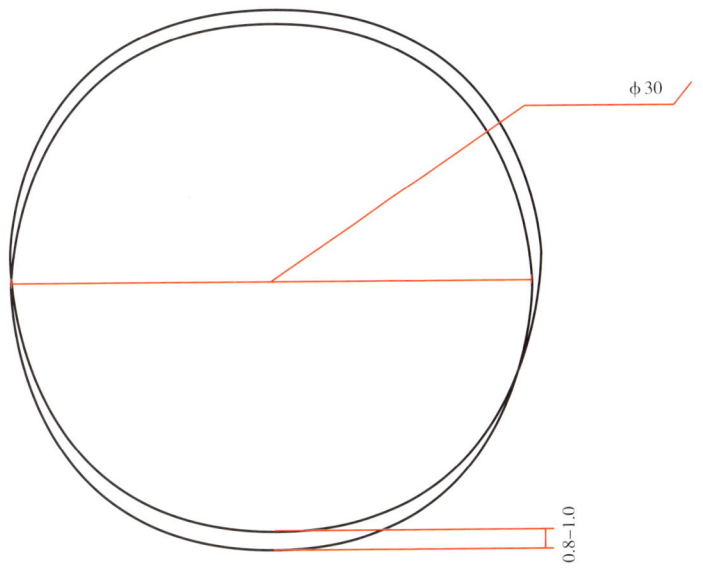

图三　德昂族饶薄支系腰箍尺寸图（单位：cm）

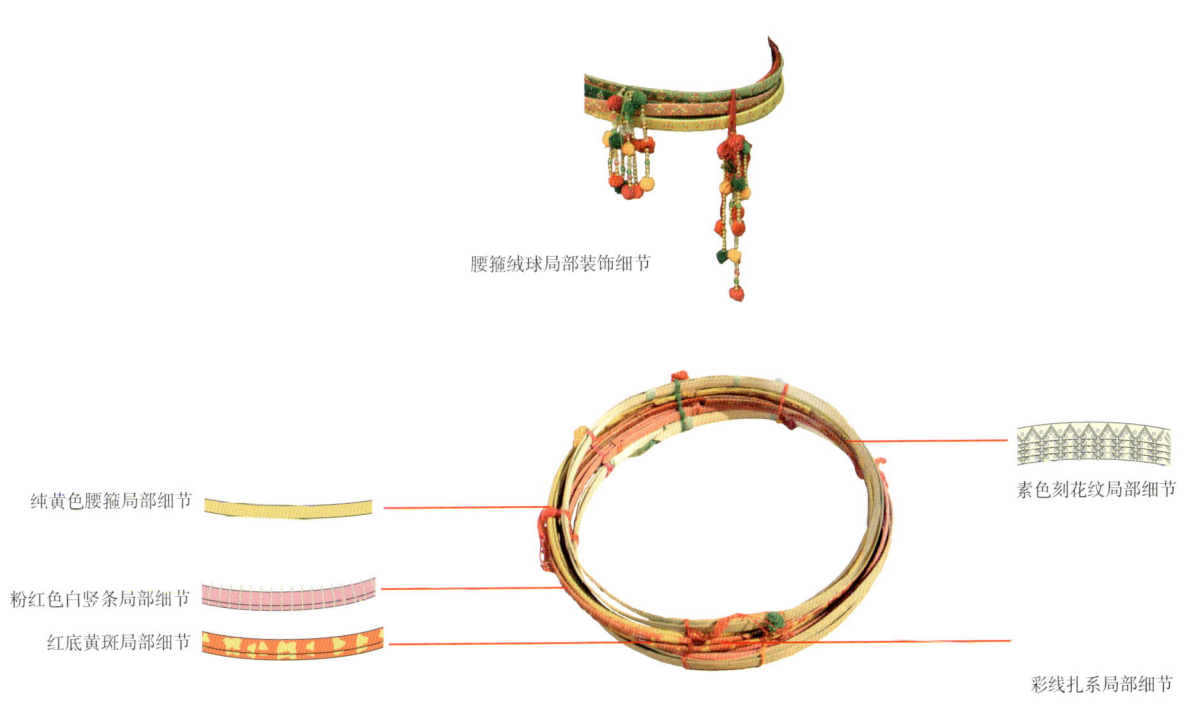

图四　德昂族饶薄支系腰箍局部分析图

腰箍绒球局部装饰细节

纯黄色腰箍局部细节

粉红色白竖条局部细节

红底黄斑局部细节

素色刻花纹局部细节

彩线扎系局部细节

第二章　德昂族传统服饰

095

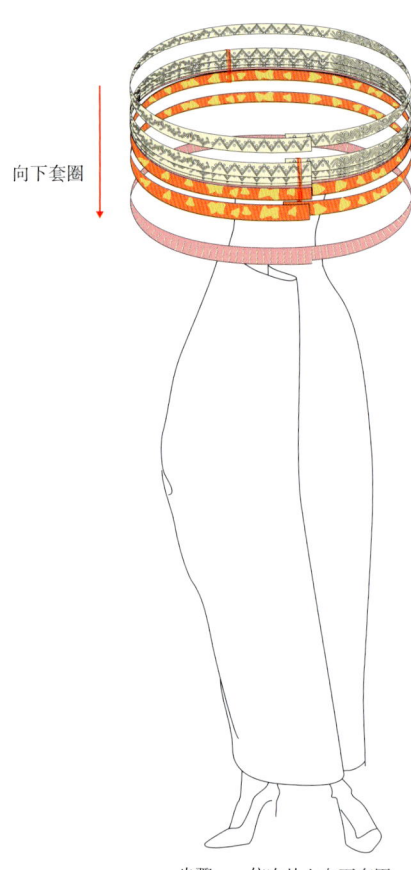
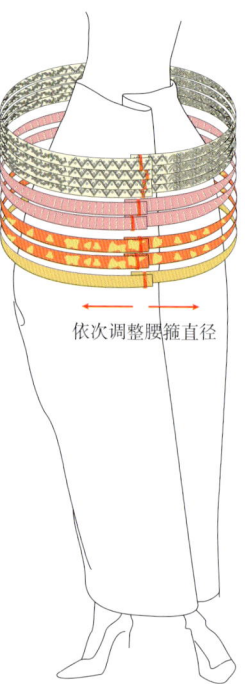

步骤一：依次从上向下套圈　　　步骤二：收缩腰箍大小，调整到合适位置　　　步骤三：依次收缩腰箍大小

图五　德昂族饶薄支系腰箍操作示意图

图六　德昂族饶薄支系腰箍着装示意图

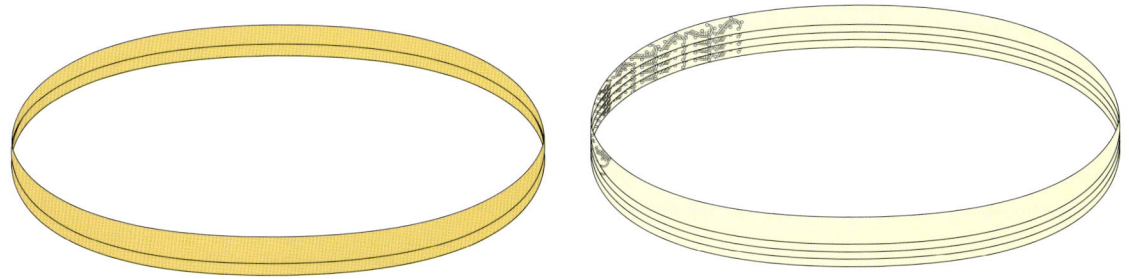

图七　德昂族饶薄支系腰箍色彩分析图

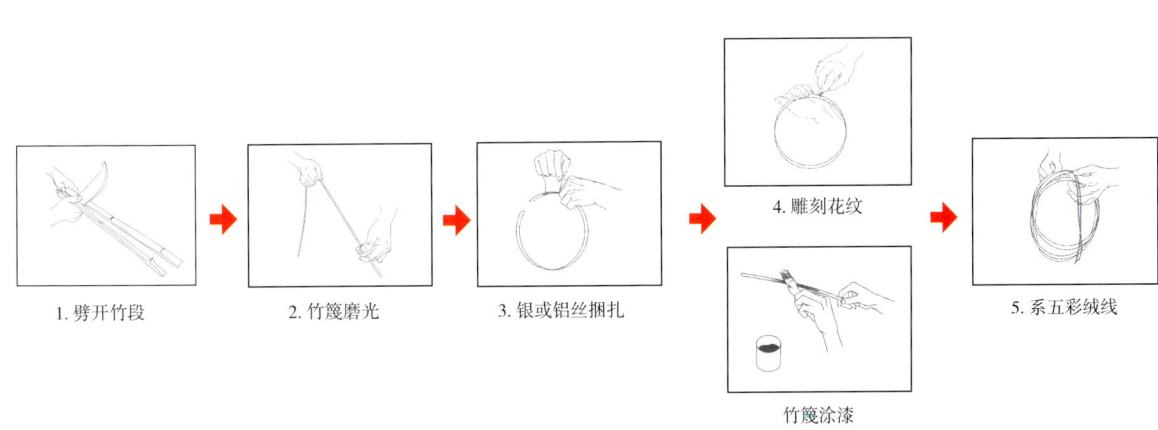

1. 劈开竹段　　2. 竹篾磨光　　3. 银或铝丝捆扎　　4. 雕刻花纹　　竹篾涂漆　　5. 系五彩绒线

图八　德昂族饶薄支系腰箍工艺分析图

第二章　德昂族传统服饰

图九　其他形制的德昂族饶薄支系腰箍

图十　德昂族饶买支系腰箍

第三章 德昂族传统餐饮

德昂族酸茶

图一　德昂族酸茶主图

德昂族酸茶，又称湿茶，古称谷茶或沽茶，是德昂族最具代表性的传统饮品之一。本案例选自云南省德宏州芒市三台山德昂族乡出冬瓜村，由德昂族世代相传的传统制茶工艺精制而成。德昂族的茶文化可以说是其命脉之源，与茶相关的历史文化一直影响着一代又一代的德昂族。他们自古以来对茶叶就有一种崇敬之情，自称是茶的子孙，把茶作为本民族的图腾，因此也被誉为"古老的茶农"和"茶的民族"。德昂族认为茶是诚实和信任的象征，并且代表着人与自然的和谐相处，常被用于馈赠亲友，后逐步成为该民族文化的载体。酸茶苦涩之后的回甘，在一定程度上代表着德昂族的民族品格。

德昂族有很多制茶与饮茶的方法，其中经过发酵得到的酸茶有着特殊的苔藓和岩石的气味，微酸回甜的独特口感是最具特色的一种茶品。发酵酸茶一般采用土坑法，这是德昂族千百年来一直沿用至今的古方。其制作流程十分严格，要先将采摘回来的大叶种茶进行晾晒冲洗，然后装入陶质蒸锅并放在土炉灶上进行蒸茶杀青，接着将蒸好的茶叶取出，放入大锅中用双手揉制。茶叶揉制完毕，即可埋坑发酵。发酵时，先在地上挖出土坑，用芭蕉铺满深坑的底部，然后将揉好的茶叶紧紧实实地塞入竹筒，筒口朝下放在土坑的芭蕉叶上，用石板压着，再封盖一层泥土。待到六十天左右取出竹筒，晾晒压制，酸茶就制作完成。酸茶在家庭饮用之余也常制作成茶礼馈赠友人。除了制作严格之外，酸茶的饮用也十分讲究。煮制酸茶除了用茶壶煮制之外，三台山乡德昂族还有一种特殊的煮茶方法，即用当地所制的竹筒煮茶。其方法是就地取材，将一整节竹筒一端打通，清洗干净后，放入酸茶和热水，再用竹条编制的过滤器封口，将整根竹节放在火塘上烧制或者直接在田间支起篝火煮茶。泡饮时最好使用沸水，口感酸苦，有消炎解酒、爽神润喉、增进消化、清热解暑的功效，是原生态的绿色保健饮料。等待水沸腾之后再煮 2 分钟就可以分杯饮用了。这样煮出来的酸茶不仅有茶香，还有很清冽的竹香，酸苦后有回甘，别有一番风味。除了日常饮用，茶叶在德昂族的社交中也占有很重要的位置。德昂族家庭所做酸茶用芭蕉叶包裹，常作为人情来往的礼茶，并且包裹的方式会根据社交用途做细致的区分，比如小伙子到姑娘家提亲要带提亲茶，待到结婚还会有婚茶，搬了新家有乔迁茶，邀请别人来做客还有请束茶，等等，足见茶文化在德昂族的盛行。

德昂族依山而居，村寨被茶园环绕，至今还能看到上百年树龄的老茶树。无论是自家种茶还是山上采摘的野生山茶，每一片茶叶对于德昂族来说都是大自然无比珍贵的馈赠，随便对茶树进行砍伐也会被视作不敬的行为。德昂族对茶超乎寻常的喜爱也印证着德昂族自古以来对自然的敬畏与和谐共生的生活之道。

图片来源
图一、图三　何卓嫔　摄影
图二、图五、图八、图十一　王冠力　制图
图四、图十　刘宁　制图
图六、图七　刘翔宇　摄影
图九　赵腊退　摄影

图二　德昂族酸茶食材图

陶质蒸锅　　　竹匾　　　木质揉茶机

图三　德昂族酸茶制作工具图

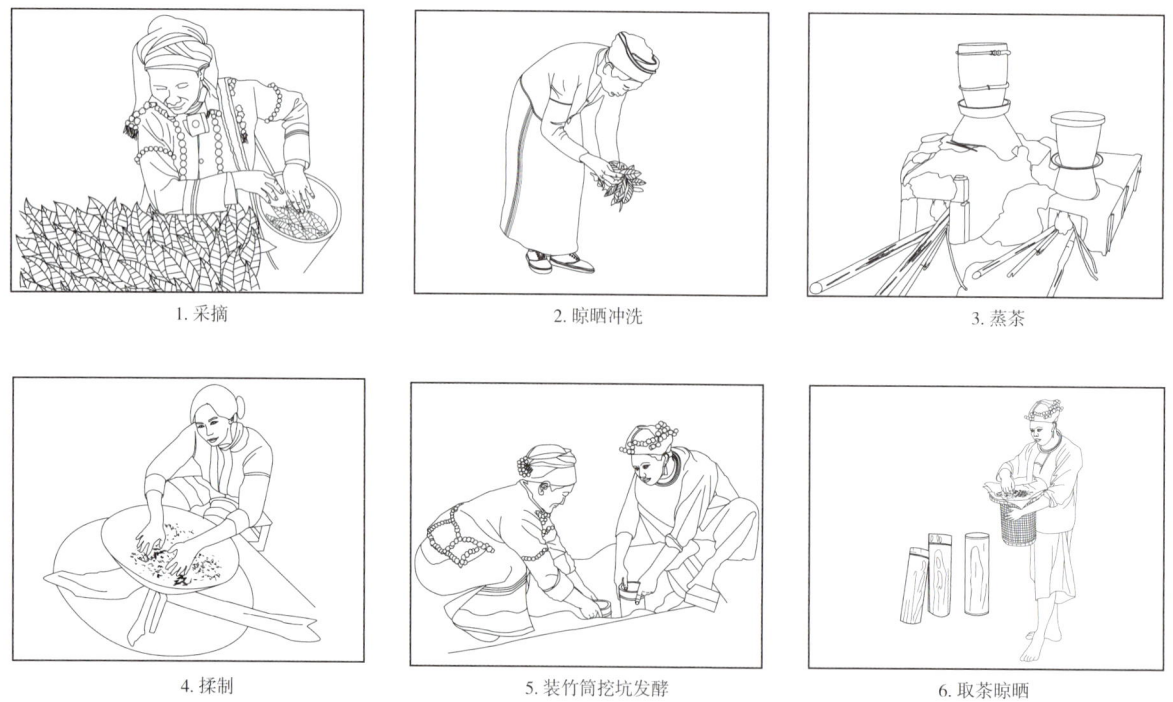

1. 采摘　　　2. 晾晒冲洗　　　3. 蒸茶

4. 揉制　　　5. 装竹筒挖坑发酵　　　6. 取茶晾晒

图四　德昂族酸茶制作流程图

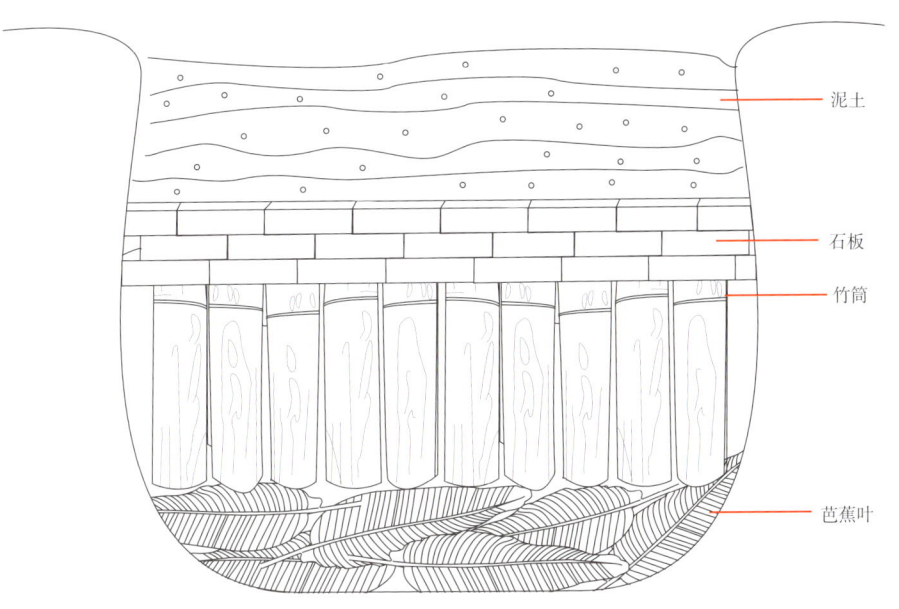

图五　德昂族酸茶埋坑发酵示意图

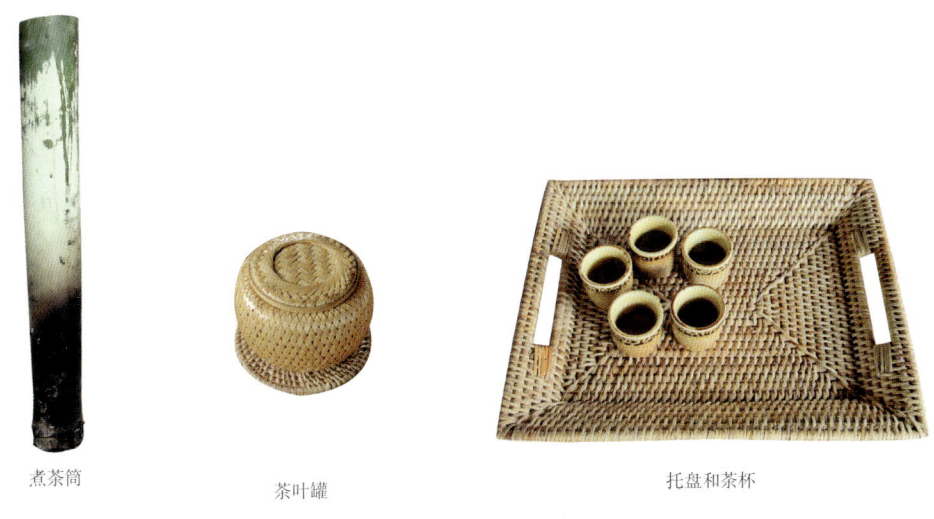

煮茶筒　　　　　茶叶罐　　　　　托盘和茶杯

图六　德昂族酸茶饮用工具图

图七　德昂族茶罐

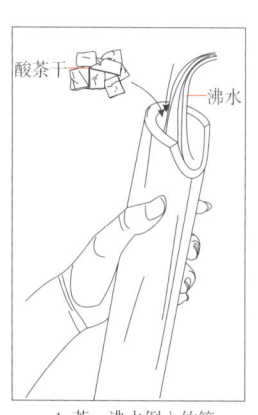

1. 茶、沸水倒入竹筒

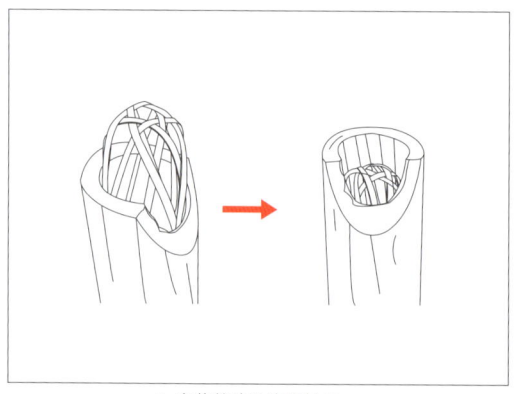

2. 安装竹编过滤器封口

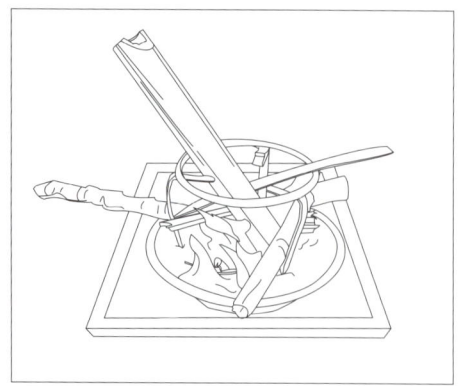

3. 竹筒置入火塘加热

4. 倒茶饮用

图八　德昂族酸茶饮用流程图

图九 德昂族酸茶饮用情境图

图十 德昂族酸茶包裹茶叶场景图

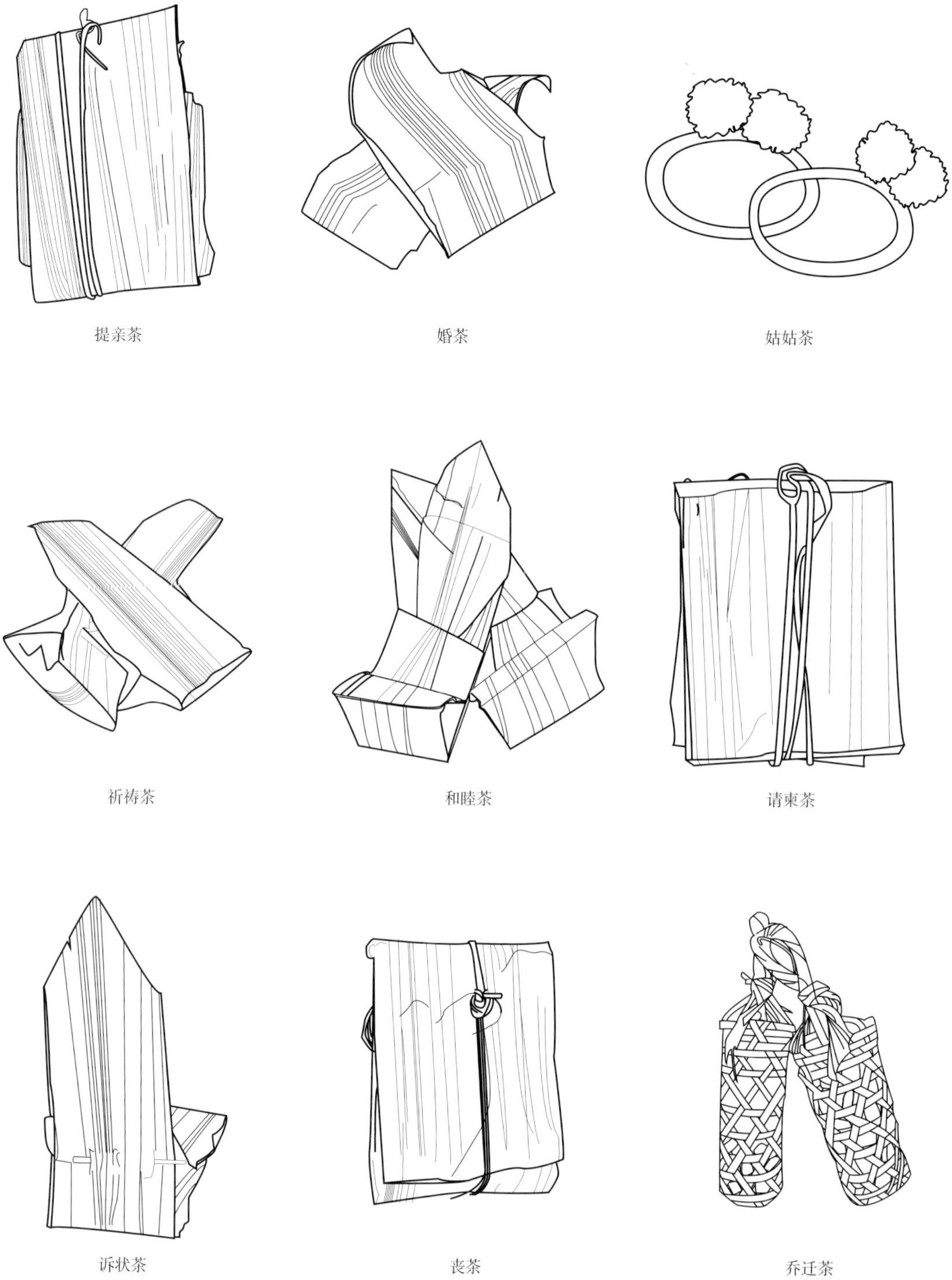

提亲茶	婚茶	姑姑茶

祈祷茶	和睦茶	请柬茶

诉状茶	丧茶	乔迁茶

图十一　德昂族酸茶不同用途及其包装比较图

德昂族茶叶菜

图一 德昂族茶叶菜主图

本案例为德昂族传统美食茶叶菜，选自于云南省德宏州芒市三台山德昂族乡出冬瓜村，是德昂族用酸茶制作的一道具有传统风味的凉拌菜。酸茶除了可以煮成茶水饮用之外，还可以加工成为一道美食。茶叶菜入口酸爽，回味清香，是德昂族家庭聚会、宴请宾客和日常生活中必不可少的美味佳肴。

制作茶叶菜的工序简单，一般德昂族家庭均可自制。茶叶菜主要原料就是德昂族家家户户常备的酸茶，首先将风干的酸茶用清水泡开、洗净，切成1～2厘米方便入口的小段。配料是茶叶菜美味与否的关键，制作茶叶菜最重要的配料就是酥炸大豆。德昂族一般会选用自家在田埂上种植的优质大豆，放置清水中浸泡两小时，后将水沥干，经过两次炸制，直到大豆表面呈金黄色，使得大豆的口感更加酥脆。德昂族喜食酸辣，将大蒜、小葱、芫荽切成细末，小米辣、番茄切丁，倒入盐、糖、芝麻香油、酱油等调味料，以及腌制酸菜、酸笋时得到的副产品——酸水，再将备好的酸茶和酥炸大豆进行综合调味，搅拌均匀后装盘，一道简单而又美味的茶叶菜即制作完成。茶叶菜与其他德昂族美食相比，最大的不同在于回味时有独特的茶叶清香，经过腌制、发酵的酸茶本身有很重的苦味，但是与各种调味料融合以后口感就会变得十分柔和。茶叶菜集酸甜苦辣于一体，味道非常丰富，和米饭是最佳的搭配。炸制酥脆的大豆与酸茶叶一起入口，大豆的油香祛除了酸茶的涩味，丰富了茶叶菜的口感。同时，酸茶的清苦和酸辣的味道又降低了大豆油腻的感觉。

第三章 德昂族传统餐饮

德昂族是一个有着悠久种茶历史的古老民族，素有"古老的茶农"的美誉。茶叶可以提神醒脑、清热解暑、祛湿降火，十分适合在我国西南潮湿闷热的环境中食用，是食疗养生的佳品。酸茶还可以直接搭配番茄切片凉拌食用，并且新鲜茶叶嫩芽和干茶泡开的湿茶叶也可以用来做菜。茶叶菜的搭配看似简单，但色、香、味一应俱全，可以看出德昂族在饮食上自古流传下来的智慧与考究。茶叶菜是德昂族茶文化的延伸与发展，将茶叶从饮品变成食品，充分体现了德昂族嗜茶的民族特色。除了德昂族，云南地区其他少数民族也有吃茶的习惯，例如瑶族的油茶。德昂族餐桌上的菜肴尽管都不尽华丽，但却充满了这个民族的生活气息，映衬着德昂族朴实的性格，反映了德昂族餐饮文化的内涵。

图片来源
图一　刘翔宇　摄影
图二　王冠力　制图
图三、图七　《云南少数民族图库》编委会.云南少数民族图库——阿昌族·德昂族.昆明：云南美术出版社，2002 年 .61
图四　陈嘉晔　摄影
图五　朱子玥　制图
图六、图八　魏溥均　制图

图二　德昂族茶叶菜食材

图三　德昂族茶叶菜采摘图

图四　德昂族茶叶菜采摘工具——竹篓

第三章　德昂族传统餐饮

图五　德昂族拌嫩茶尖

图六　德昂族拌酸茶

图七　德昂族茶园近景图

图八　德昂族茶园远景图

德昂族臭菜

图一　德昂族臭菜主图

本案例为德昂族传统美食臭菜，选自于云南省德宏州芒市三台山德昂族乡出冬瓜村，是当地特有的一道腌制美食。臭菜的"臭"并不是指腌菜本身有臭味，而是在腌制发酵的过程中散发出的刺鼻气味。先民们在制作过程中闻到了臭味以为菜臭了，所以称之为"臭菜"，由此沿用至今。其实臭菜非但不臭，吃起来反而有一股特殊的香气，只是一般人骤然吃到会接受不了。在德昂族的餐桌上，臭菜是必不可少的开胃菜品，一般在食用臭菜时会拌以大量的辛香料，这样可以有效地中和臭菜发酵时所产生的特殊气味，进而成了德昂族一道十分受欢迎的下饭菜。

臭菜是德昂族家家户户都会制作的传统美食。德昂族妇女会去采摘一种德昂语叫作"帕哈"的青菜和芒果叶，这是春季才有的时令美味，也是制作臭菜最主要的两种原料。帕哈是云南地区特有的野菜，香味浓厚，有清热解毒的作用。芒果叶也是一味药食同源的食材，有疏风清热之功效。他们将新鲜采摘后的帕哈和芒果叶一起置于阴凉处，保持干燥通风以防原料的腐坏变质。三至五天后菜叶由绿转黄，将其清洗干净，控干水分后铺开晾干。待其水分蒸发后将菜放到土罐中，用黄泥封死罐口密封发酵。罐中的臭菜无须放任何调味料，两至三日之后方可将臭菜取出晒干，就可以长期保存了。制作臭菜的步骤十分简单，首先将蒸好的臭菜切成1厘米的小段，其次将小米辣、茴香、小番茄、崖姜等调料切末备用，最后加入适量的盐和酸水，将其拌匀后装盘后即可食用。

我国掌握蔬菜发酵技术的历史由来已久，人们发现经过发酵后的蔬菜不但可以延长食品的保存期，而且会使得食物产生新的味道，从而转变成一种新的食品。由于气候环境等地域因素的影响，不同地区的发酵工艺各有差异，呈现出多样化的特征。德昂族臭菜无论是选材还是制作工艺，都有别于西南地区其他少数民族的美食，入口极其浓烈的味道让第一次吃的人不禁蹙眉。但是细品之下除了香料的味道之外，还能感受到臭菜发酵后的特殊醇香，再搭配米饭、米粉等主食食用，十分下饭，因此备受德昂族的喜爱。

图片来源
图一　刘翔宇　摄影
图二　王冠力　摄影
图三至图五　樊振杰　制图

图二　德昂族臭菜食材图

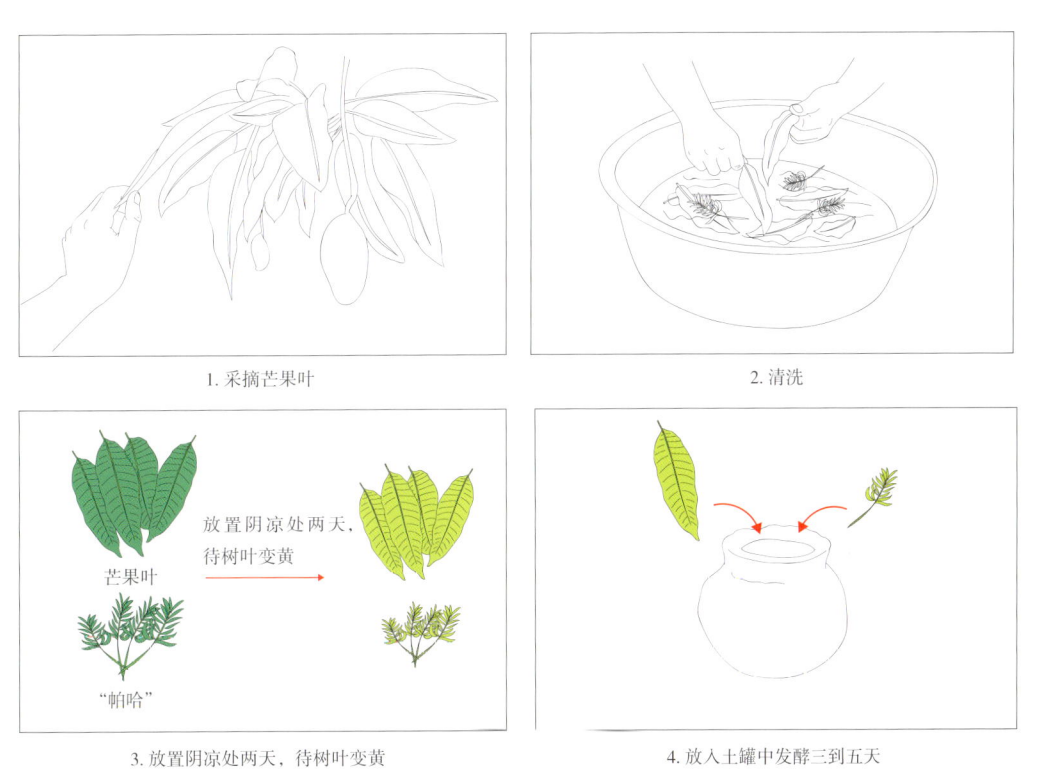

图三　德昂族臭菜食材准备流程图

图四　德昂族臭菜制作场景图·切菜

图五　德昂族臭菜制作场景图·拌菜

德昂族橄榄撒

图一　德昂族橄榄主图

本案例为德昂族传统美食橄榄撒，选自于云南省德宏州芒市三台山德昂族乡出冬瓜村，是德昂族一道具有传统风味的凉拌菜。受傣族文化的影响，现在的德昂族在很多用词上仍是使用傣语。"撒"是傣语"凉拌菜"的意思，"橄榄撒"翻译过来就是"橄榄凉拌菜"。橄榄是指云南地区特有的滇橄榄，制作橄榄撒的原料是滇橄榄树的树皮。作为地道的德昂族凉拌菜，橄榄撒是族人在庆祝盛大节日时才有机会品尝到的美味佳肴。

传统德昂族橄榄撒的制作主料为生猪肉或者生牛肉，特别是猪脊梁上的瘦肉更佳。随着现代人健康意识的增强，现在德昂族制作橄榄撒时一般会选择煮熟的肉末。制作时先将肉末剁细放入碗中以供备用，随后对滇橄榄树的树皮进行处理，需将树皮内的绿层刮下，放入水中清洗干净，挤干水分但也需要保留一定的涩味，将备好的肉末和橄榄树皮一起剁碎，直至二者充分融合，粒粒细腻，最后将小米辣碎、蒜末、芫荽末等配料与剁碎的肉末和橄榄树皮搅拌，再加入少量的味精、酸水、酱油等调料，搅拌均匀后，配以清爽可口的青柠汁，一份地道的橄榄撒就制作完成了。德昂族更喜爱将橄榄撒搭配清淡的米线、卷粉、蔬菜或者鲜香的烤肉一起食用，作为一碗汤汁食用的蘸水，用来丰富各种食材的味道。滇橄榄树味微苦回甘，小米辣和大蒜辛辣刺激，多种食材相互碰撞后使其口感酸爽、香辣开胃，令人食欲大开。橄榄撒不但深受德昂族人民的喜爱，慕名而来的游客也十分推崇这道山林野味，这是只有在德昂族村寨才能品尝到特色佳肴。

滇橄榄又名余甘子，是生长在我国云南西南地区的大戟科落叶灌木或乔木植物，有清热凉血、消食健胃、生津止渴的功效，用于治疗消化不良、腹泻、咳嗽等症状。相传橄榄撒的发明便是为了治疗痢疾、腹泻，但由于滇橄榄树皮太过苦涩，德昂族先民就将其放入生肉中一同食用，由此成就了这道美味。可见，橄榄撒不但是一道美食，还是一道医食同源的药膳，是德昂族先民用智慧创造出来的独具民族特色的传统菜肴。

图片来源
图一、图五　何卓嫔　摄影
图二　赵思颖　摄影
图三　王冠力　摄影
图四　樊振杰　制图
图六　刘翔宇　摄影

图二　德昂族滇橄榄

大白菜　　　　　　橄榄撒　　　　　　青柠

猪肉末　　　　　　小米椒　　　　　　蒜

图三　德昂族橄榄撒食材图

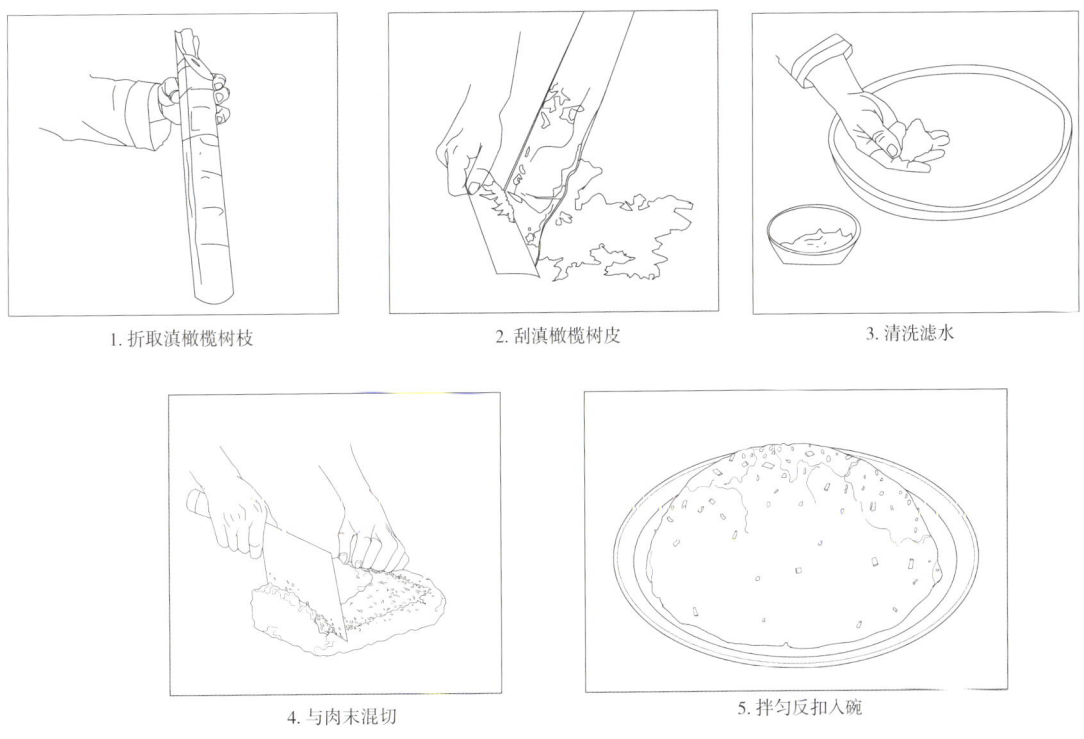

1. 折取滇橄榄树枝　　2. 刮滇橄榄树皮　　3. 清洗滤水

4. 与肉末混切　　5. 拌匀反扣入碗

图四　德昂族橄榄撒食材准备流程图

第三章　德昂族传统餐饮

图五　德昂族橄榄撒配米线

图六　德昂族橄榄撒食用情境图

德昂族木质调料蘸碟

图一 德昂族木质调料蘸碟主图

本案例为德昂族传统饮食器具调料蘸碟，选自于云南省德宏州芒市三台山乡德昂族博物馆。整体为木质，长23厘米，碗口直径10厘米，高6厘米。它的造型十分别致，有别于云南其他地区的少数民族。这种蘸碟由两个碗相连组成，中间连接处向外伸出一把手。蘸碟里面通常盛有两种不同口味的调料，可以根据需求选择蘸取。在德昂族的餐桌上一碗蘸料齐全的蘸碟是必不可少的，可以用来调和其他菜肴的口味。

传统的德昂族调料蘸碟为纯手工制作，有两种不同的形制，均分左右两个容器。一种是两个碗形容器于中部连接，俯视整体呈"8"字型，连接处粘贴一个把手方便端持。另一种是方形，蘸碟的中间有隔断，左端向外延伸出把手以方便端持。本案例蘸碟连同把手全长17厘米，蘸碟本身长11厘米，宽10厘米，高6.5厘米。传统的调料蘸碟通体采用木质，整体成型。德昂族一般就地取材，选择当地盛产的芒果木。芒果果树一般都有一定的生长年限，有些年数大的果树虽然存活，但是产量已然低下。一般果农会将这些老树砍下，将其制成各种工艺品。这样使得芒果木得以循环再利用，以另一种方式焕发新的生机。德昂族擅做木活，将砍下的芒果木根据木材原本的形状，因材制宜，加工成圆形或者方形蘸碟。制作蘸碟首先将木料切割成小方块，再用凿子向下敲打，凿成所需尺寸大小的凹洞，最后用砂纸仔细打磨蘸碟的边缘和内壁，去除木料的杂质使其表面变得圆润，更加方便使用。现在随着工艺的发展和技术的进步，德昂族也会用陶土来烧制蘸碟，今天的德昂族蘸碟的材质更加的多元化。蘸碟里通常会放食盐和整根的辣椒，这是德昂族的"下饭料"。天气闷热的时候用辣椒蘸食盐，十分开胃下饭。除此之外还可以根据自家的喜好盛放其他调味品，干辣椒末、辣酱油、酸汤蘸水都是德昂族饭桌上喜欢的蘸料。

　　无论是岁时节庆还是日常生活，德昂族的餐桌上总是少不了一道清淡简单的水煮菜，并蘸以酸辣味为主的调料食用，这是德昂族饮食的鲜明特色。云南其他少数民族也有爱吃蘸料的习惯，体现了不同民族饮食习惯相互借鉴融合。例如哈尼族爱吃"蘸水"，根据不同食材会搭配不同的蘸水。由于西南地区潮湿的气候环境和相对落后的经济因素，使得德昂族爱吃酸辣口味的食物，通过简单的烹调蘸以调料成就了最适合德昂族的饮食方式。从古至今流传下来的蘸料碗也见证了德昂族饮食文化的传承与演变，承载着德昂族人民独具特色的饮食文化，其遵循自然、实用至上的设计风格对当代设计有着珍贵的参考价值。

图片来源
图一至图二、图七　赵思颖　摄影
图三　赵思颖　制图
图四至图五　王冠力　制图
图六　孙寒　制图

图二　德昂族木质调料蘸碟其他角度展示图

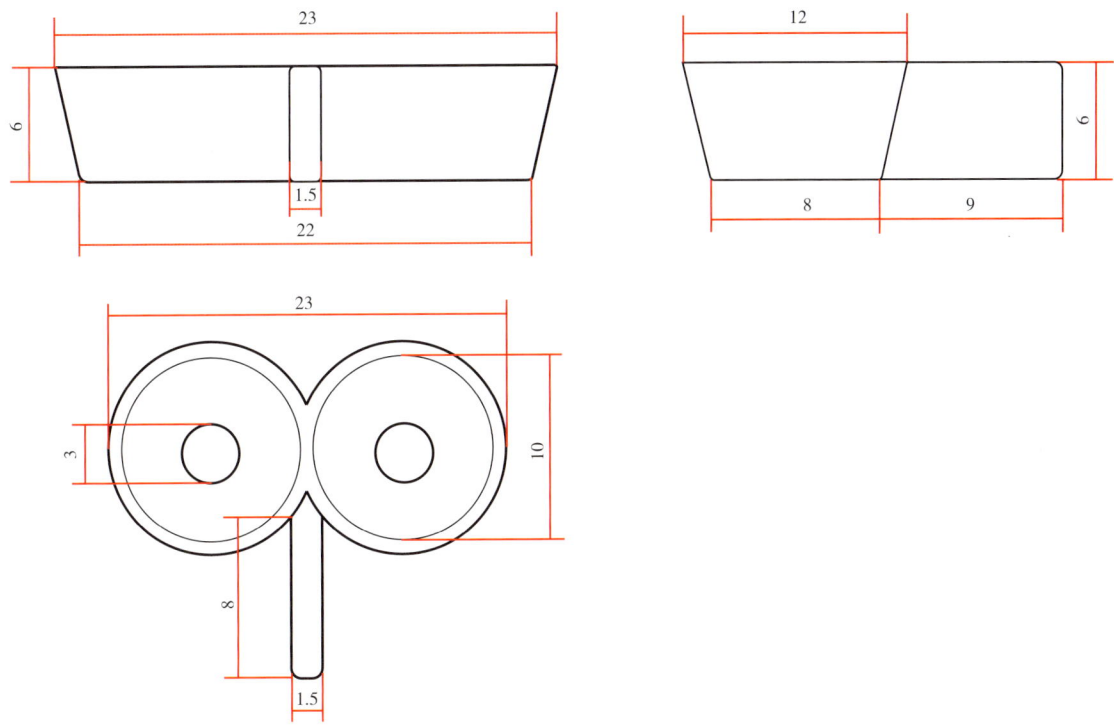

图三　德昂族木质调料蘸碟三视图（单位：cm）

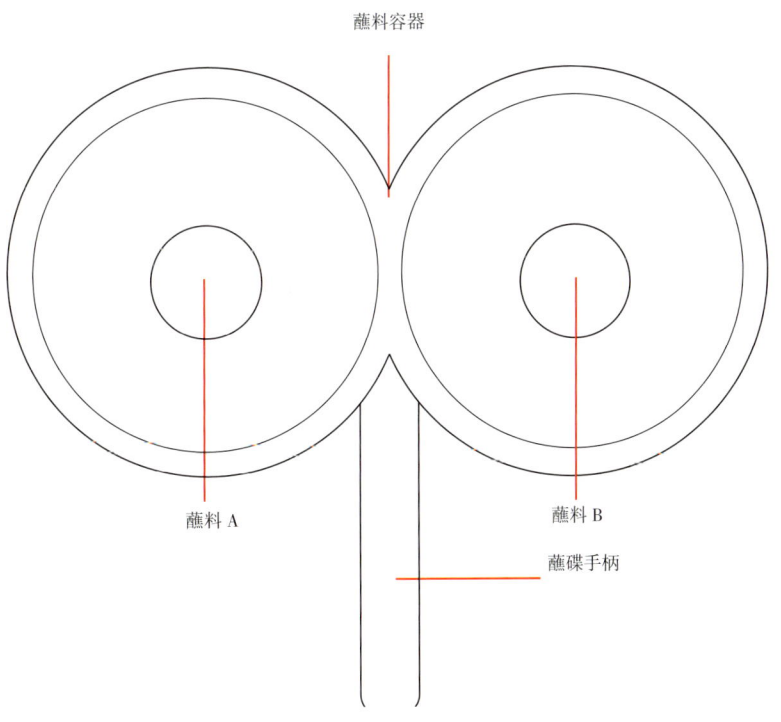

图四　德昂族木质调料蘸碟结构名称图

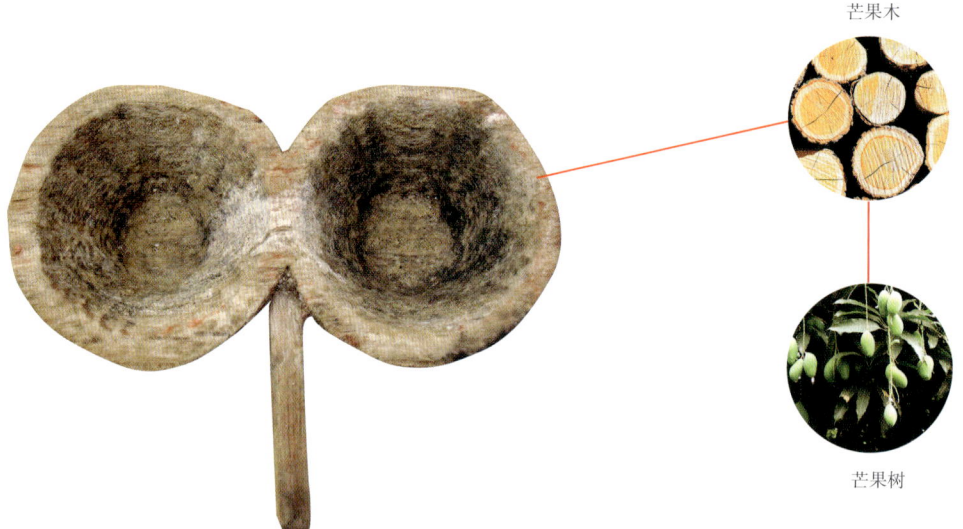

图五　德昂族木质调料蘸碟材质分析图

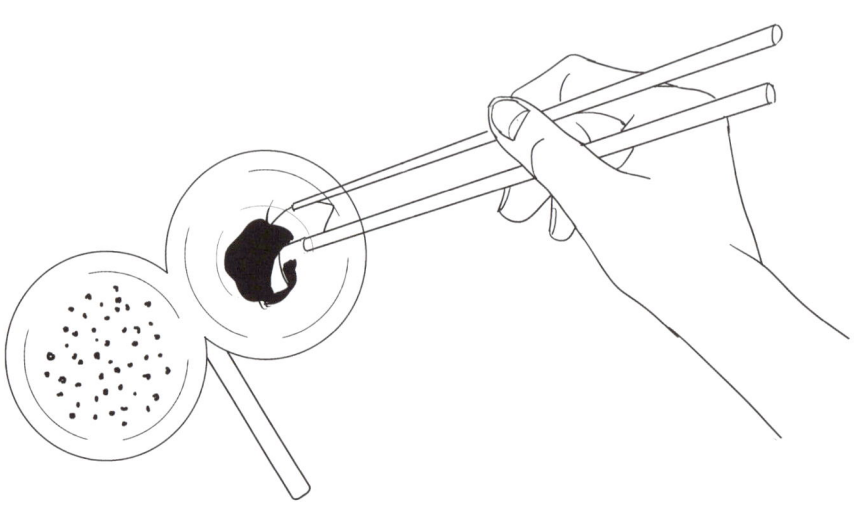

图六　德昂族木质调料蘸碟使用情境图

图七　德昂族方形木质调料蘸碟

第四章 德昂族传统生活用具

德昂族木质拽秤

图一　德昂族木质拽秤主图

　　本案例拽秤选自云南省德宏州芒市三台山德昂族乡出冬瓜村，其结构分为木制衡杆、提纽、竹编秤盘和石质秤锤。衡杆为细长四棱柱形，长60厘米，秤纽高17.5厘米，秤盘直径约25厘米，秤锤高约7厘米，直径约5厘米，重达1.5千克。它是当地居民用来称量生活用品的计量工具，距今已有300多年历史，现藏于芒市德昂族博物馆。

　　拽秤的名称来源于它独特的使用方式：用拽秤衡量物体时，先将需要称量的物体置入秤盘上，然后调整秤锤的位置使衡杆平衡。拽秤的衡杆是没有标注刻度的，只在衡杆上雕有间隔均匀的小凹槽，用以卡住秤锤，每一格凹槽表示三市斤（1.5千克）。调整秤锤时，每格一拽，一拽三斤，一目了然，因此得名拽秤。拽秤的制作充分体现了实用至上的特点：不同于其他附有刻度的圆柱体衡杆，拽秤为了调整秤锤时"拽"得稳，不易滑掉，不仅刻有小凹槽，还把衡杆做成了四棱柱的造型。除了秤杆，秤盘也体现了这种实用主义的设计。使用竹篾编制秤盘的优势有：三台山乡所处的滇西南位于亚热带地区，炎热潮湿，雨季旱季集中，竹源丰富，廉价易得；竹篾质地轻盈，自重极轻，便于准确计量物品；竹材韧性好，且不易受气候湿胀干缩影响，使用寿命长；竹篾编制的秤盘留有均匀缝隙，在计量一些带有水渍、杂质的物品时可以进行过滤筛除，便于准确称重。除了优势，拽秤在使用上也存在一些不足之处，比如秤的感应度不够灵敏；衡量的刻度不够细致，导致精准度不高，只能称量普通的生活用具和食材杂物，不适用于计量一些较为轻巧或贵重的物品。

　　总体来说，拽秤在具有一般杆秤量程大、制作方便、易携带的优点的同时，还具有实用至上、因地制宜的长处，虽有不足，但瑕不掩瑜。这只来自三台山乡具有三百多年历史的拽秤，让我们看到了德昂族淳朴率真、心灵手巧的民族性格，映射出了他们朴素、豁达的造物观。

图片来源

图一、图八　刘翔宇　摄影
图二至图四　王冠力　制图
图五至图七　樊振杰　制图

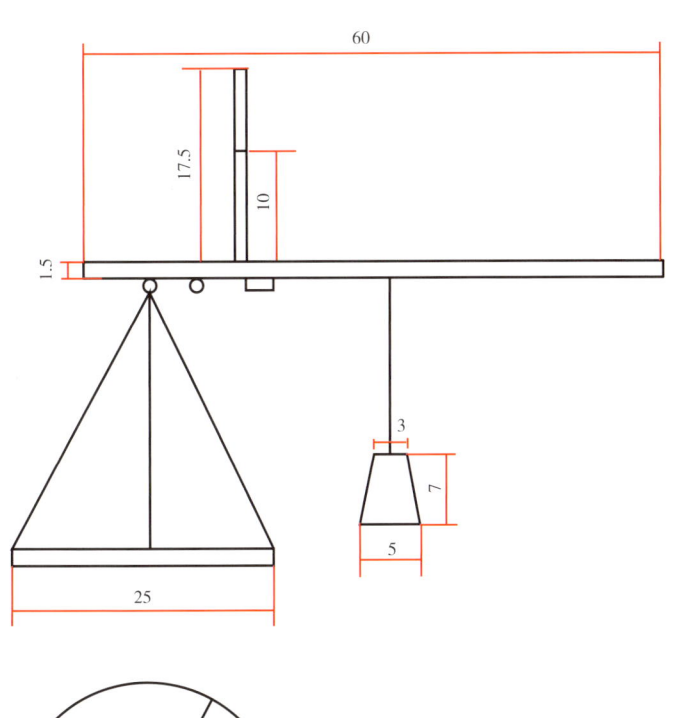
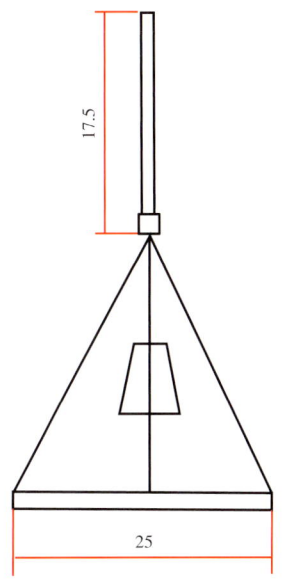
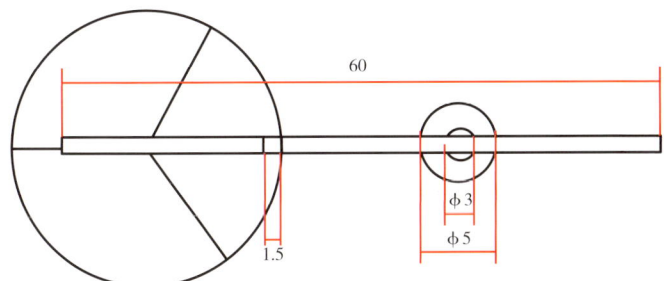

图二　德昂族木质拽秤三视图（单位：cm）

第四章　德昂族传统生活用具

127

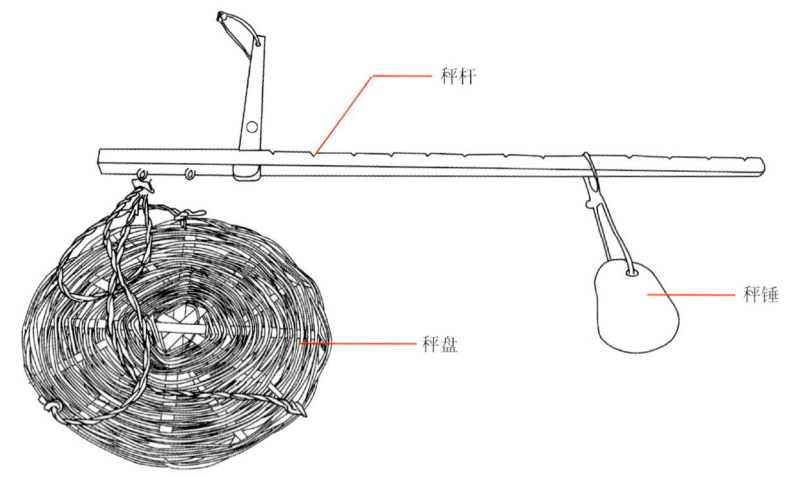

图三 德昂族木质拽秤结构名称图

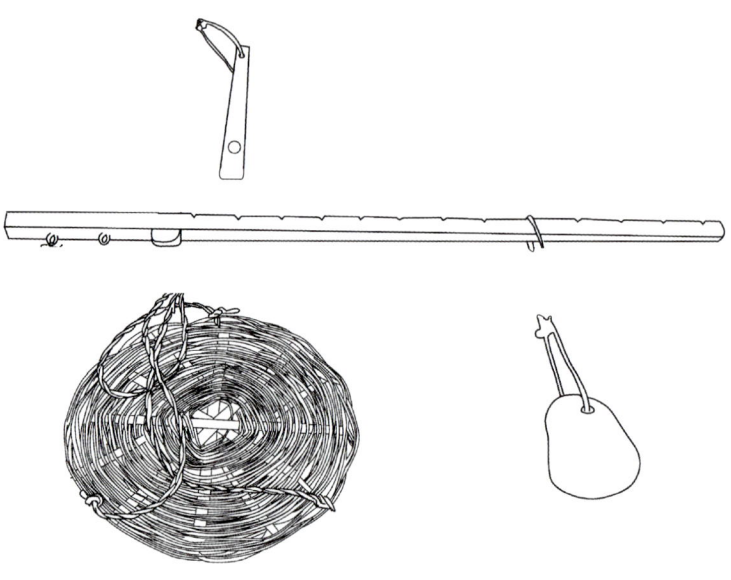

图四 德昂族木质拽秤解析图

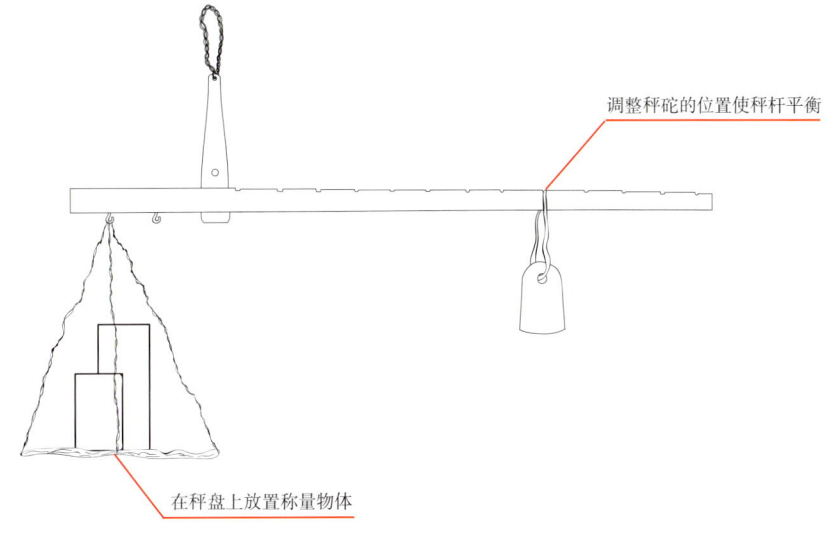

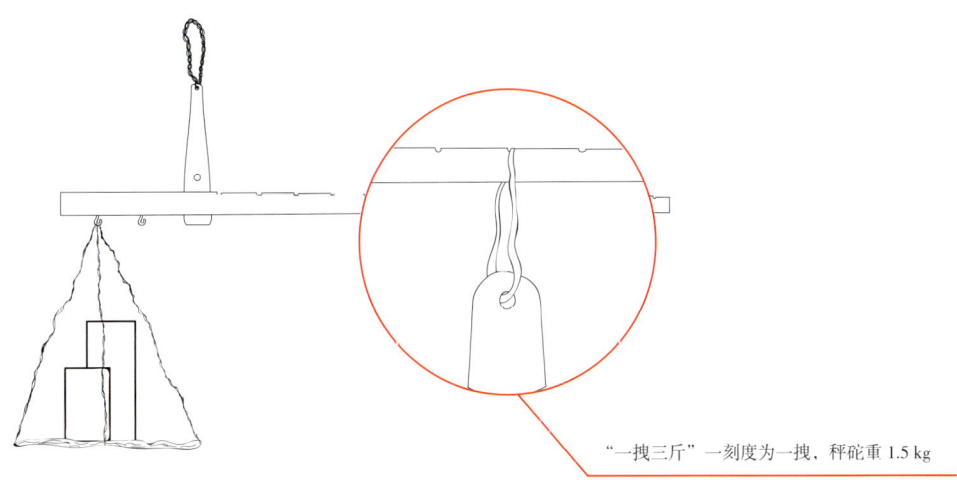

图五 德昂族木质拽秤操作分析图

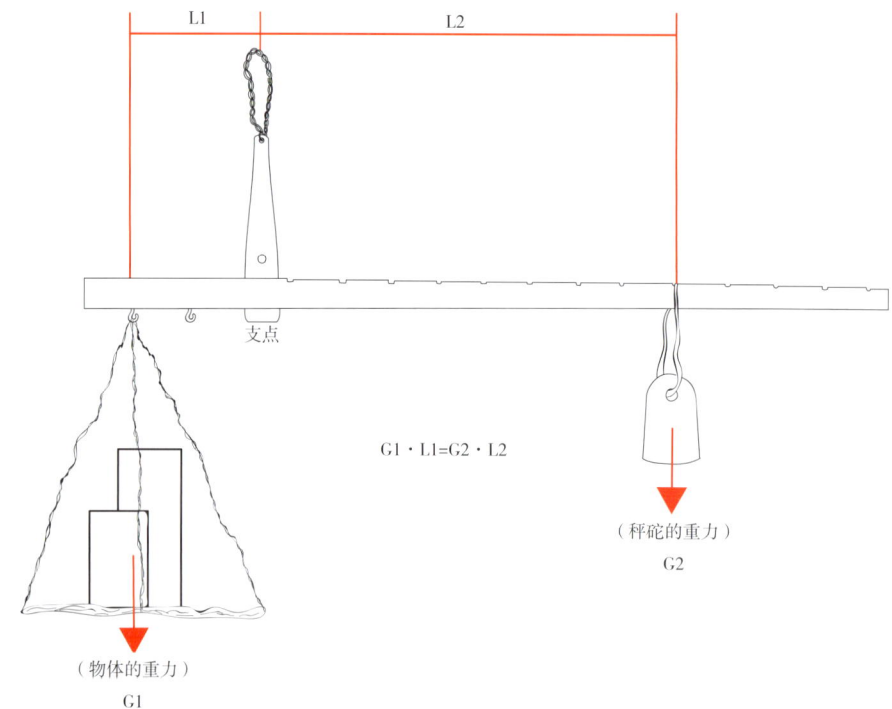

图六　德昂族木质拽秤受力分析图

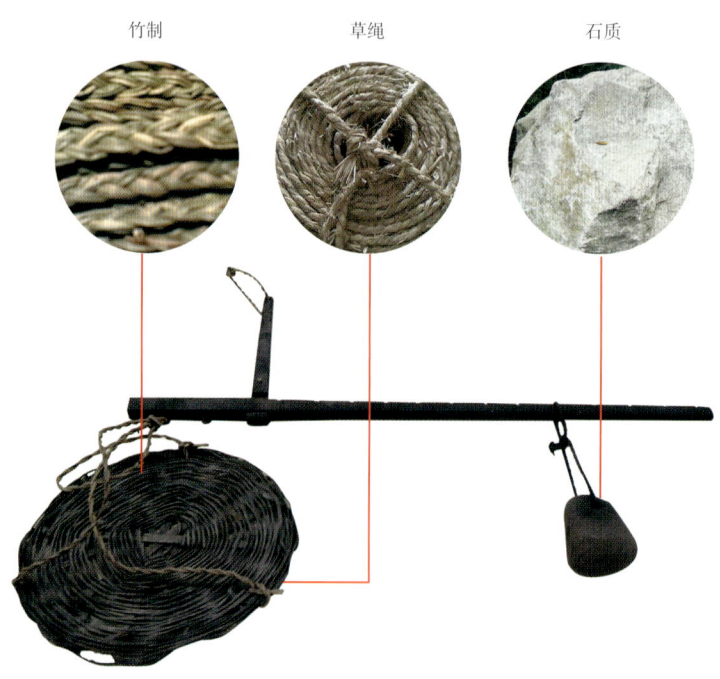

图七　德昂族木质拽秤材质分析图

图八　德昂族木质拽秤使用情境图

德昂族竹节水筒

图一　德昂族竹节水筒主图

本案例竹节水筒选自德宏州芒市三台山德昂族乡出冬瓜村，它由大龙竹制成，整体呈圆筒状。该水筒主要分为筒身、隔层、提把、提绳四个部位。水筒通高 37 厘米，直径 10 厘米，筒口向下深约 10 厘米处为隔层；筒口刻有两个并列的 U 型出水口，直径各为 1.5 厘米，两出水口相距 0.5 厘米；筒身两侧雕有长约 17 厘米的锯齿状突起，用以穿绳提拎，它是当地居民日常存储、运输水的生活用具。

水筒选自当地盛产的龙竹，作为世界上最大的竹类之一，是良好的建材和手工蔑用材料。对于滇西南各族居民来说，它是建造竹楼及各类日常生活用具的首选。制作该水筒时，先挑选粗壮的龙竹，砍取其中两段竹节，然后煮制脱脂，再进行烘干脱水。烘干后便要对竹段进行塑形，塑形又分为出水口和提把两部分。出水口是用刀具在筒沿削刮出的小口，它便于倒水，同时可控制出水量，其一般为两个并列的 U 型凹槽或者三角形凹槽；提把是用于打孔穿棉绳提拎水筒的功能部件。由于龙竹体型较大，一般竹壁厚度可达 1~3 厘米，因此塑形加工时可将筒身磨薄，留出两侧的厚度雕刻成提把，提把的样式既有圆润的波浪形，也有较为尖锐的锯齿形。塑形后的步骤是刮剔竹节，竹间两端的竹节部分对于水筒来说，是天然的隔层，将竹节刮剔、打磨干净，钻出三角形的孔，打通了竹节，增大储水空间的同时，也可用于隔水，另外三角形孔的锐角角尖正对着筒口的出水口，倒水时便可以流畅引水，防止在运水途中发生摇晃倾洒。制作的最后一步是打洞穿绳，先将两侧提把贴近筒身的位置各打一个孔，再将粗棉绳环绕着筒身从两边的孔依次穿过，打结系紧。穿好棉绳的水筒，可供人们单肩背、单手拎、斜挎等多种携带方式。提把和筒身于一体，既便于制作，又结实耐用。竹节水筒在日常生活中使用率很高，同时在德昂族最盛大的节日浇花节期间，更是不可或缺的用具。人们用其去井里、小溪、山涧接水，再用竹篮提着多个水筒去奘房，将竹筒的水依次倒进龙水槽浴佛，完成浇花节的盛大仪式。

德昂族的竹节水筒，巧妙利用竹子轻便、竹节相隔的特点制作而成，体现了德昂族人民与自然和谐相处、擅长利用自然优势进行造物的生活智慧。

图片来源
图一　刘翔宇　摄影
图二至图七　王冠力　制图
图八　刘宁　制图

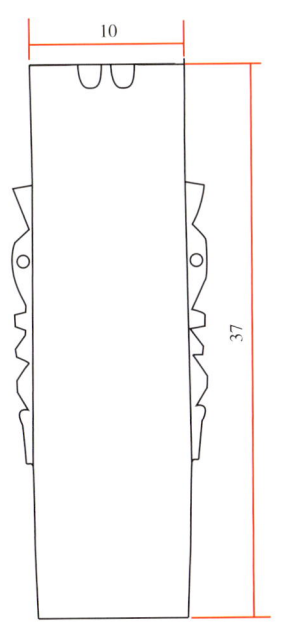

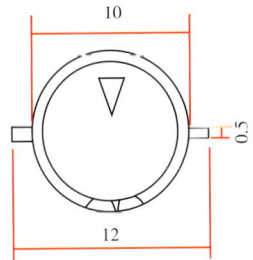

图二　德昂族竹节水筒三视图（单位：cm）

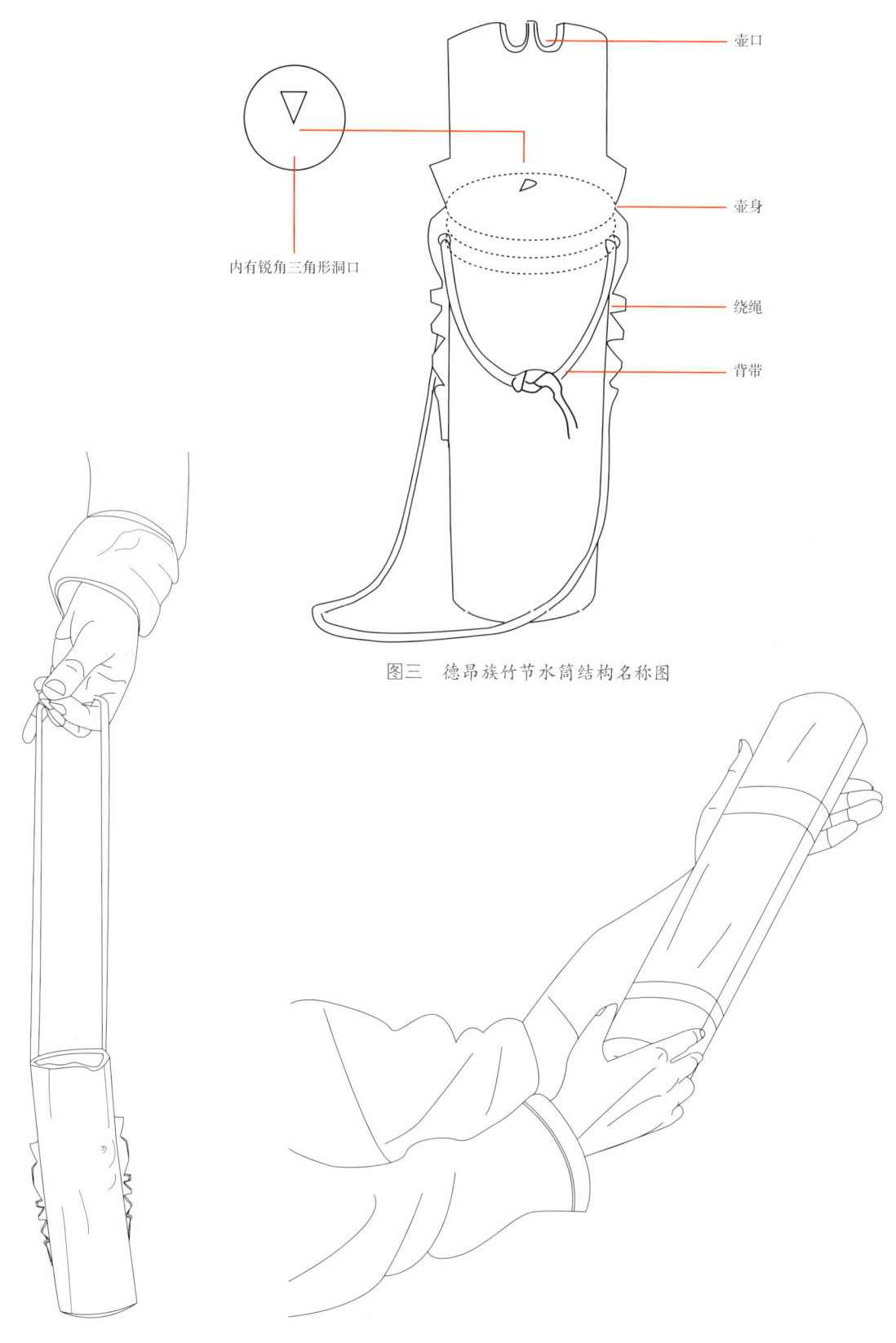

图三　德昂族竹节水筒结构名称图

图四　德昂族竹节水筒操作示意图一

图五　德昂族竹节水筒操作示意图二

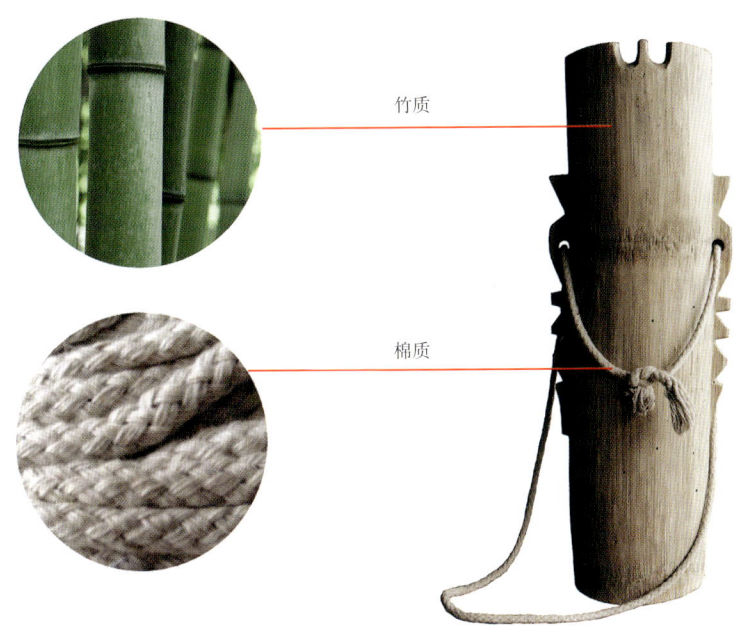

图六　德昂族竹节水筒材质分析图

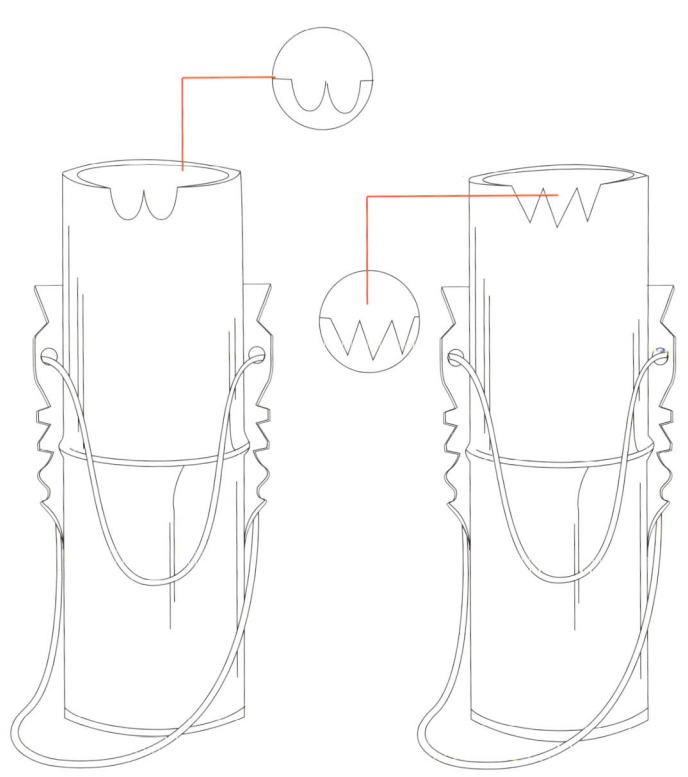

图七　德昂族竹节水筒出水口比较分析图

图八 德昂族竹节水筒使用情境图

德昂族雕花木托盘

图一　德昂族雕花木托盘主图

本案例为典型的德昂族花木托盘，选自云南省德宏州芒市三台山德昂族乡出冬瓜村，分为矩形盘身和雕花盘柄两部分，整体长 36 厘米，雕花部分长 11 厘米，整体宽 25 厘米，厚度为 4 厘米，雕花部分厚 2 厘米，是德昂族盛放饮食的日常器具。

云南大叶种茶是德昂族村寨普遍种植的茶叶品种，这种茶不同于植株矮小的灌木型茶叶，均为比较高大的乔木型茶树，年代久远的古老植株可高达 10 米以上。该茶种用途较广，茶叶可作为食用，茶树的木料也可以加工为生活用品。本案例采用大叶种茶茶木纯手工雕刻制作，色泽沉郁乌紫，相比一般木材较为深重。盘身造型为矩形，四周有凸起的边框，类似几案中的拦水线，可防止茶杯在端送过程中不慎滚落，以及茶水滴洒流淌；盘侧一周刻有三层纹路，从上至下逐层缩小，横截面呈倒梯形状，便于人手抄入盘底进行端放，同时起到了很好的防滑作用。在矩形盘身较短边的其中一侧，是与盘身连成一体的雕刻花纹。木雕花纹为茶树的演变造型，盘身侧面的中心部位长出茶树树干，树干顶端长出茶叶，并向两侧对称打开、连接回盘身，打开的枝干与中间的主干形成一对半弧形镂空，树顶的茶树枝叶之间也渐次由短变长，再由长及短，中间亦采用镂空技艺。雕花部分整体造型呈对称图案，造型流畅，同时巧妙地将雕花中留有镂空，便于端送茶水时手指持稳盘身，因此该托盘在突出造型的同时兼具功能性。德昂族花木托盘的款式较为多样，除了案例中的式样，目前还出现过另外两种款式（如图八、图九），一个盘身也为四边形，雕花图案更简洁大方；另一个做工较为精细，不仅盘身为切割工整的八边形，雕花部位也更为繁复精妙。但不论是哪一类款式，这几款花木托盘的设计都兼顾实用性和美观性。

德昂族花木托盘采用手工制作工艺，未经机械切割和抛光打磨，盘身刮磨痕迹尚在，线条拙稚古朴，不追求光泽、富丽的加工效果；但雕花部分仔细、严谨地雕刻成对称的图案，且纹样的选用都极富民族特色，可见德昂族人民有着很强的民族自豪感和推崇实用、信仰至上的造物观。

图片来源
图一、图八　刘翔宇　摄影
图二　王冠力　制图
图三至图七　孙寒　制图

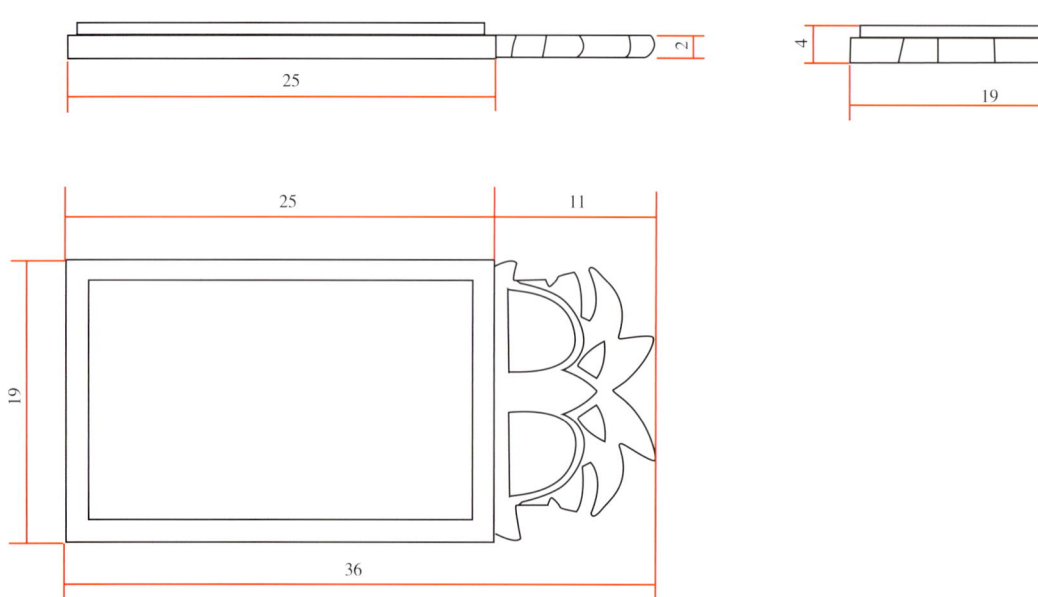

图二　德昂族雕花木托盘三视图（单位：cm）

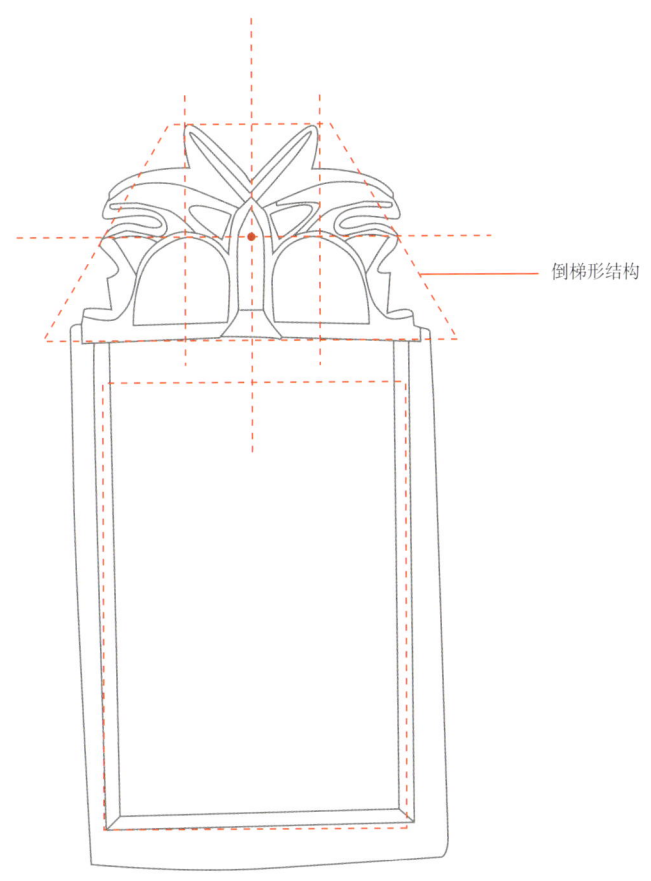

图三 德昂族雕花木托盘纹样分析图

图四 德昂族雕花木托盘工艺分析图

第四章 德昂族传统生活用具

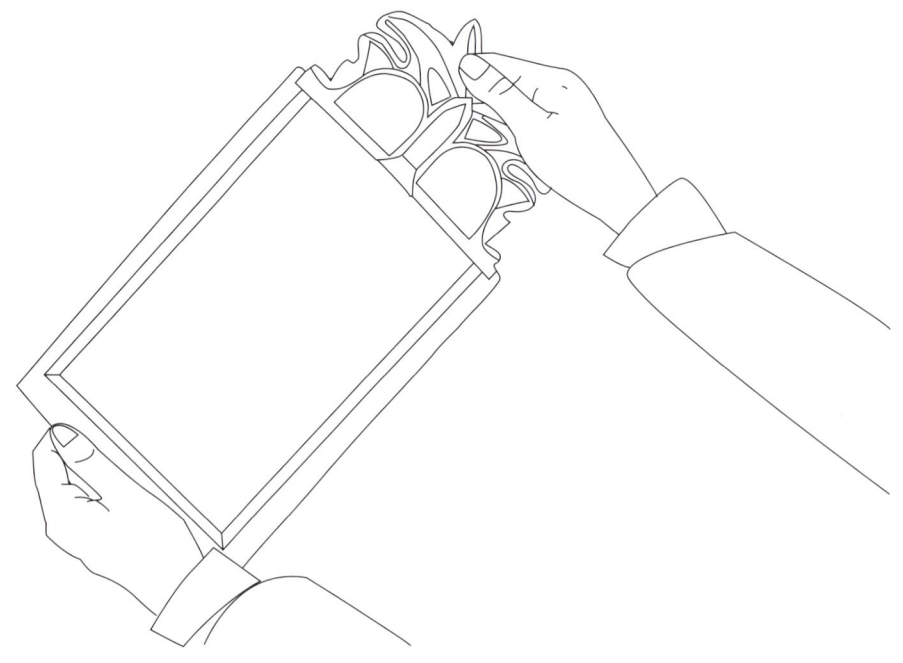

图五　德昂族雕花木托盘操作示意图

茶树木

图六　德昂族雕花木托盘材质分析图

图七　德昂族雕花木托盘使用情境图

图八　其他形制的德昂族雕花木托盘

第四章　德昂族传统生活用具

德昂族木质茶几

图一 德昂族木质茶几主图

本案例选自云南省德宏州芒市三台山德昂族乡出冬瓜村。该案例为双层带抽屉木制茶几，整个茶几长 19 厘米，宽 50.5 厘米，一层高度为 42 厘米，全高约 67 厘米，是当地德昂族家庭日常用来放置茶具果品的家具。茶文化历来在德昂族中盛行，茶是德昂族社交礼仪的重要载体，茶几作为待客时奉茶的重要道具

本案例茶几主要分为几面、牙板、抽屉与几足四个部分，相互之间均由榫卯拼接而成。几面分为两层，下层较为宽大，为方形几面，三面竖有挡板，均与几面呈 90°竖立。其中左右两片挡板造型对称，背后的挡板分为左右两部分，中间空出倒梯形空隙，在两片挡板后面接一面较高的雕花挡板，雕花挡板下部垂直连接一片宽约 4 厘米的窄木条，窄木条作为下几面一部分，嵌入下几面当中，位于中轴位置。在窄木条中部高约 9.5 厘米处拼接上方第二块几面，上几面较小，长约 17 厘米，宽约 28 厘米，呈较长的门洞形，

上几面后部与雕花挡板拼接，底部由一块短木条拼接在下几面的长窄木条上。上几面与下几面平行，中间拼接的短木条与下几面呈约75°夹角。茶几的正面有一格抽屉，另外三面为牙板，茶几的四根几足均为上方下圆的柱形。茶几最主要的装饰是雕花挡板上的木雕纹样。木雕纹样以上几面作为分割线，下半部仅作为简洁的功能部件，上半部则雕刻为植物造型。两边为向外舒展的叶状造型，中间夹有扇形，扇形的顶部按照扇形轮廓雕有三只近圆形纹样，整体仿佛一丛正在开花的植物，花开三朵，双叶对称。除此之外，下几面的左右挡板也雕刻为由下至上次第缩短的阶梯造型；左右两侧的牙板下部也在中间刻有倒三角纹样，以倒三角为轴两边呈流畅的波浪形线条。整个茶几保持了天然的木纹色泽，质朴大方。日常使用时，下几面作为主要功能部位一般用来放置托盘、茶杯、茶碗等物品，抽屉用来放置剪刀、打火机等小杂物，而上几面面积较小，一般用来放置

图二　德昂族木质茶几不同角度展示图

茶壶或纸巾，方便众人随时添水或擦拭水渍。由于气候和居住环境的限制，德昂族的家具一般较为低矮、小巧。茶几一般放置在房屋中较为宽敞的会客区域，靠近火塘，日常喝茶闲谈或是接待宾客时，众人搬取小板凳围坐，主妇为客人烧煮茶水，端置小茶几奉茶饮用，茶几高度适中，宾客无论是坐竹节凳还是盘腿席地而坐，皆方便取茶。

德昂族的木制茶几，整体色泽沉郁，视觉效果厚重，实际体量却轻盈小巧；整体造型强调对称美，端庄沉稳，局部装饰却活泼灵动、线条柔和。形与色的反差，直线与曲线的对比，整体造型特征与局部装饰语言的和谐搭配，都体现了德昂族独特的造物匠心。

图片来源
图一至图二、图八　何卓嫔　摄影
图三至图四、图六至图七　樊振杰　制图
图五　徐骞　制图

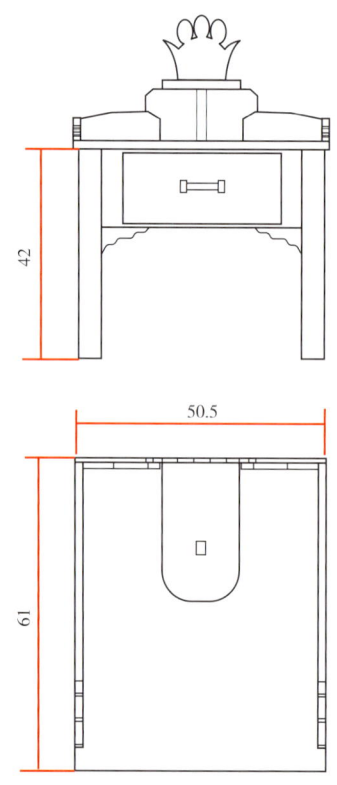

图三　德昂族木质茶几三视图（单位：cm）

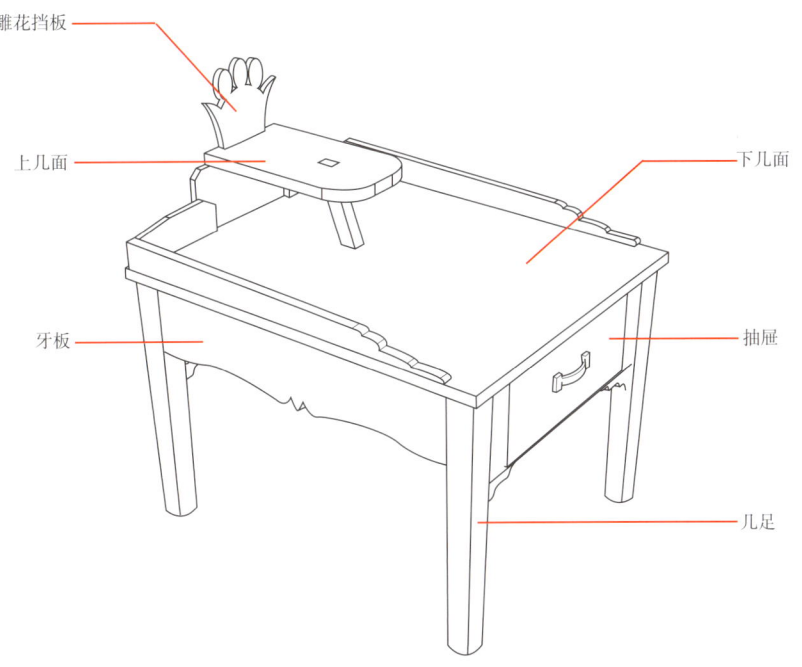

图四　德昂族木质茶几结构名称图

图五　德昂族木质茶几解析图

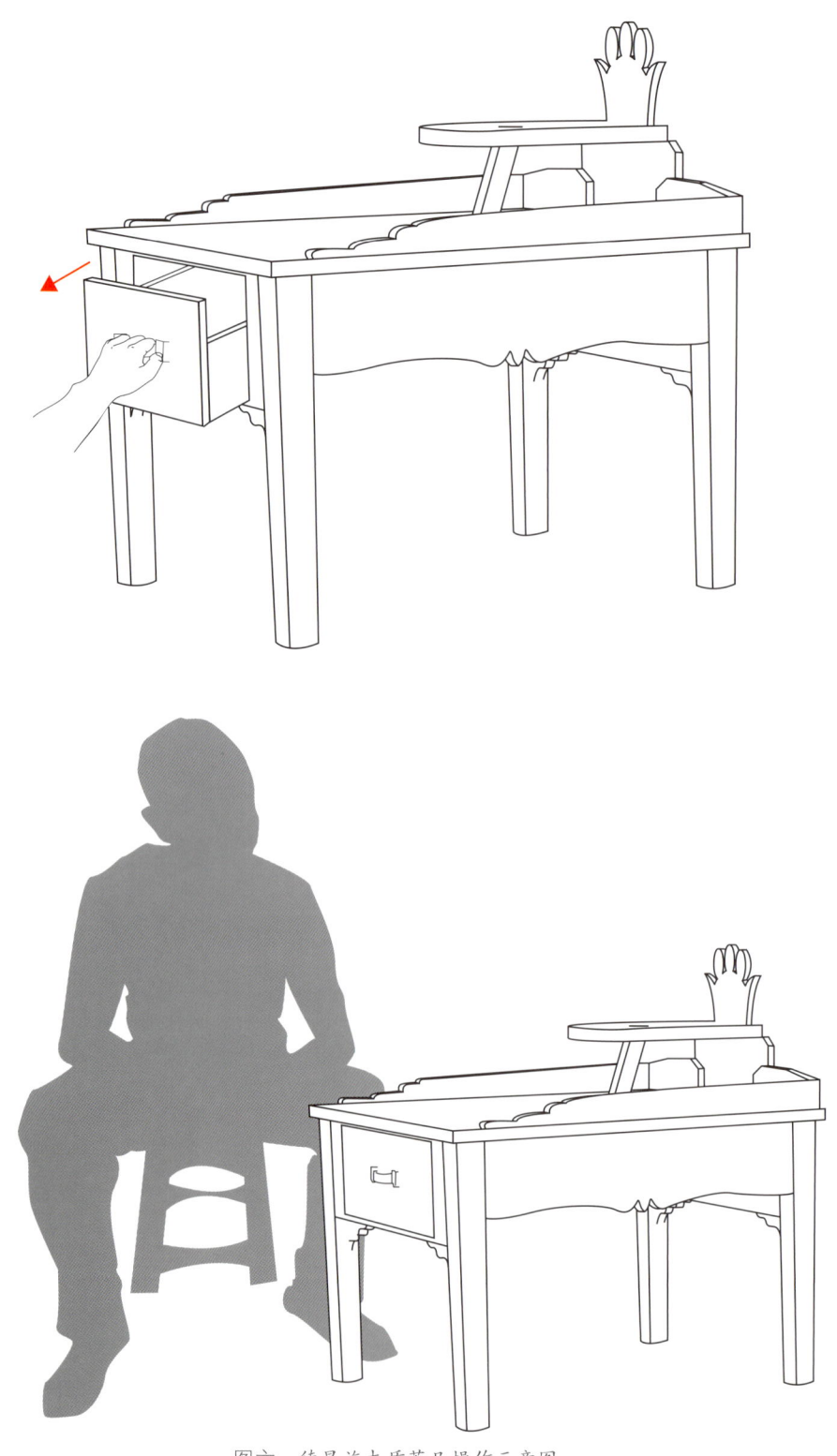

图六　德昂族木质茶几操作示意图

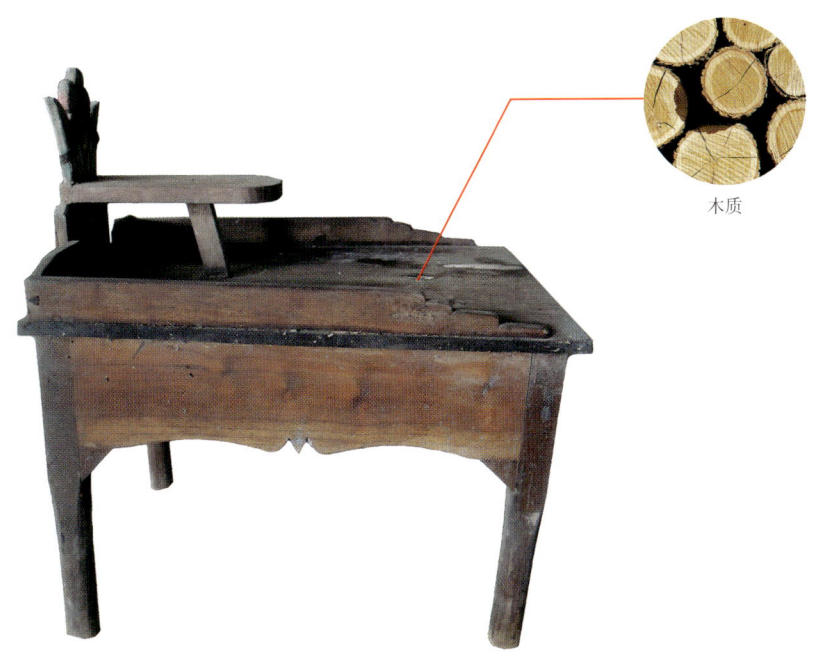

木质

图七　德昂族木质茶几材质分析图

图八　德昂族木质茶几使用情境图

第四章　德昂族传统生活用具

147

德昂族竹节凳

图一　德昂族竹节凳主图

本案例选自云南省德宏州芒市三台山德昂族乡德昂族博物馆，收集自民间。以整节竹筒削制而成，为当地德昂族居民日常坐具。竹节凳全长34厘米，其中把手部位长7厘米、宽4厘米，竹节凳宽10.5厘米，高10.5厘米，中空结构，两端实心竹节没有打通，增加了板凳整体的稳定性。竹在德昂族的日常生活中使用范围广泛，随处可见竹质产品的身影。

德昂族的传统竹节凳采用当地山上砍伐的大毛竹制成，竹身通直坚硬，竹质厚实，做成的板凳可以承重数百斤。将砍下的毛竹清洗晾晒之后浸泡在河水里数日，待竹筒变色，表示竹质已软，可以开始加工。竹节凳采用带有两端竹节的整段竹为主体，其中一头连着下一节的小段竹片作为手柄。加工时，首先将圆筒状的竹节削出四个平面，其中一面保留第二节的部分，同竹面保持水平，并削制打磨成把手；接着将竹筒其余三面进行镂空，仅保留立方柱体的轮廓和两端的竹节，此时竹节凳基本成形；最后用砂纸和麻布将各部位抛光打磨，防止有竹刺出现扎伤人手，这样竹节凳就制作完成了。竹节凳轻巧、自带把手，十分便携，在德昂人家十分常见，日常生活或是村寨的集会演出都能派上用场。每天晚饭后走街串巷的德昂族都会用手提着小板凳的把手去邻家闲聊，走到哪随时可以坐到哪，十分方便。除了简易轻便，竹节凳还有一个非常实用的功能：由于凳腿和凳身一体，连成长条，因此稳固性很好，而且不会像其他的四脚凳，凳脚容易卡进地板缝隙或其他不平整的地方，这对于居住在干栏式建筑中的德昂族来说是非常实用的。竹子在德昂族日常生活中意义非凡，大到房屋、桥梁、水车，小到水壶、挂篮、筷筒，都有使用竹子的地方，另外还有德昂族女性的竹篾腰箍，饮食中使用的酸笋，宗教祭祀使用的竹篾贡盘、"佛杆"等，都是与竹相关的，可以说竹子已经渗透到德昂族日常生活中的衣食住行各个方面。由于德昂族人口少、居于山岭，过去很少与外界交流，生产生活方式仍旧保持着很古老的传统方式，自给自足的生活习惯使得德昂族学会了就地取材。德宏地区位于热带，湿热多雨的气候给了竹子得天独厚的生长条件。这里产出的竹子粗大、笔直，十分耐用，因此也奠定了德昂族竹文化的深厚基础。

图二　德昂族竹节凳不同角度展示图

德昂族用竹、敬竹、种竹，将竹融入生活中的各个角落，德昂族竹节凳是德昂族竹文化的一个典型代表。除了竹节凳，德昂族还有其他类似形制的生活用具，例如竹节水舀（图十），也是利用整段带竹节的竹间部分，挖空一面，留一个把手。平常既可以做小型的储水容器，也可以用来盛水、舀水，结实耐用，轻便易得，与竹节凳有异曲同工之妙。这些竹节器物，折射出了德昂族朴素、实用至上的造物观，反映了德昂族与自然和谐共处的美好生活画面。

图片来源

图一至图二、图八　赵思颖　摄影

图三至图六　孙寒　制图

图七　刘宁　制图

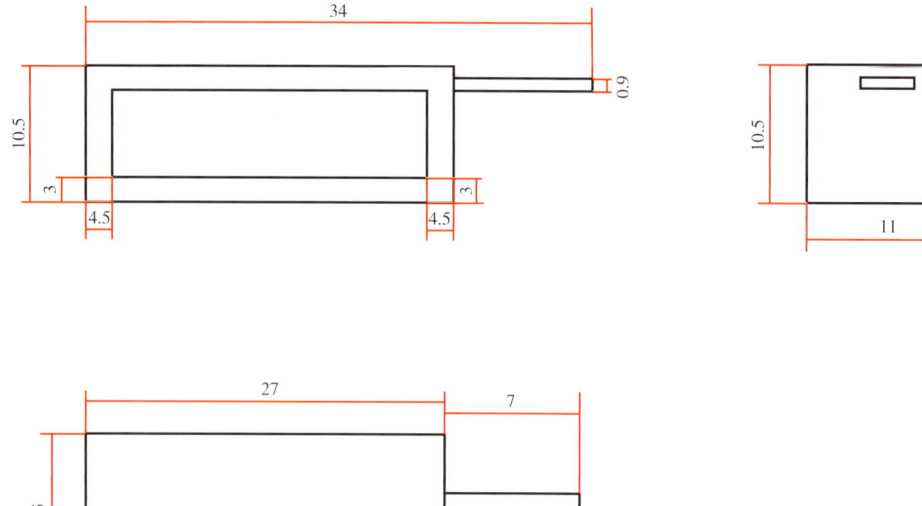

图三　德昂族竹节凳三视图（单位：cm）

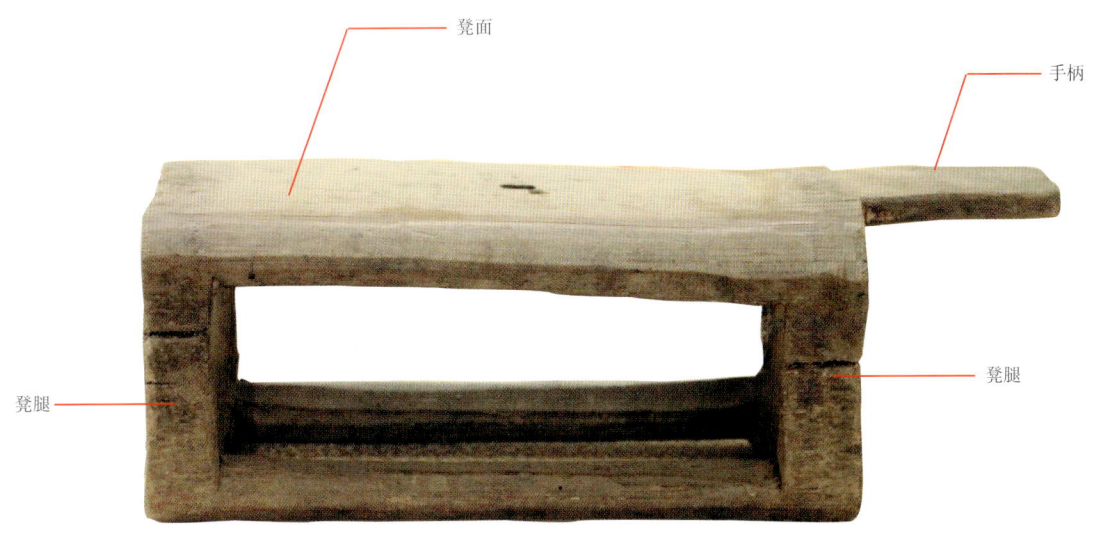

图四 德昂族竹节凳结构名称图

图五 德昂族竹节凳操作示意图

151

图六　德昂族竹节凳材质分析图

图七　德昂族竹节凳使用情境图

图八　德昂族竹水舀不同角度展示图

德昂族烤茶壶

图一 德昂族烤茶壶主图

  本案例为九十年代云南省德宏州三台山德昂族乡出冬瓜村烤茶壶。烤茶是德昂族日常饮茶的一种方式，烤茶壶是饮用烤茶所必备的用具。此案例烤茶壶壶身由土陶烧制而成，土陶传热性能好，适宜烹茶，该壶身大口宽，壶口边缘留有壶嘴，壶身高22厘米，口径17.5厘米，底径19.5厘米。壶柄是一根木质的长棍，与壶身连接处以金属包裹，金属材质多为铜或铝，手柄全长30厘米，便于拿取火塘上滚烫的烤茶壶。

  德昂族嗜茶，烤茶壶是德昂族生活中常见的用具之一，其历史悠久。德昂族家中的器物用具均为手工制作，烤茶壶也不例外。取适量陶土捏制成形，放入窑中烧制，成品壶通体颜色较深，虽然外形较为粗糙，但手工制作的茶壶传热快、耐温高，适宜煮茶和烤茶。在壶身上钻出圆孔，上钉铜片或铝片，再用金属片固定一根粗木棍作为把手，便于拿取。德昂族烤茶壶的制作工艺并不复杂，使用方法却很有讲究。首先，在火塘上同时加热水与烤茶壶，待壶身发热之后依照个人喜好放入掰碎的大饼茶或者数块砖茶，一边摇晃烤茶壶，一边捣碎茶叶，使茶均匀受热。在高温的烤制下茶叶会散发出焦香，烤到茶叶发亮却未焦时，将另一边备好的开水倒入烤茶壶中，由于此时茶壶和茶叶温度都很高，倒入的开水会瞬间再次沸腾，冒出大量的水汽，同时伴有响亮的"呲啦"声音，将水倒至将满，再在火上煮茶1~2分钟，并搅拌茶叶，再次沸腾之后即可分杯饮用。烤茶与泡茶、煮茶不同，具有一股奇特的香味，这是茶叶经过烤制后激发出的特殊气味，以及来自陶壶散发出的焦香。茶叶烤制后茶多酚变得十分活跃，冲出来的茶色较深。烤茶壶也随着使用的次数递增而越来越黑，越来越亮。德昂族好饮茶，最喜山茶。山茶的制作工艺有别于酸茶，饼茶和砖茶并不需要发酵处理。

  德昂族烤茶壶是德昂族日常生活中必不

可少的一种饮茶用具，德昂族爱喝茶，更爱喝浓茶，烤茶便是最大化地激发出茶叶的浓香。与煮酸茶相比，烤茶的茶汁更香，煮制过程也充满了趣味性。烤茶壶的设计源于德昂族先祖，影响了一代代德昂族，也将德昂族特有的茶文化体系与其他民族区分开来，是德昂族具有代表性的民族设计。

图片来源

图一至图二　刘翔宇　摄影
图三至图七　王冠力　制图
图八　孙寒　制图

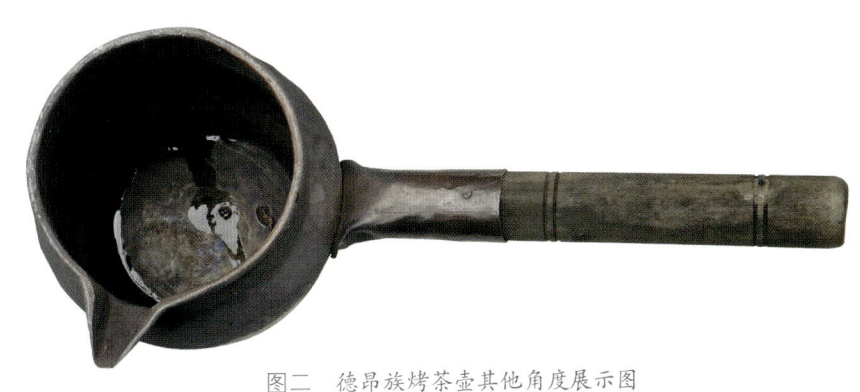

图二　德昂族烤茶壶其他角度展示图

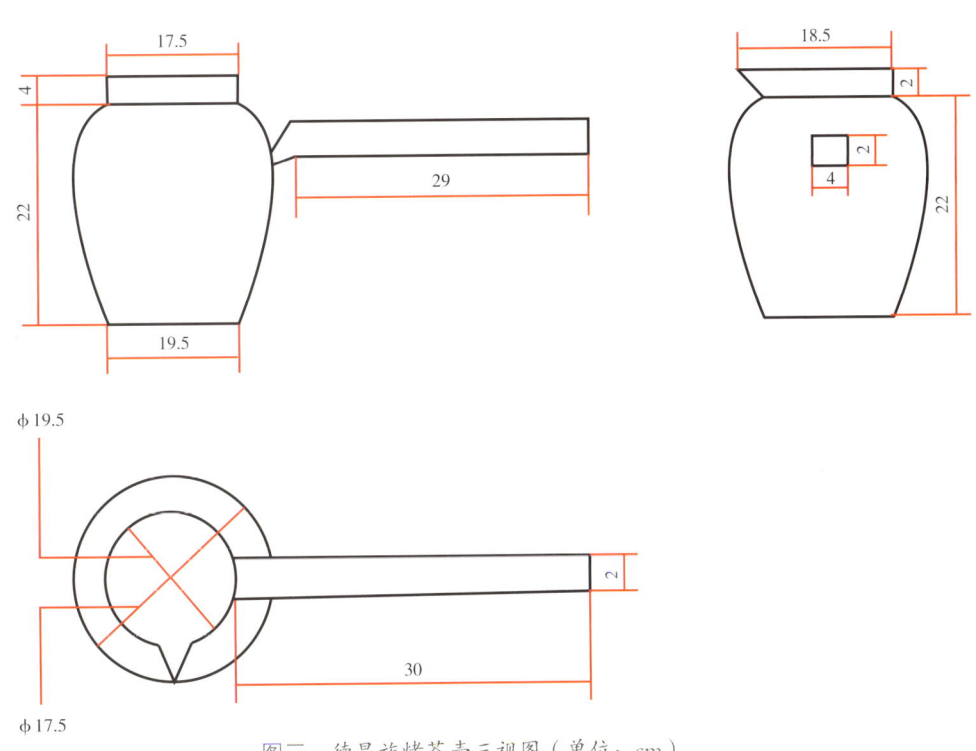

图三　德昂族烤茶壶三视图（单位：cm）

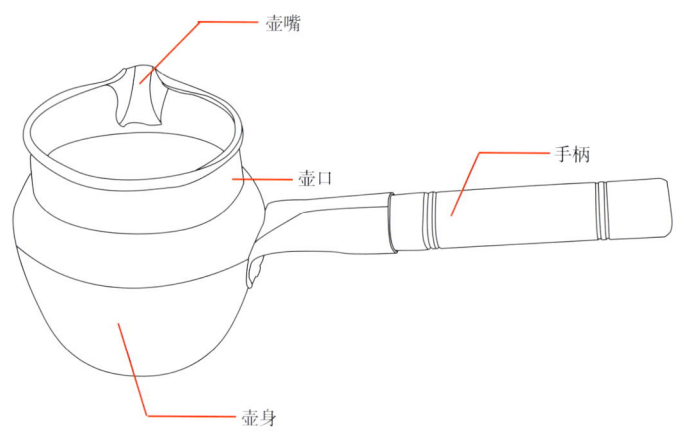

图四 德昂族烤茶壶结构名称图

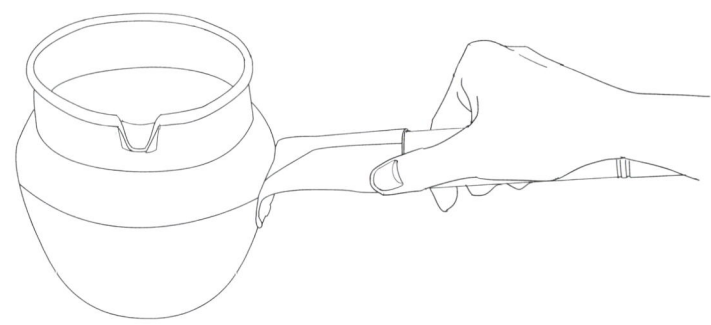

图五 德昂族烤茶壶操作示意图

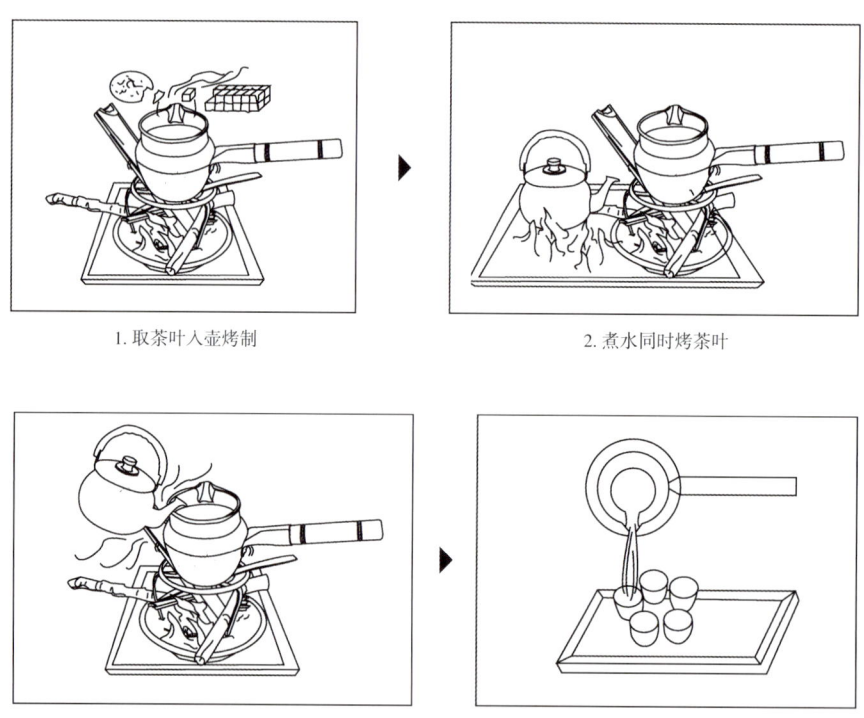

1. 取茶叶入壶烤制　　　　　　2. 煮水同时烤茶叶

3. 加入热水　　　　　　4. 分杯饮用

图六 德昂族烤茶壶使用流程图

图七　德昂族烤茶壶材质分析图

图八　德昂族烤茶壶使用情境图

第四章　德昂族传统生活用具

德昂族铜烟草盒

图一　德昂族铜烟草盒主图

　　本案例选自云南省德宏州芒市三台山德昂族乡出冬瓜村，是当地德昂族家庭日常用以存放、携带烟草的生活用具。该铜烟草盒为圆柱形双层结构，整体盒高约6.7厘米，直径约5厘米，可拆分为石灰盒、石灰盒夹层、烟草盒、整体盒盖四个部分。

　　德昂族烟草盒采用金属铜制作，选用黄铜矿烧制之后敲打成的铜片，经过敲形、清洗、雕花等工艺手工打制而成。相对于其他金属来说，铜的制作工艺简单，造价低廉，产量较大，质地轻，不易生锈，是普通人家的首选材质。制作铜烟草盒与制作其他金属器物的工艺类似，将铜矿冶炼冷却之后的胚料再烧至红热，反复进行"加热－捶打－加热"的过程，直到铜块变成薄厚均匀的圆形铜片，修剪成形即可备用。将铜片继续敲出凹陷的形状，反复之后就可以得到一个盒子的雏形。铜的延展性好而且质地软，很容易被加工成各种形状，因此是制作圆形盒最好也是最实惠的材料。敲打成形的铜盒在清洗时使用1：

1∶1的草木灰（碳酸钾）、小苏打（碳酸氢钠）和洗衣粉浸湿涂抹在铜盒表面，由于敲打，铜的表面会有很多不规则的凹陷，需要仔细清洗，用清水冲去混合物之后再用清洗剂清洗一遍，确认没有污渍残留之后方可拿去晾干。之后再用工具刻画、敲打出装饰的纹样，铜烟草盒的制作才算完成。"嚼烟"是德昂族的一种饮食习惯，每逢聚会、串门或闲坐聊天，男女都以互敬烟草表示友好和尊重。"嚼烟"的材料有烟丝、芦子、熟石灰、沙基，沙基又称为沙枝或撒凡，是由槟榔根、李树皮、栗树叶混合熬制而成。嚼食烟草时，取出一小撮烟草和适量的其他原料混合，放到下嘴唇和下牙床之间。用唾液不断湿润烟草，并将混合的液体在嘴里含着，约2分钟后将唾液吐出，如此往复。每一口烟草根据每个人不同的饮食习惯，可以持续嚼大概15至30分钟，但咀嚼产生的唾液绝对不可以吞咽，否则对身体伤害很大。当地人相传，烟草嚼出的混合液体有消炎止痛的功效，对牙齿和口腔有保护作用，还可以防治口臭。经常嚼烟的人不易得牙痛等疾病，即使到了古稀之年，满口牙齿仍然完好无损。由于长期嚼食烟草，德昂族老者的牙齿都被染成了黑色，但是他们认为这种黑色的物质就是保持他们牙齿健康的原因。"嚼烟"的原因主要是因为德昂族传统生活中没有"牙膏"，"嚼烟"是保护牙齿最好的方式，但随着现代文明进入德昂族生活，"嚼烟"这种现象也只出现在老一代的德昂族人群里。

铜烟草盒纹样与造型都较为简洁，注重实用功能，并不过多强调装饰，既有圆柱形盒，也有其他造型如方形扁盒。烟草盒是德昂族日常生活中极为常见的用具之一，几乎每一个家庭年长者都会使用铜烟草盒，但如今年轻一代的德昂族已鲜有"嚼烟"的习惯，烟草盒也逐渐淡化在年轻人的生活中。

图片来源
图一至图二、图十一　何卓嫔　摄影
图三、图六　孙寒　制图
图四至图五、图七至图九　涂雯倩　制图
图十　刘宁　制图

图二　德昂族铜烟草盒其分解展示图

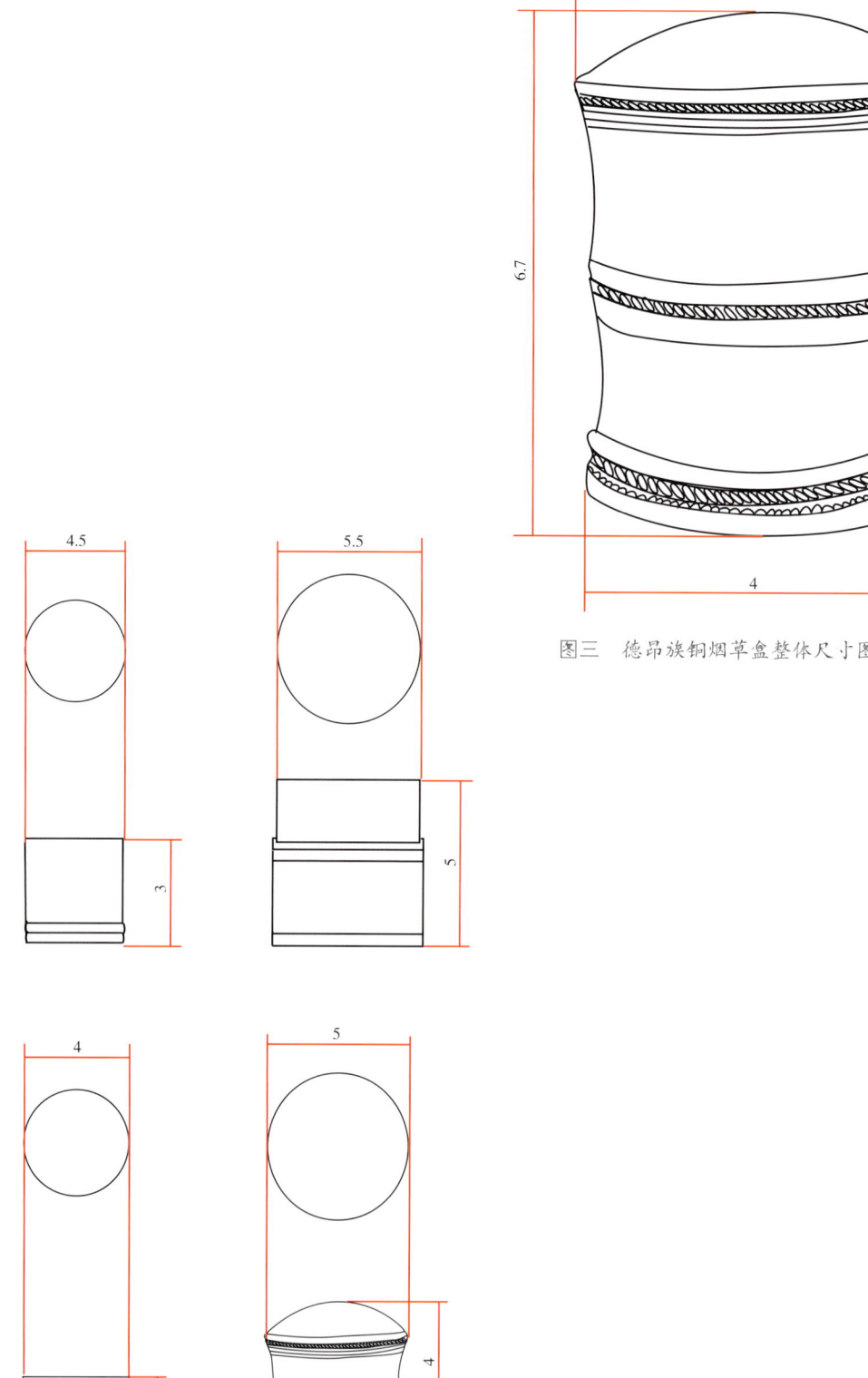

图三　德昂族铜烟草盒整体尺寸图（单位：cm）

图四　德昂族铜烟草盒局部尺寸图（单位：cm）

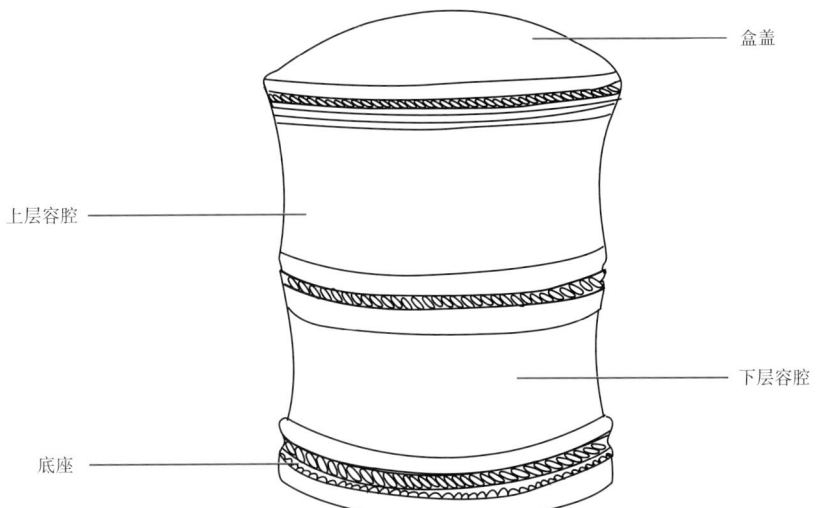

图五　德昂族铜烟草盒结构名称图

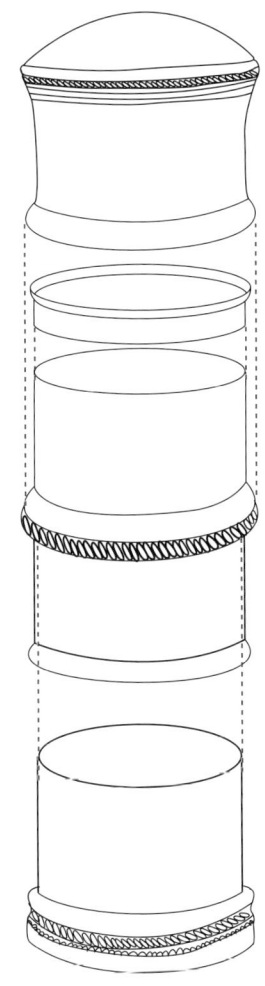

图六　德昂族铜烟草盒解析图

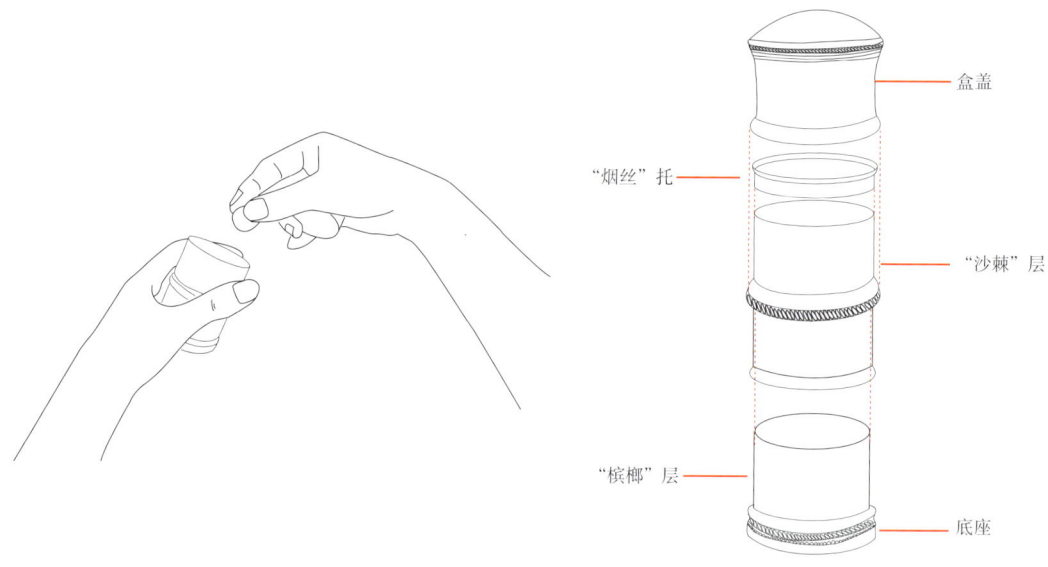

图七 德昂族铜烟草盒操作分析图

图八 德昂族铜烟草盒材质分析图

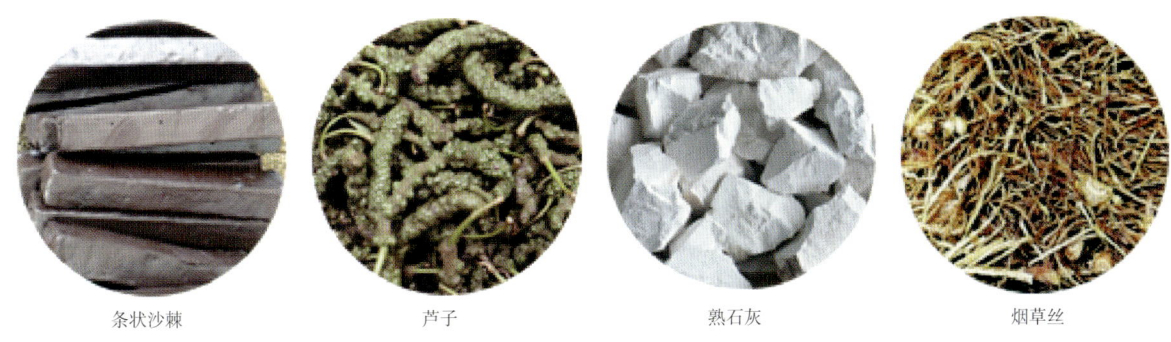

条状沙棘　　　　芦子　　　　熟石灰　　　　烟草丝

图九　德昂族铜烟草盒食材图

图十　德昂族铜烟草盒使用情境图

图十　其他形制的德昂族铜烟草盒

德昂族切烟草台

图一 德昂族切烟草台主图

切烟草台是云南地区德昂族、阿昌族等少数民族人民将烟叶加工为烟丝的主要生活用具之一。云南地区雨量充沛，土地肥沃，适宜烟草的生长，因此烟草种植面积大，产量多，且烟草质地优良，无论是自产自销还是贸易出口都有较大的需求量。在现代机器普及之前，切烟草台是当地不可或缺的烟草加工用具。本案例选自云南省德宏州芒市三台山德昂族乡德昂族博物馆，收集自民间。

切烟草台通体木质，主要分为竖板、台面、台腿、踏脚横梁四部分，其中竖板和台面交接处上方开有切孔。竖板高83厘米，宽10厘米；台面高53厘米，长55.5厘米，宽10厘米；切孔直径约6厘米。

云南地区的土壤多为红土，土质偏酸，含铁量丰富，非常适合烟草的种植。加之云南德宏地区的海拔较高，强烈的日照有助于烟草糖分的积累，夏季气温相对较低，湿度大很利于烟草光合作用，也最适宜烟草生长。加工新鲜烟草时，多采用烟熏烤制的方式处理。将十片左右新收割的烟叶用棉线捆扎根部，合并为一束，多束烟草叶平均排列挂于竹竿上，然后抬入烤烟房内，再燃烧煤炭向房内输送热气，使房内温度与湿度分别达到38-40℃和73%-79%，烟草叶中的物质就会发生一系列化学变化，烟草叶由嫩绿色变为鲜黄色，失去水分的烟叶在烤制下也会焦枯，保留了韧性，方便之后的加工。经过烟烤后，烟草束就可进行下一步加工——切制烟丝。用于切烟草丝的切烟草台由木板榫卯拼接，无任何金属配件固定。竖板与横着的台面拼接成横T字型，台面另一端下方接两条呈八字型的支撑台腿，中有一根短横梁，连接竖板和支撑台腿之间的踏脚横梁。切烟草时，使用者一般坐在高度适宜的小板凳上，左脚踩在踏脚横梁之上，固定住整个台子，便于发力切烟草。左手握紧烤好的烟草束，将其塞进切孔中，一边旋紧，一边推送；右手持刀，用刀紧贴竖板将烟草逐段切成细丝，高高的竖板便于下落的刀来回蓄势切动。切好的烟丝落入事先放置于竖板下方的容器中。切烟草一般需要两个人配合操作，一个人负责切，另一个人将切制好的烟草及时收集起来，平铺晾晒。切好的烟草可自家食用，也可以拿到集市上或者送到收烟草的集中点贩卖贴补家用。

切烟草台整体造型朴素流畅，功能部件的设计简洁实用，没有任何装饰和多余的构造，以最少的材料打造出了实用功能最大化的烟草加工用具，是德昂族劳动人民在漫长的生产活动中极具智慧的创造。

图片来源

图一　赵思颖　拍摄
图二　王冠力　制图
图三　孙寒　制图
图四　徐骞　制图
图五至图七　樊振杰　制图

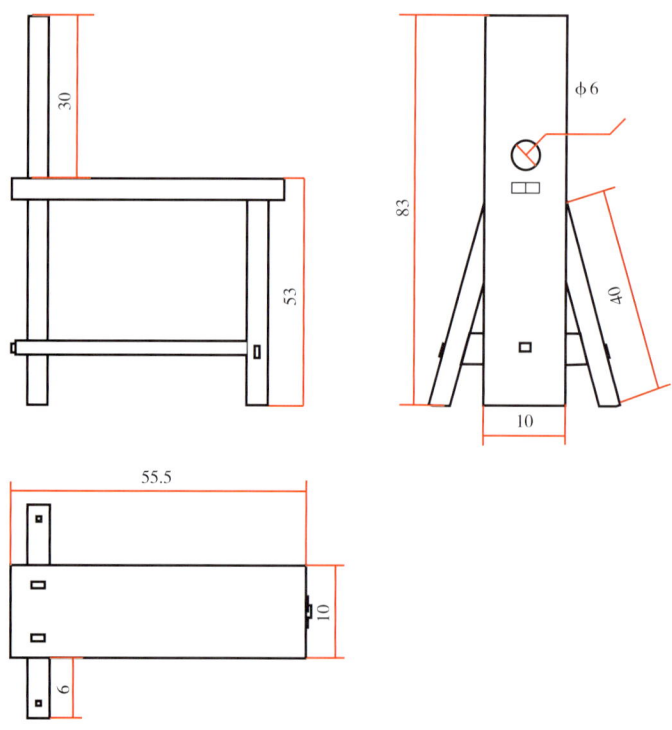

图二　德昂族切烟草台三视图（单位：cm）

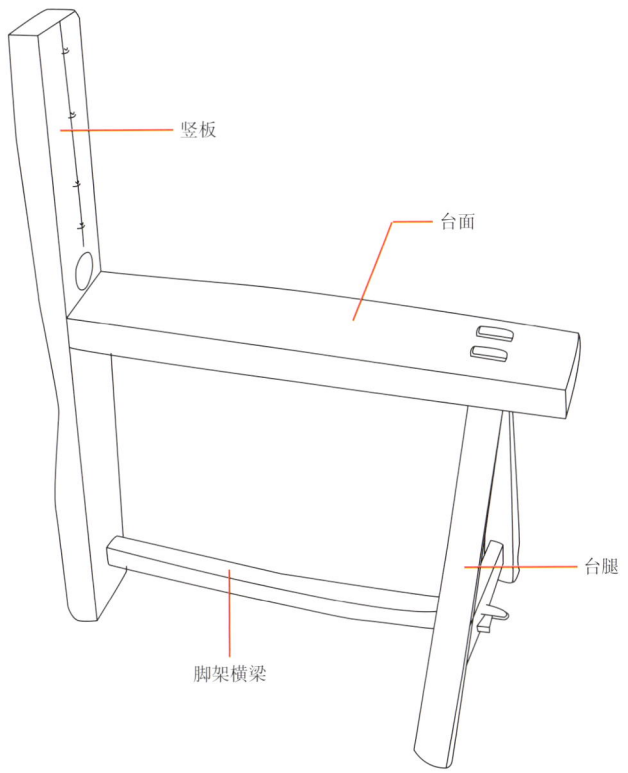

图三　德昂族切烟草台结构名称图

图四　德昂族切烟草台解析图

图五　德昂族切烟草台操作分析图

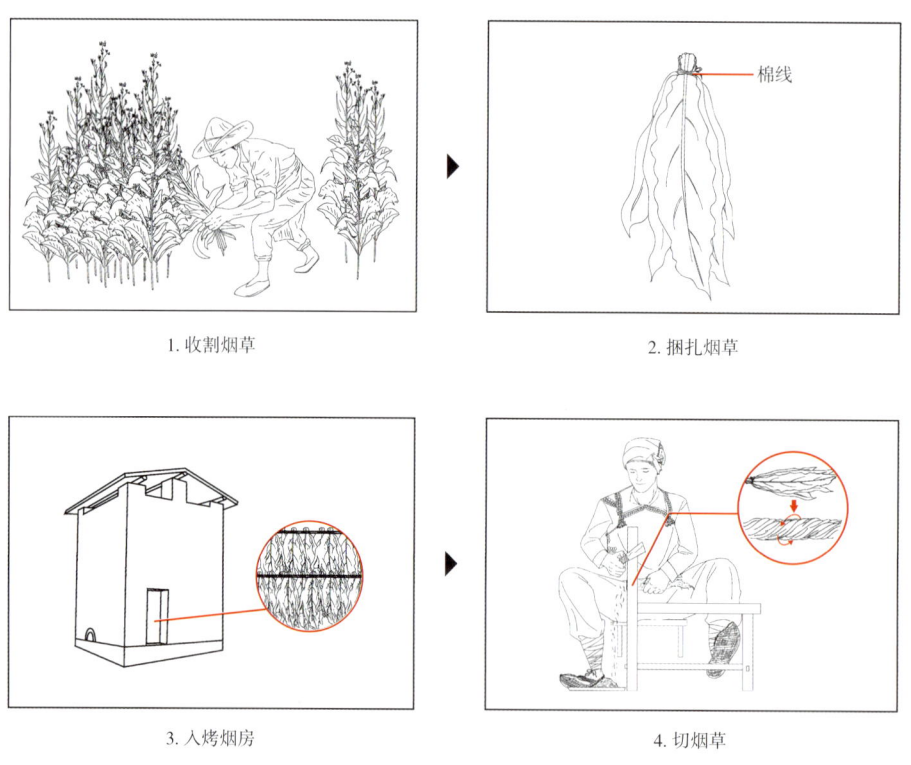

1. 收割烟草　　　　　　　2. 捆扎烟草

3. 入烤烟房　　　　　　　4. 切烟草

图六　德昂族切烟草台使用流程图

图七 德昂族切烟草台使用情境图

第四章 德昂族传统生活用具

德昂族竹筒酒壶

图一 德昂族竹筒酒壶主图

本案例为德昂族竹筒酒壶，选自云南省德宏州芒市三台山德昂族乡德昂族博物馆，收集自民间，是当地居民用来盛放、运输酒水的生活器具。酒壶整体成圆柱形，高17.5厘米，直径约5.8厘米，竹筒壁厚约0.4厘米。酒壶分为壶盖和壶身两部分，上下两部分的竹胎上皆有阴刻花纹，并以五彩颜料填染。

竹筒酒壶选取两端带竹节的竹间制成，从竹间上端约三分之一处切割开，上部分为壶盖，下部分为壶身，壶身底部和壶盖顶部均有天然的竹节作为隔层。壶盖部分高约7.5厘米，其靠近顶端约三分之一处被加工磨薄为梯形，便于手部发力拧紧壶盖。壶身部分高约12厘米，经打磨加工，上下略粗，中段微凹，不易滑脱，便于手握操持。壶身上端的壶口部分被打磨削制，将长约1.5厘米的部分由下至上逐渐削薄呈梯形，以便壶盖嵌套在壶身上。饮酒时，只需一手持壶身，一手持壶盖将其拔开即可，饮用完毕，再将壶盖套上壶身，利用削制出的斜面和竹器本身的韧性将盖子压紧。整个竹筒酒壶去除竹皮，在壶盖和壶身上部阴刻花纹，内填颜料。壶盖雕刻的纹样可分为植物纹样和几何纹样两部分，其中植物纹样在上部，由三枝植物纹样和五枝植物纹样呈二方连续绕壶盖一周组成，两种单元植物纹样均以其下部的方形几何图案为发散中心，以中间一枝为中轴，两边对称发散，造型如同种植在花盆里抽枝开叶的花卉。三枝植物纹样枝条的线条为硬朗的直线，左右两枝之间的夹角呈90°，以中间一枝为轴对称，整体外轮廓呈倒三角形；

而五枝植物纹样枝条的线条更为柔和，除了中轴为竖直线条，其余四枝均为柔软的弧线。从左往右第1根和第5根枝条，两枝的夹角约为180°，曲线柔和舒展，枝条末端上扬，而第2根和第4根，两枝的夹角约为90°，枝条末端微微下垂，两组枝条都以第3根枝条为中轴向两边发散，整体外轮廓呈半圆形。植物纹样的下面为两组平行分布的几何纹样，上一组为倒三角形，由间隔长度一致的短竖直线绕壶一周，下一组为一圈倒三角形和一排正三角形排列挤出的锯齿纹样，两组纹样下面均隔有一圈细弦纹。壶身的花纹与壶盖基本一致，仅在植物纹样与上一排几何纹样中间增加一圈细弦纹。整个酒壶的所有纹样均在雕刻的凹槽中填有彩色颜料，颜色为红、黄、蓝、绿四种，在整片纹样中均匀、随机分布。

竹筒酒壶的装饰图案符合德昂族典型的审美取向：纹样造型严谨对称，喜好植物元素和几何元素，以柔和曲线与硬朗直线搭配，刚柔并济；配色喜用单一底色衬托多种鲜明辅色，与其在民族服饰上以黑或红为底、缀鲜艳五彩绒球的理念如出一辙。整个竹筒酒壶轻盈便携，造型简洁流畅，壶体表面刻有纹饰，增加了人手部和壶体的摩擦，既具防滑功能，又为酒壶增添了观赏价值。

图片来源
图一至图二　赵思颖　摄影
图三至图六、图九　孙寒　制图
图七　赵思颖　制图
图八　戈姗姗　制图

图二　德昂族竹筒酒壶分解展示图

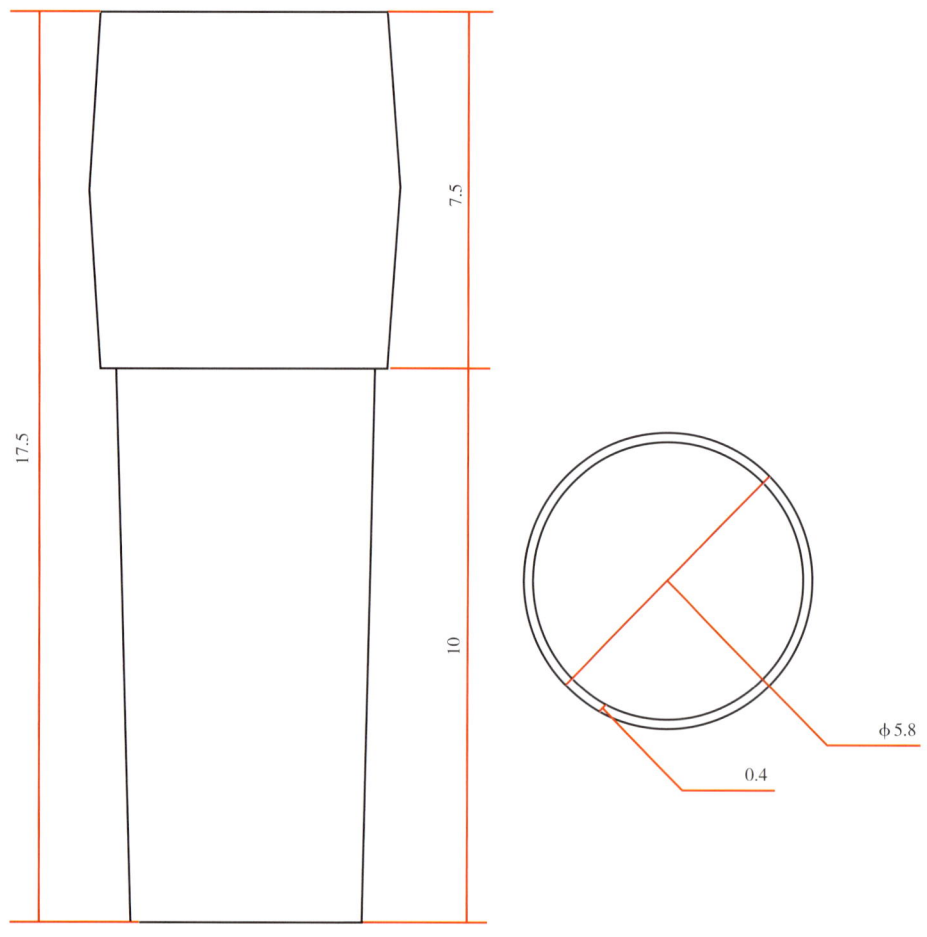

图三　德昂族竹筒酒壶尺寸图（单位：cm）

图四 德昂族竹筒酒壶结构名称图

壶盖

壶身

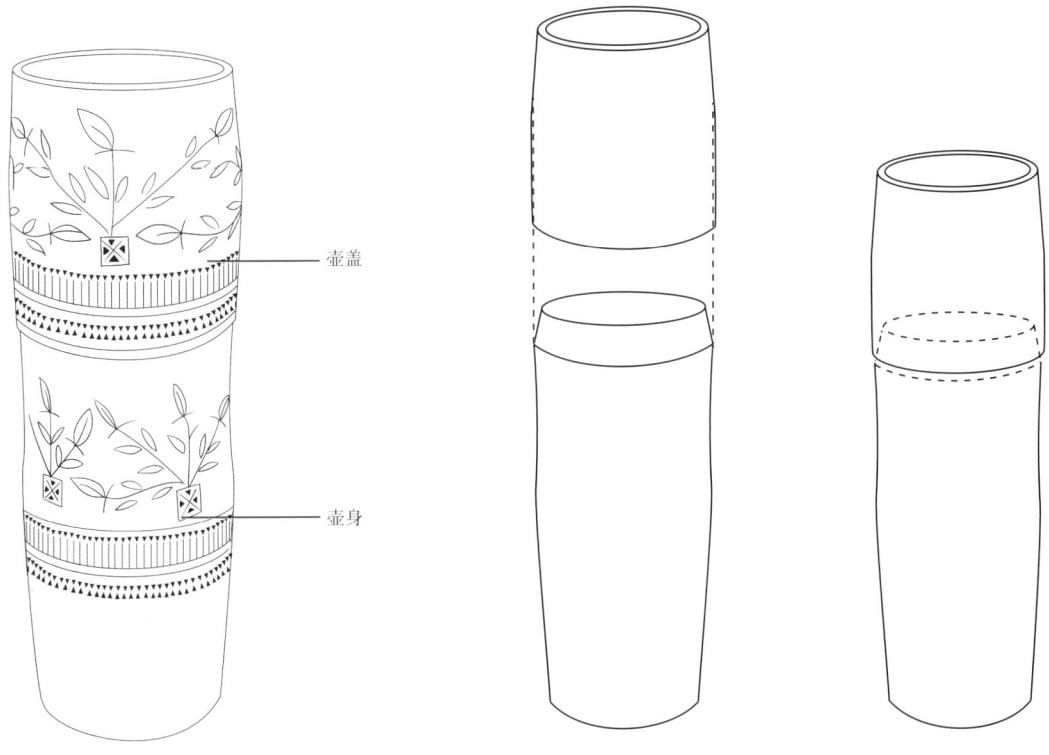

图五 德昂族竹筒酒壶解析图

图六 德昂族竹筒酒壶操作示意图

第四章 德昂族传统生活用具

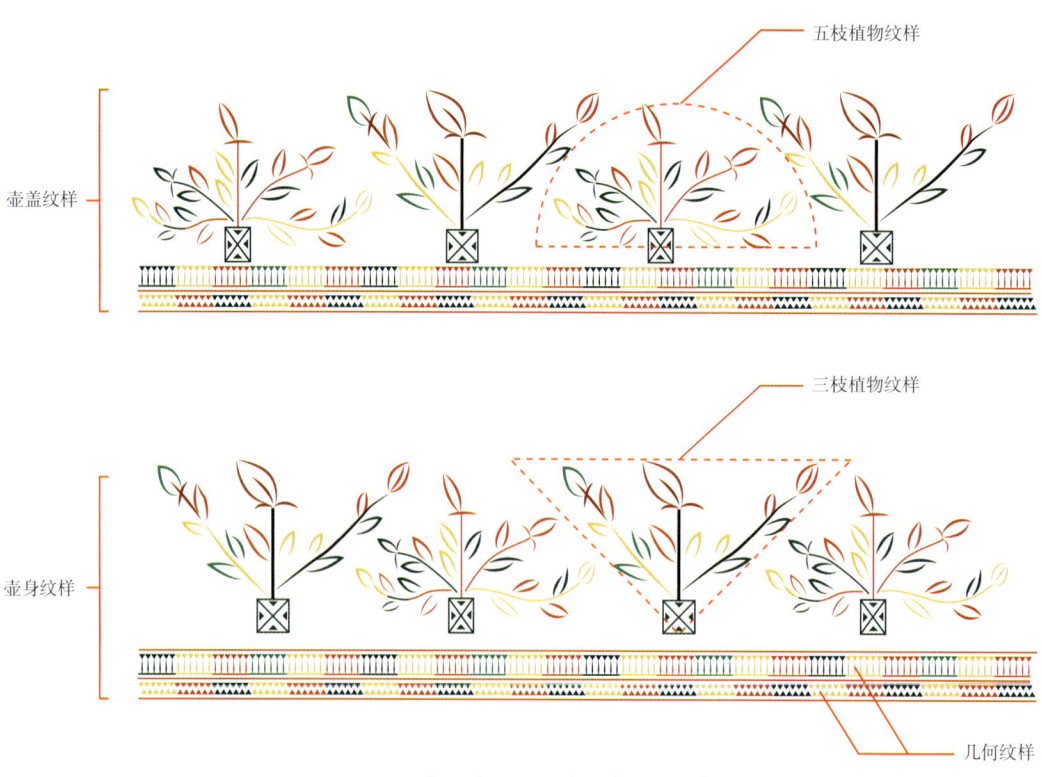

图七　德昂族竹筒酒壶纹样分析图

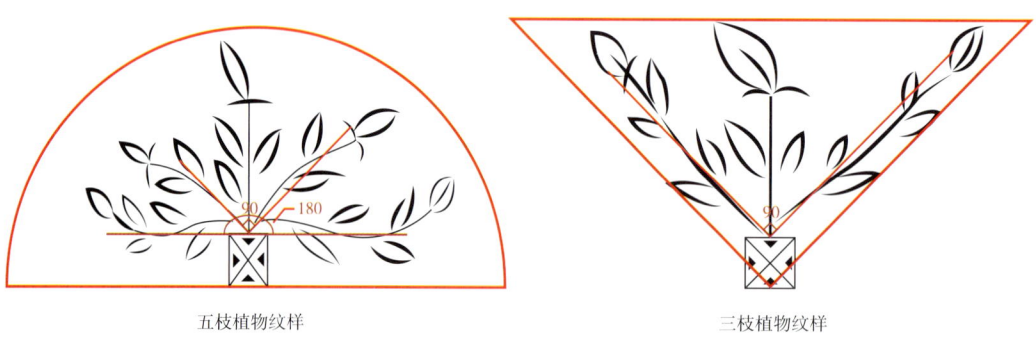

图八　德昂族竹筒酒壶单元纹样分析图

图九　德昂族竹筒酒壶使用情境图

第五章 德昂族传统生产工具

德昂族单手推柄石磨

图一　德昂族单手推柄石磨主图

本案例为单手推柄石磨，为德昂族传统研磨类生产工具，主要用来研磨制作米粉等食材。石磨高98厘米，宽91厘米，双层磨盘均为石质，手柄、磨槽及脚架为木质，人力驱动，案例采集于云南省德宏州芒市三台山德昂族乡出冬瓜村德昂族博物馆。在春秋战国之前，人们用来加工谷物的农具主要为杵臼、石磨盘、石磨棒。随着小麦与大豆这类农作物产量的上升，人们对于研磨工具有了更为迫切的需求。另外，石料加工技术的成熟，使得石磨早在春秋战国末期就被发明出来。在此之后，石磨盘与石磨棒渐渐被更方便的石磨所取代。随着食品加器具功能的细化，石磨的主要功能为研磨制浆。

本案例属于小型石转磨，分为上下两个部分，上部分为研磨结构，由两块饼状圆形磨盘以及磨柄组成。两面磨盘直径为34厘米，高10厘米。上磨盘圆心处有一凹孔，下磨盘圆心处有一凸台，两者为连接上下磨盘的磨脐。两扇磨盘相对的那一面，有增加磨面摩擦力的斜纹式磨齿。上磨盘中有一直径为4厘米的空心圆柱，即磨眼，用于投放需要研磨的谷物，其侧面有一凹槽用来放置磨柄，磨柄为一根直径3厘米、长19厘米的实木棍，是将人力转化为磨盘摩擦力的传导装置。下部分为盛装及支撑结构，由磨槽和脚架组成。磨槽为碗状凹形，方便盛接研磨物，槽体长91厘米、宽42厘米、槽深22厘米，其中间插有3块木板用来放置磨盘，磨槽下有4根脚架起到支撑和稳固作用。整个石磨下部分结构呈左边高、右边低的趋势，这种造型是为了让研磨的流状物随引力自动流向低处。石磨体型较小，操作起来比较省力，人的臂力足以驱动，适合用来研磨米类作物以制作米粉、饵块等食物。使用时需操作者坐在稍高于磨槽的椅子上，身边放一盆浸泡过的大米，磨槽下方放一个承接桶，一手往磨眼投放研磨物，一手握住磨柄向前推动，研磨一段时间后即有米浆流出，经磨槽，最后流入到下方的桶里。

在中国的农业文明中，石磨的历史十分悠久，春秋战国之后，石磨的结构已经基本定型，后期只在体积大小、动力来源和磨齿结构上有阶段性与区域性的变化。由于德昂族自然环境、农作物结构、饮食文化的相互作用，该民族喜食大米加工的米粉、粑粑等食物。本案例单手推柄石磨呈现出与之相应的物化表现，体现了德昂族在饮食文化领域的造物智慧。

图片来源
图一至图二　赵思颖　摄影
图三至图五、图七至图八　孙寒　制图
图六　徐骞　制图

图二　德昂族单手推柄石磨视角图

第五章　德昂族传统生产工具

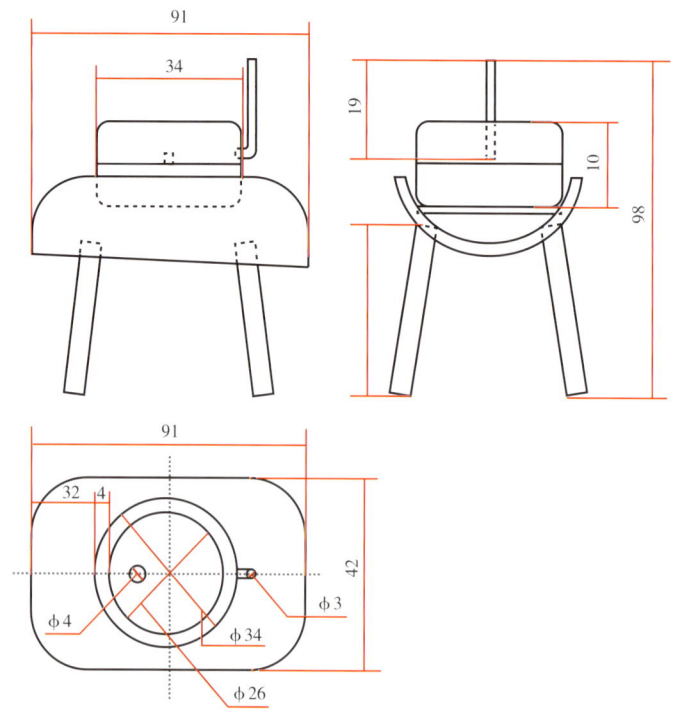

图三　德昂族单手推柄石磨三视图（单位：cm）

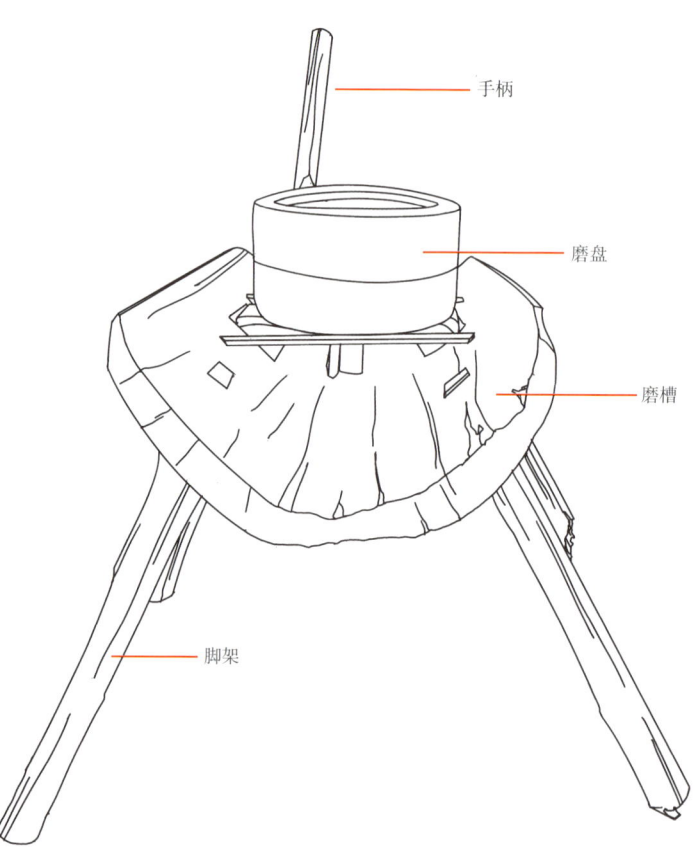

图四　德昂族单手推柄石磨结构名称图

图五 德昂族单手推柄石磨磨齿局部细节图

图六 制图德昂族单手推柄石磨解析图

第五章 德昂族传统生产工具

181

石质

木质

图七　德昂族单手推柄石磨材质分析图

图八　德昂族单手推柄石磨使用情境图

德昂族木架铁铧曲辕犁

图一 德昂族木架铁铧曲辕犁主图

本案例为德昂族木架铁铧曲辕犁，无犁壁，三角形铧，骨架清晰舒展，由犁辕、犁铧、犁稍（又称犁身）、犁箭（又称犁柄）四大部分组成。整体长约170厘米，犁箭宽约63厘米，犁铧长约35厘米，宽约18厘米，除了犁铧为铁制，剩余的部分皆为木制。该案例是当地德昂族居民用来耕作的重要农业生产工具，现藏于云南省德宏州芒市三台山德昂族乡德昂族博物馆。

由于地貌与气候的影响，我国各地的犁存在差异，德昂族主要聚居地位于滇西南一带，该地区的犁主要有三种形制：三角框架长犁柄曲辕犁，三角框架短犁柄曲辕犁，人框架直辕犁。除了整体造型，犁铧的形制也分三种：三角形铧、菱形铧和叶形铧。[1] 本案例属于典型的三角框架短犁柄曲辕犁，犁稍下部有一定的弧度，犁箭较短，犁辕的曲度较大，夹角约为120度，适合在较为平坦的旱地或水田耕作。配套的犁铧呈三角形，多用于旱地耕作。进行耕作时，使犁舵套在牛的肩颈处，牵引绳通过一根轴棒，前接犁舵，后连耕犁，然后将犁铧插入土中，将犁稍与地面形成约45度夹角，赶牛前行，犁铧顺势破土，一人一牛配合拉犁耕作。滇西南地区的耕牛大多使用水牛，水牛是该地各民族的重要生产力。当地民族的民居建筑多为干栏式房屋，上层住人，下层空间饲养牲畜，德昂族住宅也符合该特征。

作为农业大国的中国，犁是至关重要的生产工具。对于不同时期、不同地域、不同民族的民众来说，犁都是不可或缺的，德昂族农民在农业生产中根据实际环境的需要改进、创造适合本民族劳作的犁，体现了他们在生产力发展中的造物智慧和求索精神。

图片来源
图一　赵思颖　摄影
图二至图四、图六至图八　孙寒　制图
图五　徐骞　制图

参考文献
［1］尹绍亭.农耕文化—云南农具的源流及多样性研究.昆明：云南人民出版社，云南大学出版社，2015年

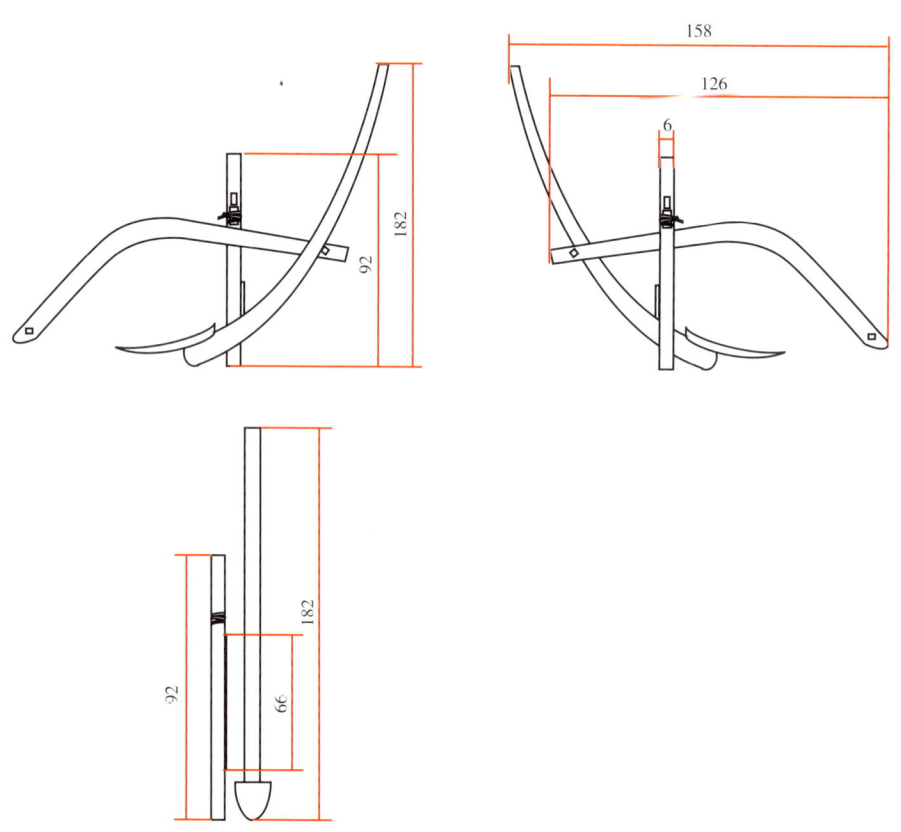

图二　德昂族木架铁铧曲辕犁三视图（单位：cm）

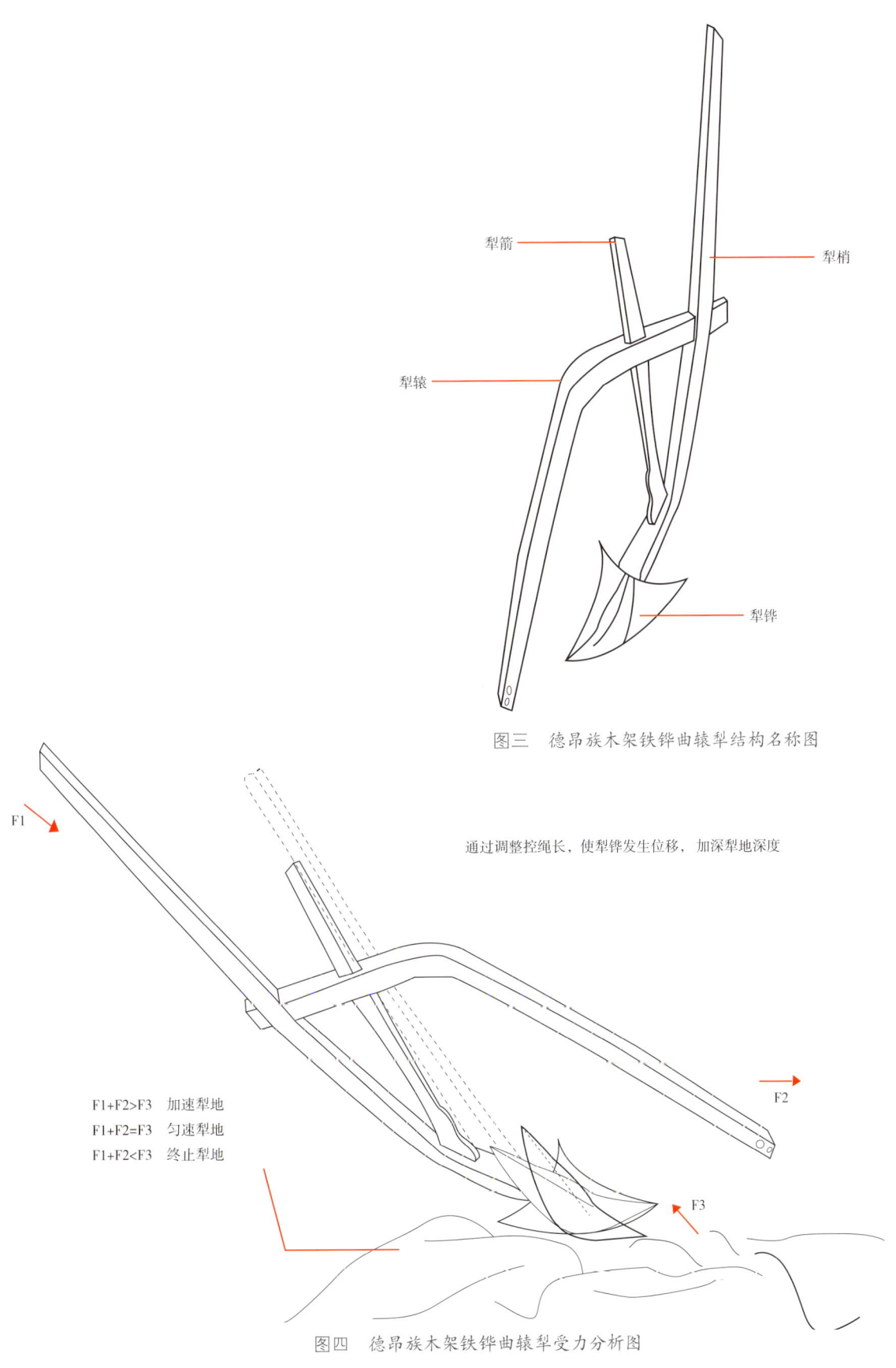

图三 德昂族木架铁铧曲辕犁结构名称图

通过调整控绳长，使犁铧发生位移，加深犁地深度

F1+F2>F3　加速犁地
F1+F2=F3　匀速犁地
F1+F2<F3　终止犁地

图四 德昂族木架铁铧曲辕犁受力分析图

图五　德昂族木架铁铧曲辕犁解析图

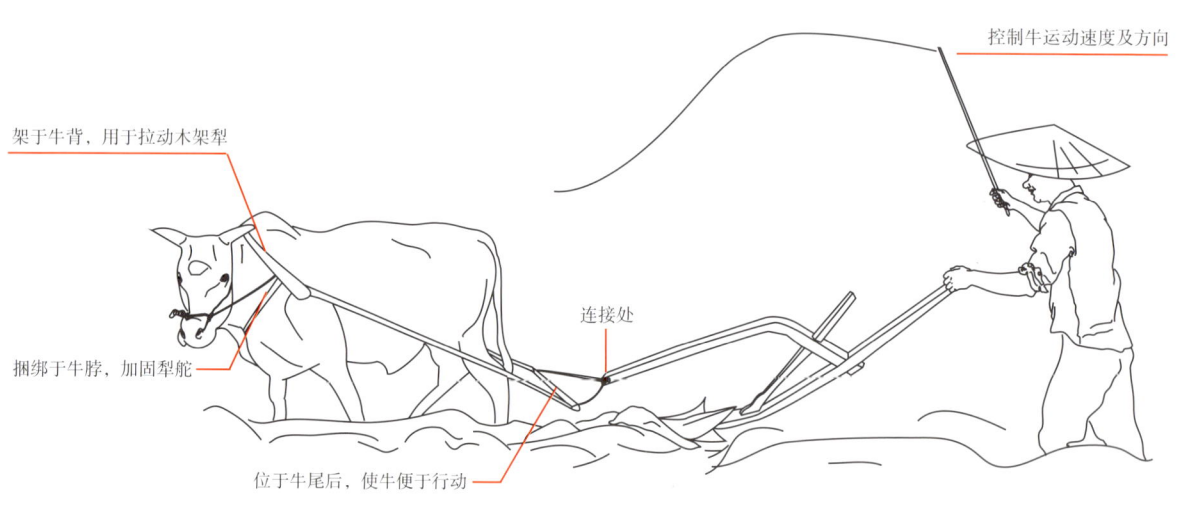

图六　德昂族木架铁铧曲辕犁操作分析图

图七　德昂族木架铁铧曲辕犁材质分析图

图八　德昂族木架铁铧曲辕犁使用情境图

第五章　德昂族传统生产工具

德昂族木质舂米桶

图一　德昂族舂米桶主图

舂具，又名杵臼，是一种历史悠久的谷物加工农具。杵臼分为杵和臼两部分，杵一般为圆柱状，用以捣砸谷物粮食或研磨药物，臼常为方形或圆形内凹容器，用以盛放舂捣物。本案例木质舂米桶选自云南省临沧市孟定县德昂族村寨。杵呈两头粗、中间细的长圆柱状，臼呈上宽下窄的桶状，杵与臼皆木质。杵高约 103 厘米，直径 9 厘米，臼高 87 厘米，臼口直径 48 厘米，臼底直径 44 厘米，臼底突出部分高约 25 厘米。它较之一般舂具体型相对较大，是当地德昂族家庭用来舂米的农具。

关于木臼的制作，明代《吉安州志》曾有记载："……山多木土，人取其根，最大者为之，底盖相平，惟刳其中，以容黍粒，仍用柱杵之……"即取粗大的树根剖开挖空，作为木臼。而在云南的许多少数民族中，则多用刀挖结合火烧的方法：锯树成段，中心挖凹，再装入锯末缓慢燃烧，待中间的木窝烧至所需大小，取出火炭，修饰而成。[1]临沧孟定的德昂族村寨位于山坳当中，人烟稀少且建筑相对狭小，因此舂米桶这类体型较大的舂具一般被置于屋外庭院使用。用舂米桶舂米的步骤并不复杂，将脱完粒但未去皮的谷粒倒入木臼，举起木杵对臼内的谷粒进行捣砸，通过均匀的舂捣，使谷壳从米粒上脱落。通过第一遍舂捣得到糙米，随后经过扬铲、飏篮等工具滤去谷壳后，再进行第二遍、第三遍舂捣进行精加工。为了高效舂米，又便于举握，木杵被做成两头粗、中间细的造型。不仅是杵，臼的造型也被改造。木臼的内壁并不是光滑的，而是人为刻上了凹凸的螺纹，以此增加舂捣时谷粒和臼内壁的摩擦，使谷壳更易脱离。臼底部留有厚重的底座，以便在舂米时保持重心平稳。此舂具的杵与臼皆为木制，但由于体型较大，单根杵棒的重量仍达 2.5 千克左右。舂具形体笨重，进行舂捣作业便不如使用小型舂具轻便灵活，因此舂米时，需至少两人配合工作，双方举杵，一起一落，默契合作。早在 7000 多年前，我们的祖先便开始"断木为杵，掘地为臼"，将谷物倒入挖好夯实的地坑，用粗木棒加以舂打以加工谷物。后根据使用需要，地臼逐渐发展为木臼、石臼、金属臼。自古以来，杵臼的原理和形制变化不大，而尺寸却各有不同。元代的农学家、农业机械学家王祯在其著作《农书》中曾作诗介绍："……圣人创杵臼，尚象以制器：于义取雷、山，上动而下止。人知捣舂法，脱粟从此始。后世相沿袭，更变各任智；制度虽不同，由来资古意。"[2] 其发展历程可见一斑。杵臼不仅历史悠久，而且使用范围广，据现存的杵臼和出土的文物来看，全国各地基本都有它的身影。

德昂村寨的这款舂米桶，在普通杵臼的基础上根据劳作需要进行了巧妙的改造，不仅使其更加符合人机工程学，而且提高了舂米的效率，体现了德昂族人民的造物智慧。

图片来源

图一　徐骞　制图
图二、图四、图七　樊振杰　制图
图三、图五至图六、图八　孙寒　制图
图九　赵思颖　摄影
图十　（元）王祯.农书.明嘉靖九年山东布政司刊本.187.

参考文献

[1] 尹绍亭.家耕文化——云南农具的源流及多样性研究.昆明：云南人民出版社，云南大学出版社，2015.
[2]（元）王祯.农书.明嘉靖九年山东布政司刊本.

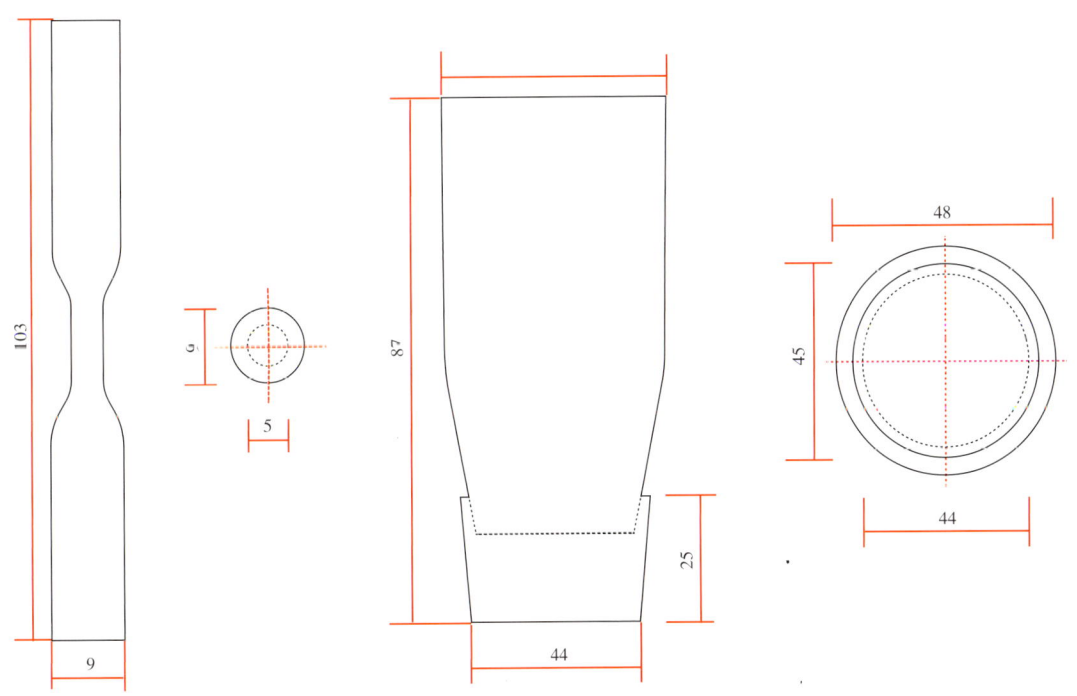

图二　德昂族舂米桶三视图（单位：cm）

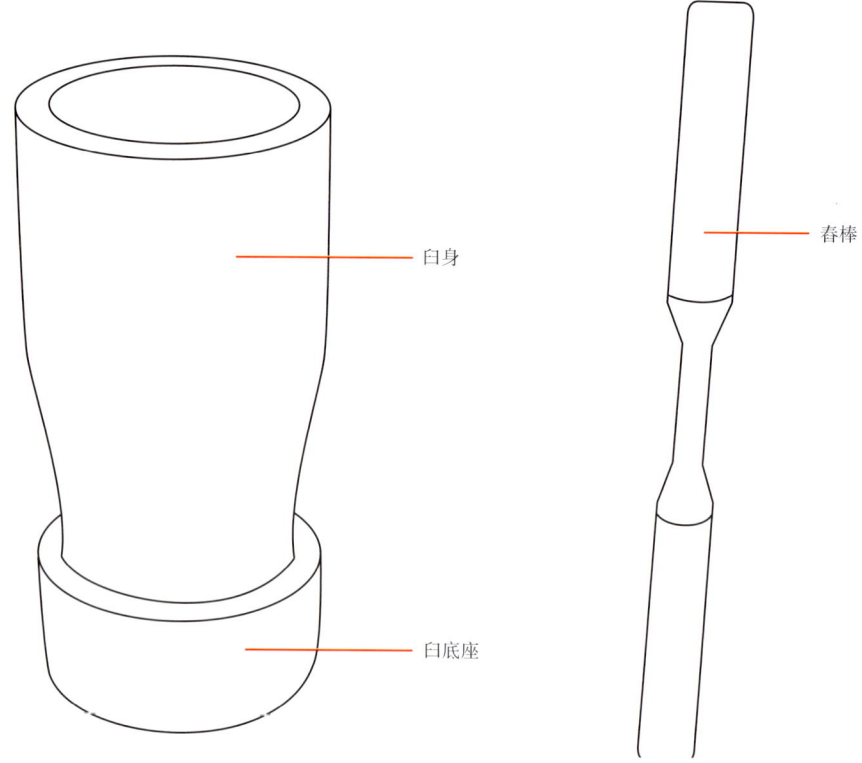

图三 德昂族舂米桶结构名称图

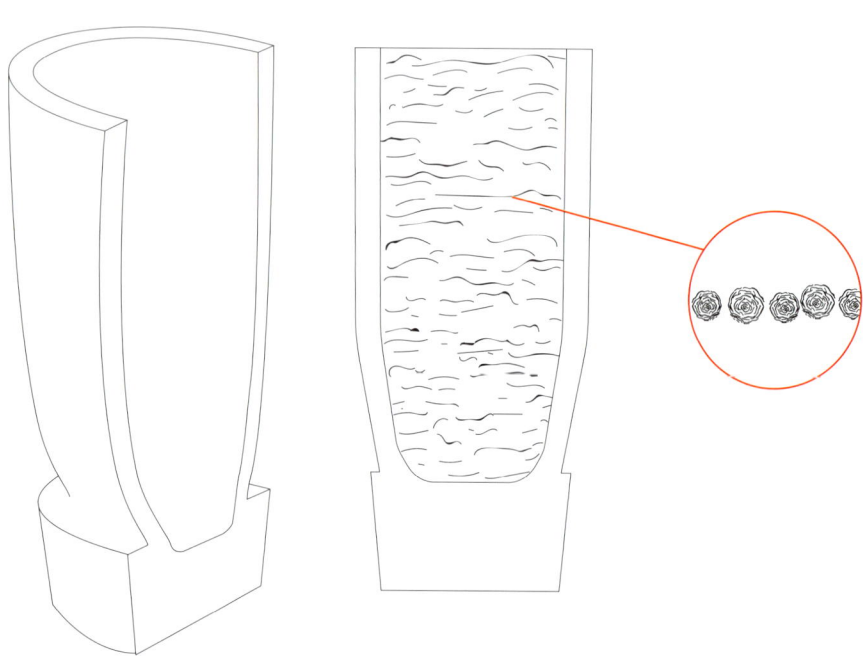

图四 德昂族舂米桶剖面局部分析图

图五　德昂族舂米桶操作示意图

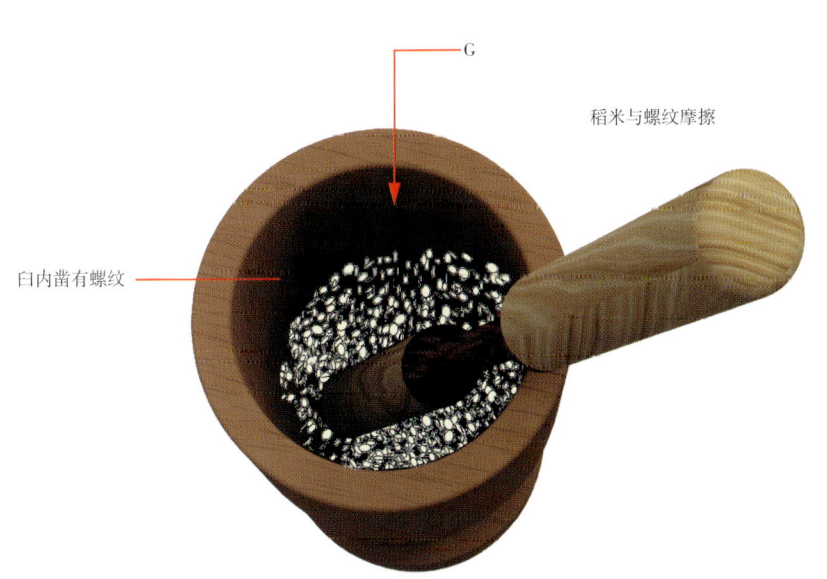

图六　德昂族舂米桶受力分析图

G

稻米与螺纹摩擦

臼内凿有螺纹

第五章　德昂族传统生产工具

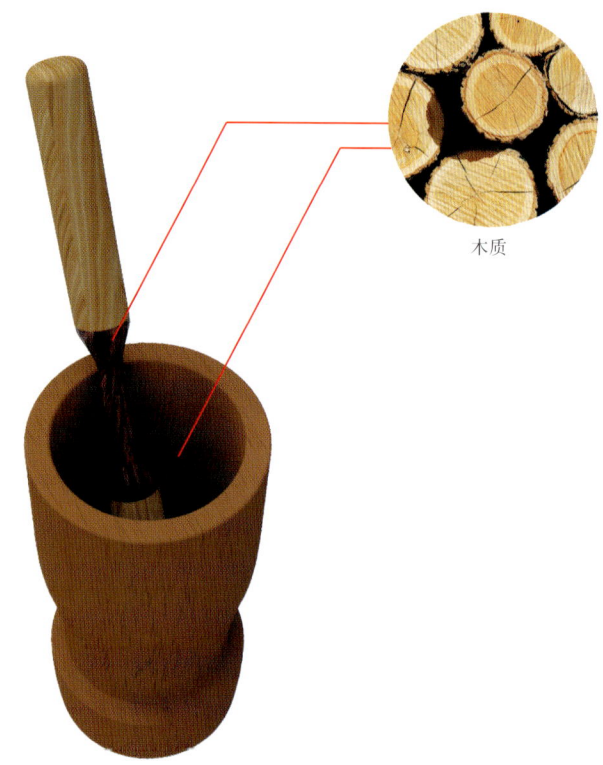

木质

图七　德昂族舂米桶材质分析图

图八　德昂族舂米桶使用情境图

图九　其他形制的德昂族舂米桶

图十　德昂族舂米桶古籍扫描图

第五章　德昂族传统生产工具

德昂族土砻

图一 德昂族土砻主图

本案例为德昂族圆柱形土砻,选自云南省德宏州芒市三台山乡德昂族博物馆。砻是碾谷用具,以竹编作围,内贮泥土,形如小磨,内有规律排列的竹木片作磨齿。本案例土砻通高81厘米,砻斗直径54厘米,整体造型规整,简单质朴。砻为破去谷壳之用,是用于连枷击打禾谷之后、风车扇去除稻米中的糠秕之前对谷物去壳的进一步粗加工用具,是德昂族常见的生产农具。

早在汉画像石中就已有砻的图像记载,北魏末年贾思勰的《齐民要术》中也曾提及,但最早记载砻的结构原理始见于元代的《王祯农书》。土砻由砻斗、牵眼、上下磨盘、磨齿、砻脚和砻钩组成。砻的制作过程民间称为"打砻",至今仍有专门以打砻为生的砻匠。打砻工艺较为复杂,大致有八个步骤:备土、编砻圈、制砻盘、夯土、安砻手、炒砻钉、钉砻齿、配砻钩等。制作一个新土砻大约需要两周的时间。备土是打砻的第一步,造砻大约需要300斤生泥。选土也十分讲究。黏性的黄土是制作土砻的首选。黄土白天晒干、捣碎后过筛并且去除土中的石粒、腐殖物质,晚上盖着草席蒸焗几天才成为备用的熟土,有时还会在土中加入捣碎的松针叶防止砻墩晾干后开裂。土备好后,便是用砍来的毛竹编织砻甋圈,砻甋圈为直径大约40厘米的圆柱形,分为上下两层。夯土是制作砻过程中最重要的环节,将备好的黄土倒在干净的地面上,掺和适量的石灰粉,用清水浸湿,搅拌均匀直至一捏成团、一撮成粉。接着,用木杵夯下磨盘的砻泥,添一层,夯一层,直到超过砻甋圈上沿3厘米左右。下磨盘的砻泥则是用砻土夯成漏斗状,再在上座砻甋圈中部横穿一个实木手柄,对称伸出后在两端各挖一个牵眼。砻钉即为磨齿,选用深山中五年以上的老毛竹,经过削形、水煮、晒干,再在沙中慢火烤炒,冷却再炒反复三次,保证其坚硬度并且不易腐烂。钉砻钉是显现砻匠技术高低的关键步骤,在打磨平滑的两座砻盘的正面,用铅笔画好由内向外的辐射线条,按照线的走向钉砻钉,砻钉不可全钉入砻泥中,应留出泥面约3厘米。

上下两扇磨盘的砻钉似八卦形合一处,让谷物在凹槽间经受摩擦。砻和磨的工作原理相似,分为上下两扇磨盘,砻斗两侧边缘处各有一柄,柄面均有牵眼,可安装丁字形砻钩。砻钩一端安于牵轴,插入牵眼中,另一端的横木绑定由绳吊于房梁上。使用者通常两人配合,一人通过顺时针推动砻钩,带动上磨盘转动,另一人将需要去壳的谷物由砻斗倒入,并且不断添谷。上磨盘转动,下磨盘固定,利用磨齿之间的摩擦将谷壳脱裂,米粒和谷物纷纷从磨盘的缝隙中飞散出来,将其收集便可使用风车扇进行米粒和糠秕分离的精加工。

砻,作为传统去谷壳农具,在德昂族生活地区仍有保留它的踪迹,砻的制作和使用承载了德昂族人民的勤劳与智慧,但随着现代机械化工具的普及逐渐消失于人们的视野中。

图片来源
图一 赵思颖 摄影
图二至图五、图八至图十 孙寒 制图
图六至图七 徐骞 制图
图十一 (元)王祯.农书.明嘉靖九年山东政司刊本.190.

图一 德昂族土砻其他角度展示图

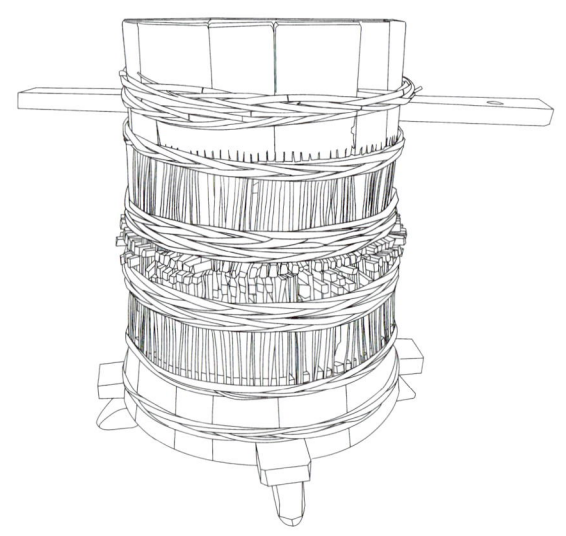

图三 德昂族土砻线描图

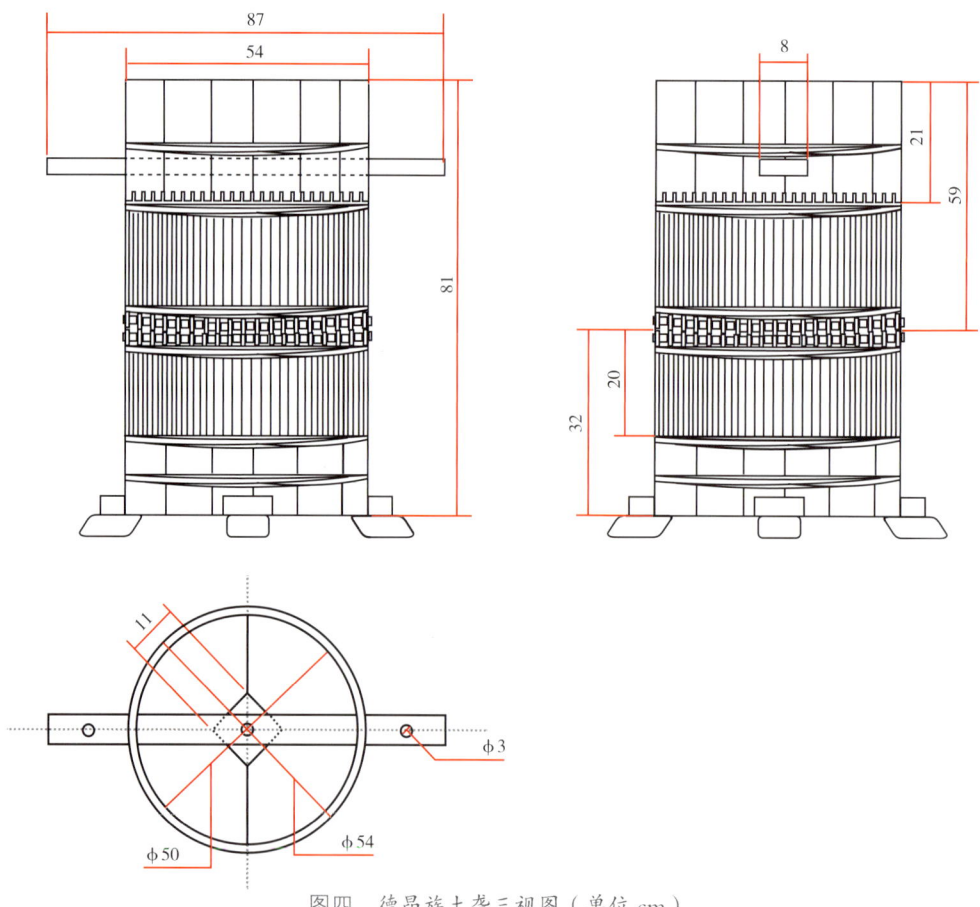

图四 德昂族土砻三视图（单位 cm）

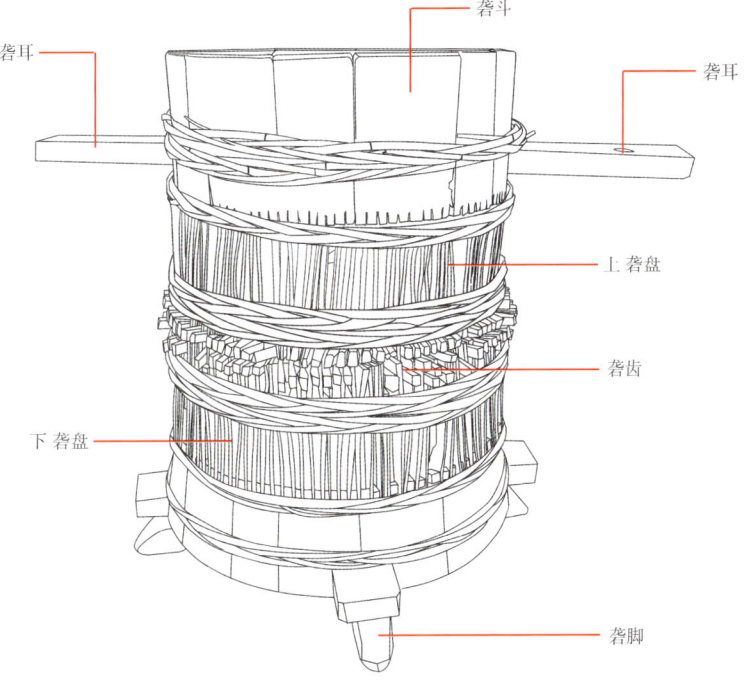

图五 德昂族土砻结构名称图

图六 德昂族土砻砻齿局部细节图

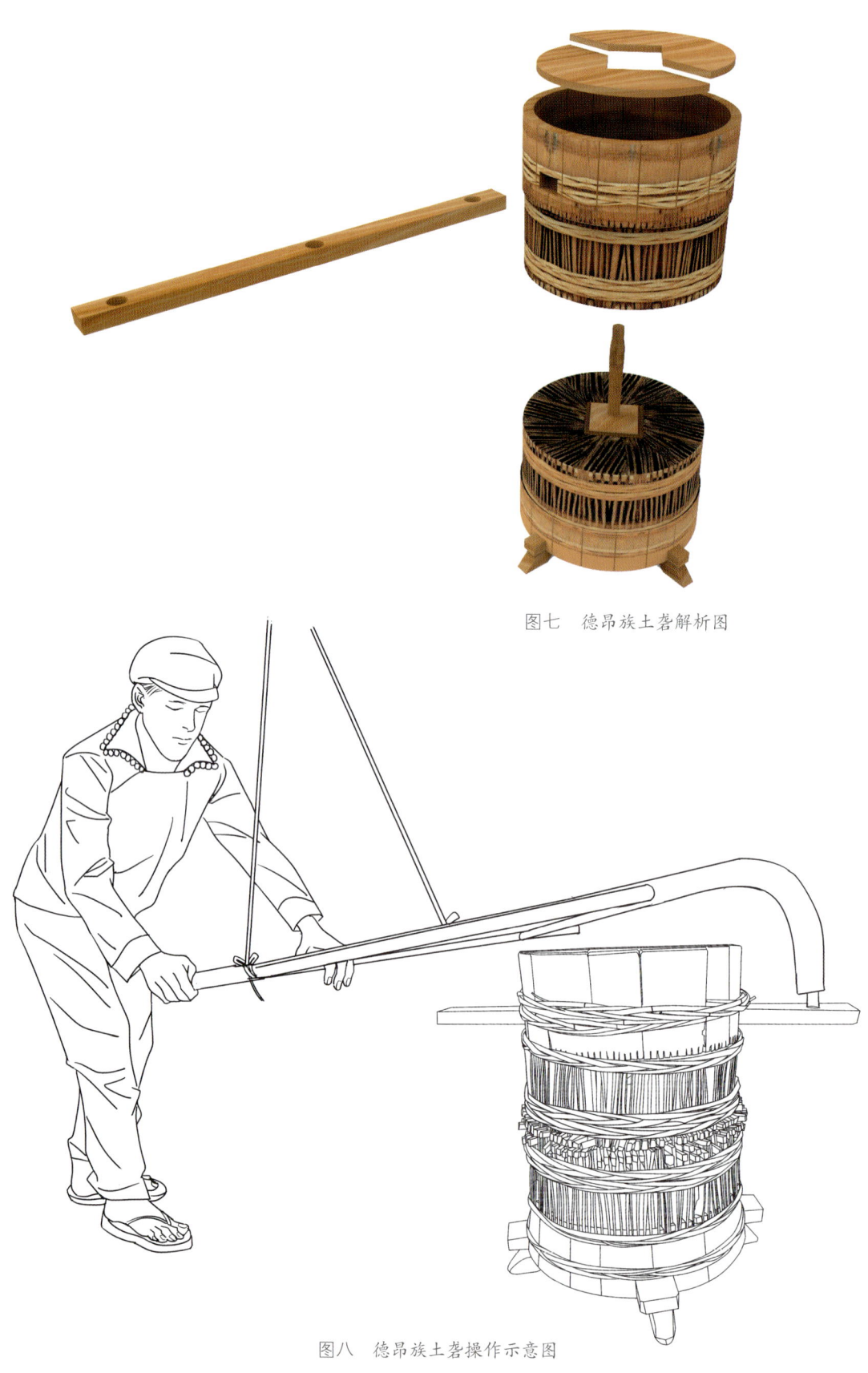

图七 德昂族土砦解析图

图八 德昂族土砦操作示意图

图九 德昂族土砻材质分析图

图十 德昂族土砻使用情境图

第五章 德昂族传统生产工具

图十一　德昂族土砻古籍扫描图

德昂族竹质连杆

图一　德昂族竹质连杆主图

连杆是一种传统谷物加工农具，用以给谷物脱粒，主要由手柄和打杆两部分组成。本案例竹质连杆选自云南省德宏州芒市三台山德昂族乡出冬瓜村，为典型的单杆式连杆，竹为杆体，牛皮为连轴。手柄直径约3厘米，打杆直径约2.5厘米，两者长皆为167厘米，穿好牛皮之后两杆之间平行距离约5厘米。它是当地德昂族家庭用以打谷脱粒的农具。

这种农具的出现根据史书推测应不晚于西周，最早由普通树枝演变而来。在原始社会进行农业劳作时，人们直接折取树枝来进行打谷，单根树枝打谷时，时常会发生折断的现象。然而各类树木特性不一，而有些树木的树皮韧性较强，在树枝打断后树皮不断。人们发现这样不仅不影响打谷，反而更加方便，打谷效果也更好，于是专门制作了这类形制的打谷工具，即连杆的雏形。连杆别称多样，也被称作枷（通假字，通"枷"）、连枷、掉花、连架等。东汉时期的刘熙曾作《释名·释用器》："枷，加也。加杖于柄头以过穗而出其谷也。或曰罗枷，三杖而用之也。或曰丫丫，杖转于头故以名之也。"名称之多，可见连杆在历史上使用的地域范围之广，亦可见其实用性之强，发明制作之通俗简便。连杆的材质一般不外乎木和竹，但近年在滇西北一带也曾出现过用钢筋做的连杆。连杆的形制主要有两种，一种为多杆式连杆，其特点是手柄较长，打杆较短，且打杆由三根以上较细的杆并排连接组成，手柄与打杆之间以短轴相连；另一种为单杆式连杆，又称单棒枷，其特点是手柄和打杆长度接近，分别为两根单独的长棍，打杆略细于手柄，且两者之间无短轴，一般以皮革或绳相连。元代《王祯农书》曾描述连杆"其制：用木条四茎。以生革编之，长可三尺，阔可四寸。又有以独挺为之者。皆于长木柄头造为擐轴，举而转之，以扑禾也"[1]。连杆在秋收季节的使用最频繁，《耕织图诗》就曾写道："霜时天气佳，风劲木叶脱；持穗及此时，连枷声乱发。"这首诗生动展现了秋收农忙的场景。使用连杆时，需要双手持握住连杆的手柄，将手柄举起挥过头顶，打杆通过牛皮绳挥动手柄甩至空中，随后再将手柄向下朝铺成垛的谷物挥去，打杆便会顺势击中谷物，通过反复击打谷物的穗头，使其脱粒。使用时，操作熟练者会保持较好的节奏，一挥一击，有条不紊，不重复打谷，也不会漏谷。本案例连杆采用竹子制作，云南盛产竹，竹材可谓方便易得，同时竹子比起木材具有更好的韧性，反复摔打不易折断，经济实用。

随着生产技术和科技进步，现代已经有很多效率极高的脱粒机器完全可以代替连杆，但是连杆相比起最早的脱粒方式如手摘、脚搓和牛踩来说已经是劳动人民创造智慧的体现，成本低廉，方便易造，效率高，因此在德昂族村寨中使用仍十分广泛，很多农村地区依然可以看到连杆的身影，听到"连枷声乱发"。

图片来源

图一　刘翔宇　摄影

图二至图八　孙寒　制图

图九　（元）王祯.农书.明嘉靖九年山东布政司刊本.159

参考文献

[1]（元）王祯.农书.明嘉靖九年山东布政司刊本.

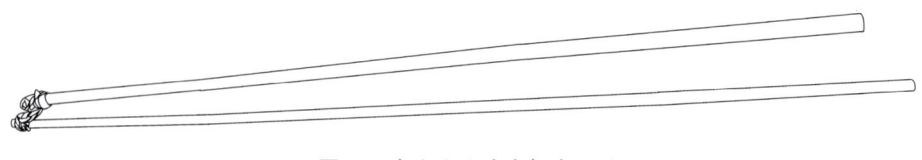

图二　德昂族竹质连杆线描图

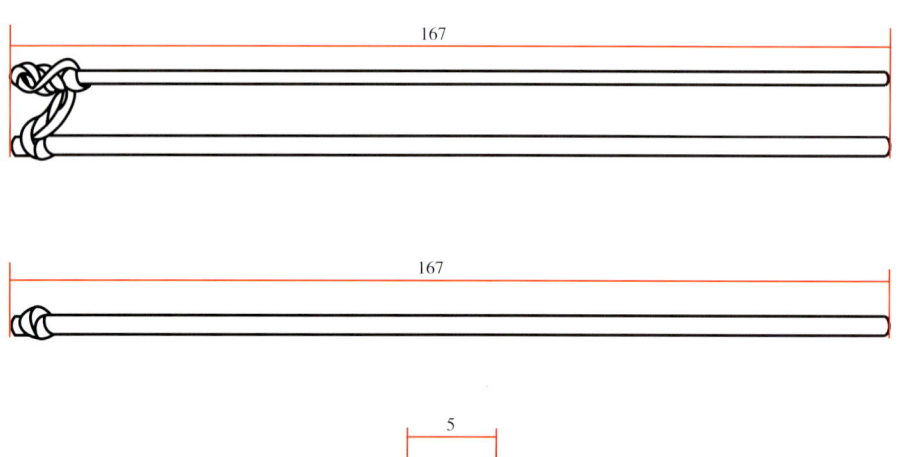

图三　德昂族竹质连杆三视图（单位：cm）

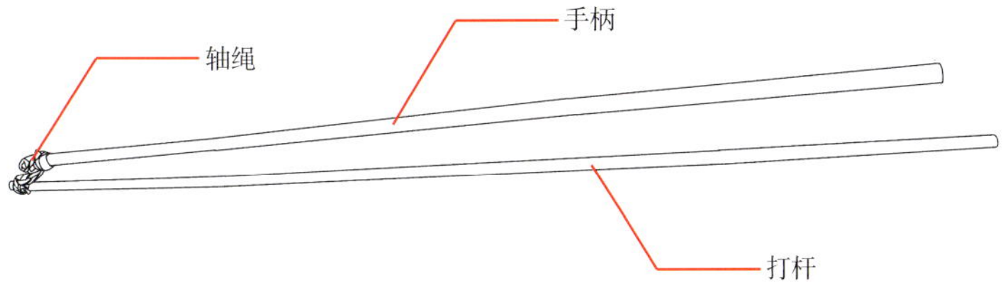

图四 德昂族竹质连杆结构名称图

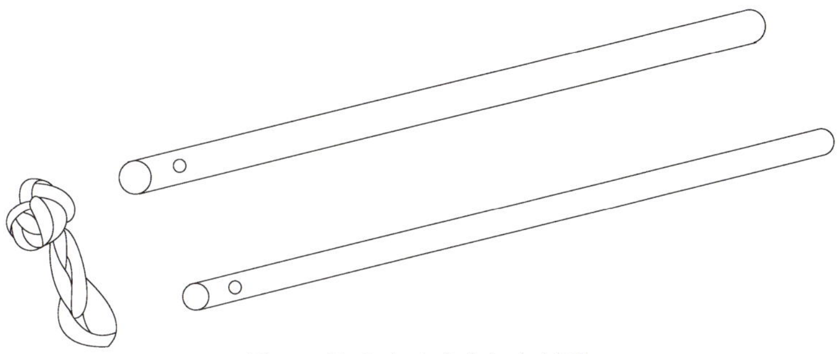

图五 德昂族竹质连杆分解图

图六 德昂族竹质连杆操作示意图

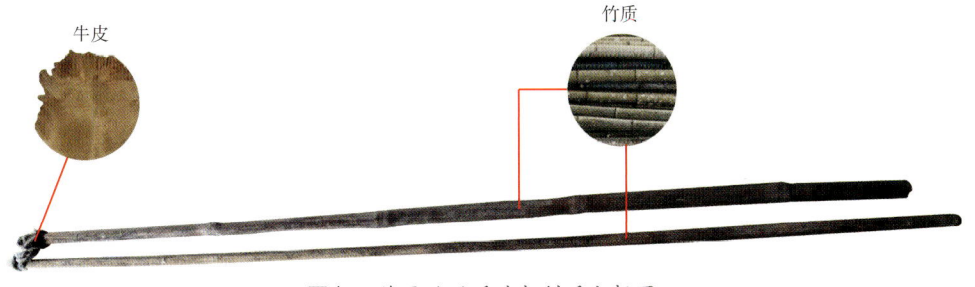

图七 德昂族竹质连杆材质分析图

第五章 德昂族传统生产工具

图八　德昂族竹质连杆使用示意图

連耞

連耞古牙切擊禾器國語曰權節其用耒耜耞芟耞拂也以擊草
廣雅曰拂謂之架說文曰拂架也拂擊禾連架釋名曰
架加也加杖於柄頭以撾陟瓜切穗而出穀也其制用木
條四莖以生革編之長可三尺闊可四寸又有以獨梃
爲之者皆於長木柄頭造爲擐軸舉而轉之以撲禾也
方言云僉宋魏之間謂之攝殳棓自關而西謂之棓蕭頭

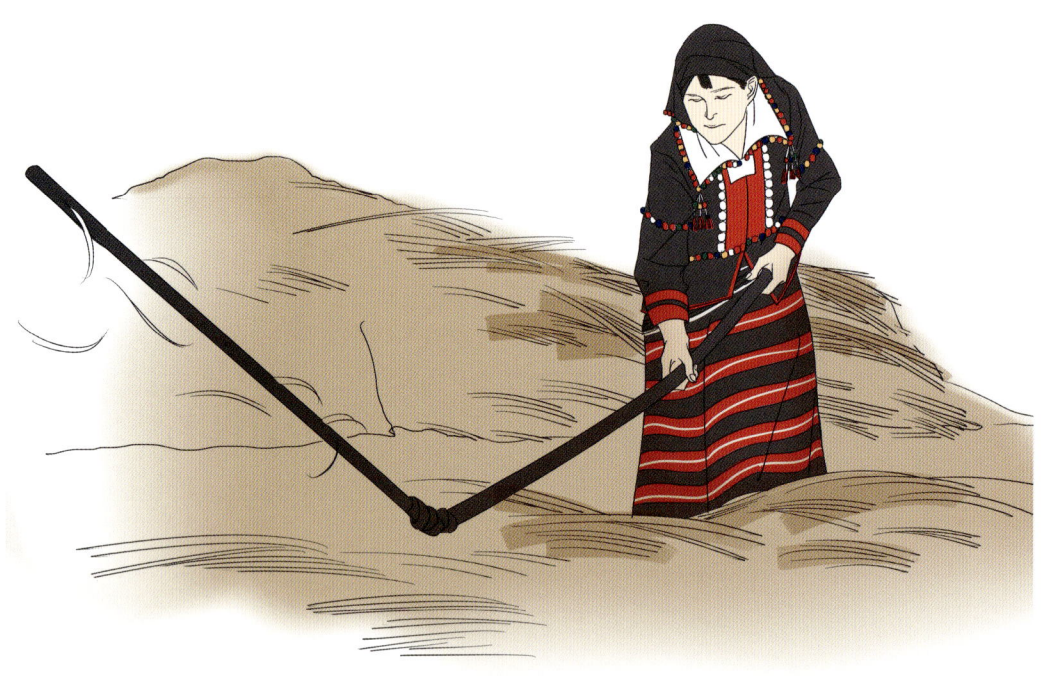

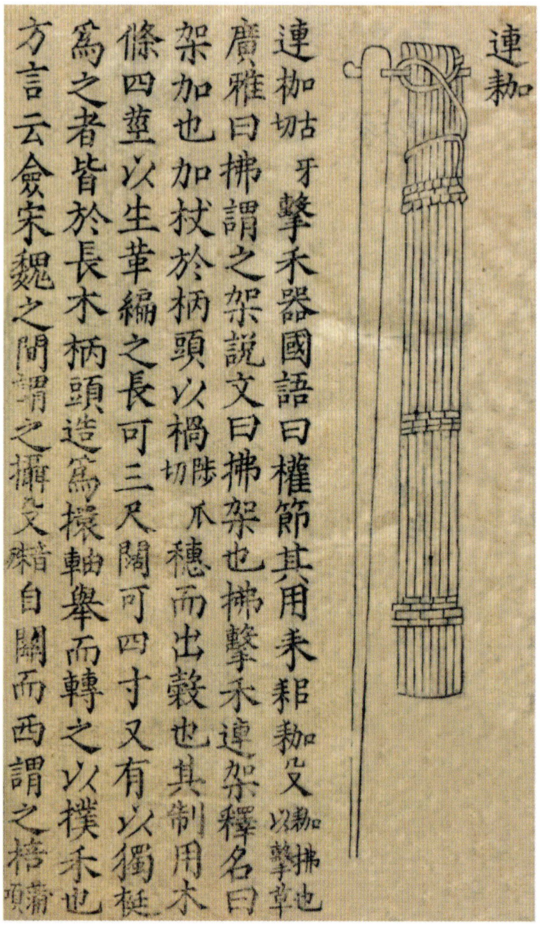

图九　德昂族竹质连杆古籍扫描图

第六章 德昂族传统手工艺

德昂族绕线机

绕线机,是德昂族女性专门用于绕线的器具。德昂族自古用手工方式加工服装配饰的布料,其制作都离不开绕线机。本案例选自云南省德宏州三台山德昂族乡出冬瓜村赵玉月家,绕线机通高约150厘米,妇女于机前操作,与其高度齐平。上部固定端口高35厘米,口径35厘米,绕线木轴90厘米。绕线机就地取材、制作简便、易于使用,在一定程度上,提高了德昂族妇女绕线织布的工作效率。

绕线机主要分为机身和基座两部分,机身由固定端口、绕线木轴和绕线支板组成。机身高125厘米,顶部设有一个类似倒斗形的固定端口;中部的绕线木轴上穿插四根细木条作为绕线支板,其上端两根木条交叉,并与顶部的倒斗形端口相接,可起到固定作用,下端的两根木条则交叉穿过绕线木轴的三分之一处,上下端两组木条相离60厘米,此段距离适用于德昂族女性绕线的操作空间。每根木条两端捆绑线绳,并以"V"字形分别绑于上下各个木条端点,使该部分能够连接成一个整体。待绕线团被绑定在木条间的线绳之上。绕线木轴底端插入于基座之中,从而具备绕线的功能。基座高24厘米,宽45厘米,中心有凹槽,深2厘米,机身插入后,松紧适中,妇女绕线时,机身便可以在基座上转动而不脱落。本案例使用、装卸便利,基座在不用时亦可以当板凳使用。机身上部的倒斗形端口为铜质,基座选用砖块砌成,绕线木轴和绕线支板选用德昂族当地竹材制作而成。绕线机的工作原理是以绕

图一 德昂族绕线机主图

线木轴来带动机身转动，进而实现毛线缠绕，妇女在绕线时，通过控制绕线速度把握绕线机的运转速度。此案例最大的设计亮点在于上方倒斗形的固定端口，当使用暂停时，可将线球暂时存放于端口内，它既可以储物，也可以防止线团到处翻滚、缠绕、打结。再次使用时只需要从倒斗端口中取出线团便可继续工作。这一细节充分地体现了以人为本、简洁高效的设计理念。

绕线机在现代生活中依然受到德昂族妇女的喜爱，并影响着布料制作和服装佩饰的生产方式。该案例具有因地制宜的特点，充分体现出德昂族妇女在长期劳作中凝结的造物智慧。

图片来源
图一、图七　刘翔宇　摄影
图二　赵思颖　制图
图三至图六　王冠力　制图

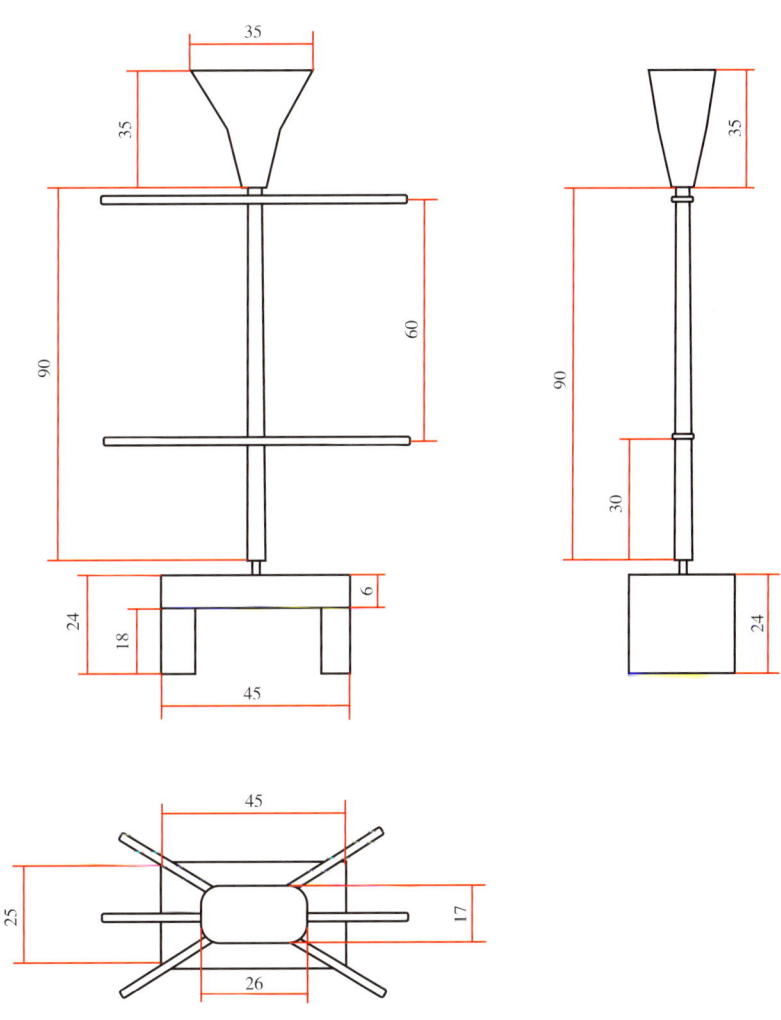

图二　德昂族绕线机三视图（单位：cm）

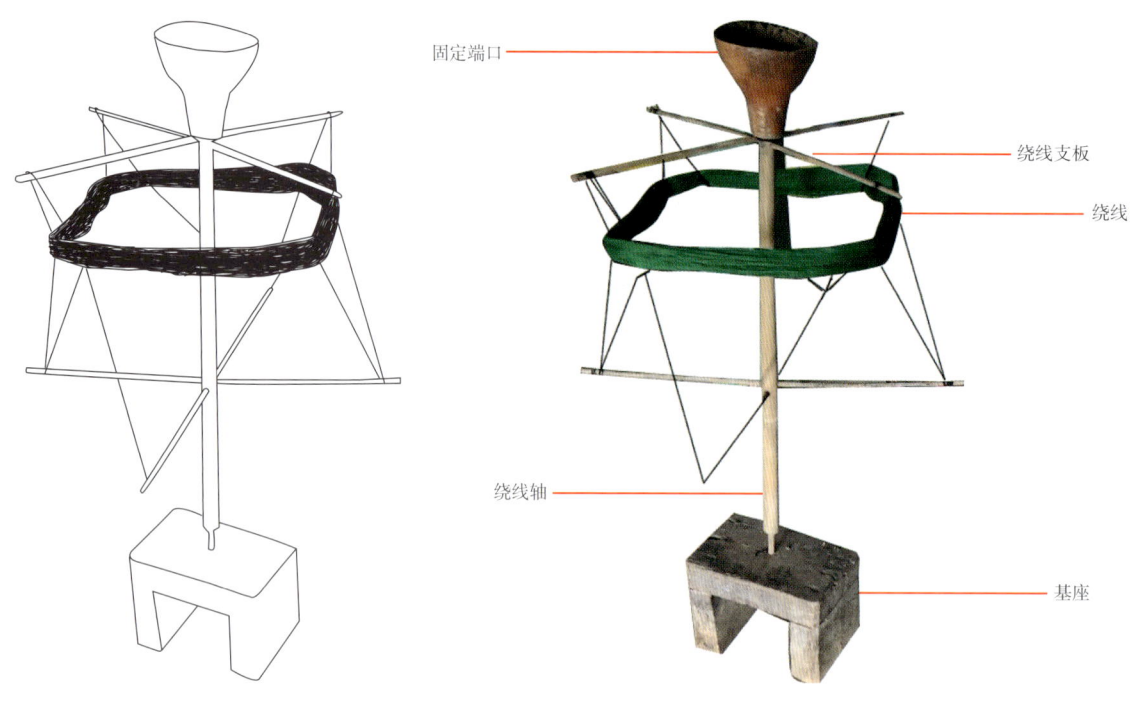

图三　德昂族绕线机线描图

图四　德昂族绕线机结构名称图

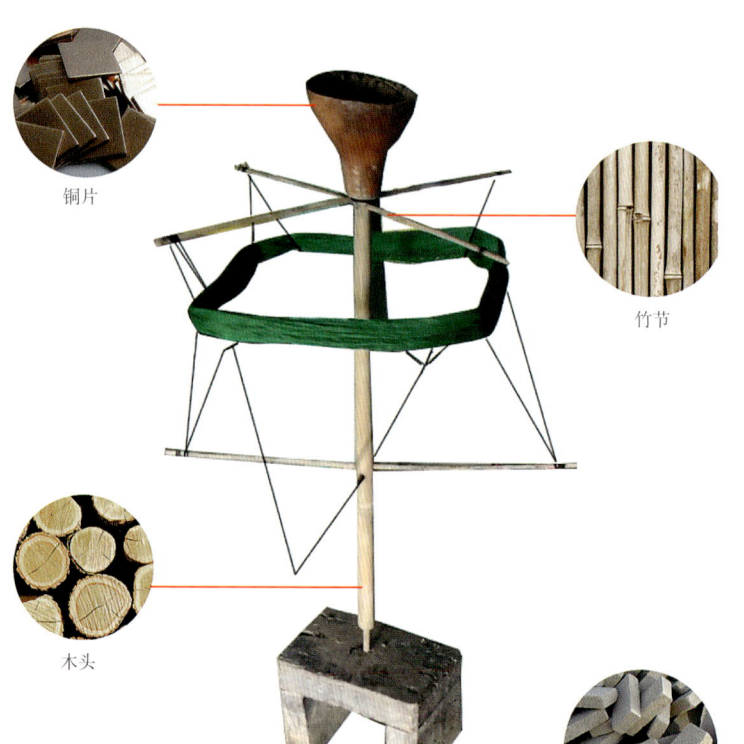

图五　德昂族绕线机材质分析图

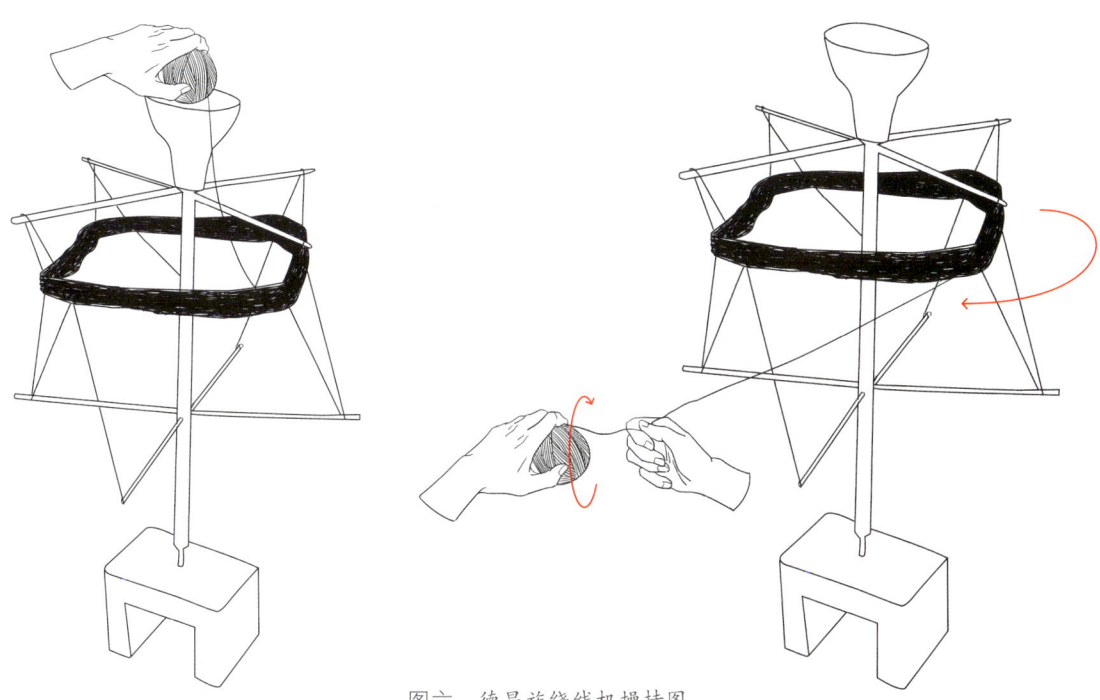

图六　德昂族绕线机操持图

图七　德昂族绕线机使用情境图

第六章　德昂族传统手工艺

209

德昂族服装刺绣

图一　德昂族服装刺绣主图

　　服装的变化发展是综合一个民族自然环境、历史文化、生产方式以及审美心理等多方面因素而逐步形成的。德昂族服装上衣下摆的装饰图案刺绣、色彩搭配等，也潜移默化地受当地风俗审美和民俗信仰影响。德昂族的服饰色彩搭配极富民族特性，其刺绣工艺精细，在上装的下摆处饰有各色丝线所绣的荠菜花、宝塔花及几何图案，色彩对比鲜明亮丽。本案例选自云南省德宏州芒市三台山德昂族乡出冬瓜村，上衣下摆的装饰图案宽约17.5厘米，长约22.3厘米，由黑色布料、丝线、彩片和五彩绒球共同结合制成。

　　该服装上衣下摆的装饰图案色彩鲜艳，图案对称，以黑色布料为底，用红、黄、紫、绿、白细线交织在一起，装饰图案繁缛，色彩层次感强。德昂族服饰的制作首先是对于布料的加工，布料以棉麻为主，先将棉线上色，再用腰机进行纺织。织好的布料质地厚实，虽略有粗糙，但经久耐磨，多用于缝制挎包、衣服，服装色泽具有本民族的特色，深受人民的喜爱。其次是在织好的布料上进行刺绣，两者均为纯手工工艺，不论织锦还是刺绣，都是德昂族特色，是劳动人民在长期历史实践中智慧的结晶，是传统德昂族女性生活中不可缺少的一项劳作内容。后期为了让衣服图案及色彩更加丰富和谐，妇女在衣服上缝制彩片、五彩绒球等饰品作为装饰。早在唐代，德昂族妇女就以善于染织五彩花布而闻名，史书称"五彩娑罗布"。制作方法虽然原始、简单，但色彩与图案搭配，却给人以强烈的印象。从当前市场中现有的德昂族民族服饰来看，其传统民族服饰的色彩得到了部分保存与发展。服饰依然以黑色与红色为主要色调，其中图案纹样比以往增多，新图案大量使用在胸前、肩部、裙摆等部位，出现了更多类型的花纹，以及星星和月亮纹样、蝴蝶纹样、树叶纹样等。德宏州三台山乡德昂族服饰色泽更为艳丽，衣襟、筒帕等装饰图案中都缀满数量众多的五彩绒线球，且所占面积很大，其彩色绒球反映出德昂族的审美追求，也是渴望美好生活的真实心理写照。这促使服装的装饰性较高，更具较强的视觉冲击力和美感。

德昂族人民的服饰体现了劳动人民长久以来的智慧与经验，是其民俗文化的物质载体。如这些新式图案纹样大多是从自然环境中提取的，而并非人工刻意创造的图案，另外增加的彩色亮片、彩色花边、塑料串珠、流苏等装饰品，在强烈的德昂族韵味下迸发出新时代的气息。服饰不论从色彩、图案、款式、工艺，还是饰品搭配，都饱含着德昂族人民勤劳智慧的民族个性。德昂族大都信奉南传上座部佛教，其宗教信仰与生活习俗多受汉族和傣族的影响，服饰色彩装饰也有相应的改变。改革开放后德宏地区的经济发展加快，对外交流频繁，特别是近年来德宏地区旅游产业的迅猛发展，少数民族服饰在新时代有了新的发展与演变。通过对德昂族服饰上装饰图案的分析研究，也对传统服装配饰的传承与保存有一定价值。

图片来源

图一　云南少数民族图库编委会.云南少数民族图库——阿昌族·德昂族.昆明：云南美术出版社，2002.80.

图二　赵思颖　制图

图三至图九　孙寒　制图

图十　何卓嫔　摄影

图二　德昂族服装刺绣线描图

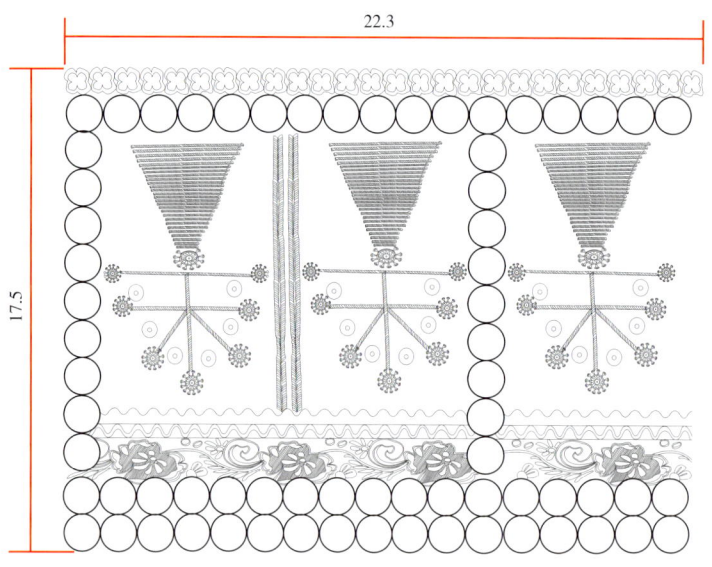

图三　德昂族服装刺绣尺寸图（单位：cm）

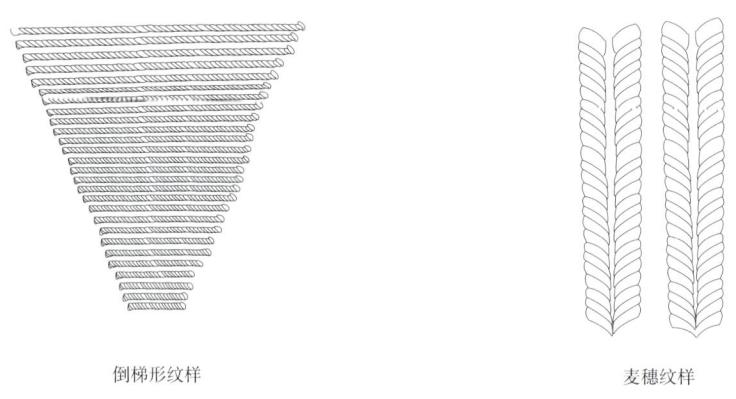

倒梯形纹样　　　　　　　　　　　麦穗纹样

植物卷草纹

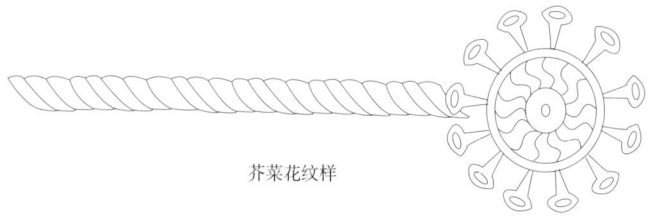

芥菜花纹样

图四　德昂族服装刺绣单元纹样分析图

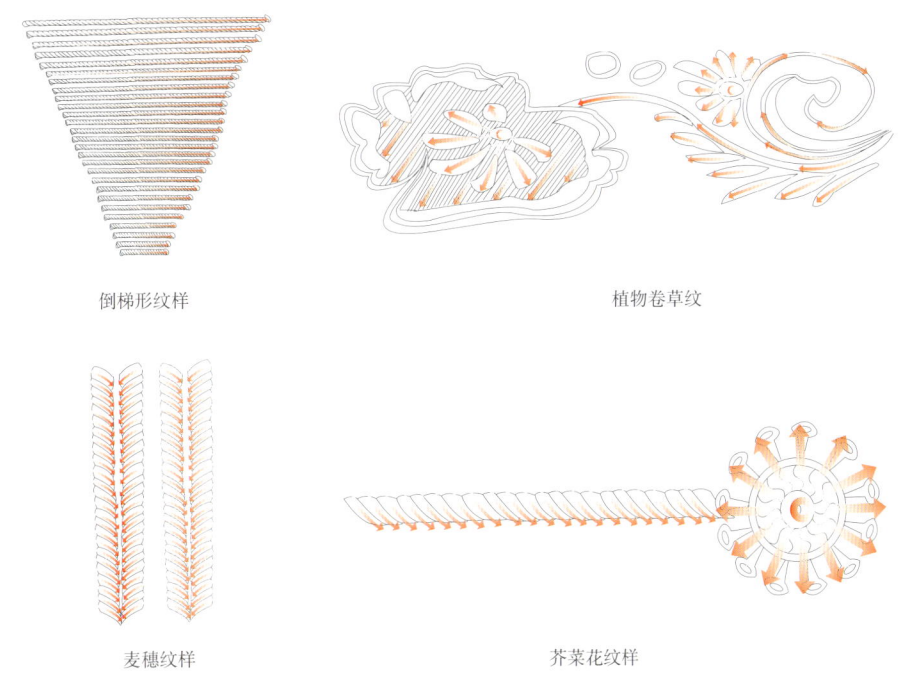

图五 德昂族服装刺绣动态分析图

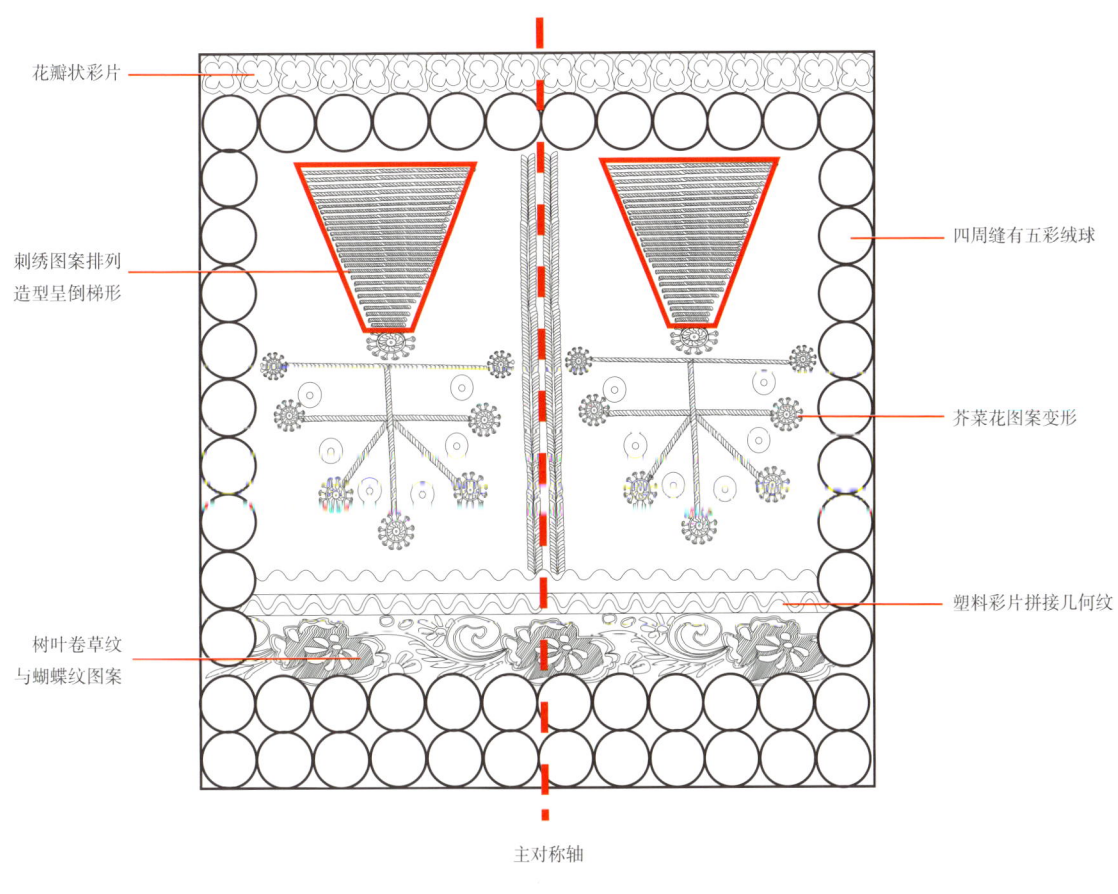

图六 德昂族服装刺绣纹样分析图

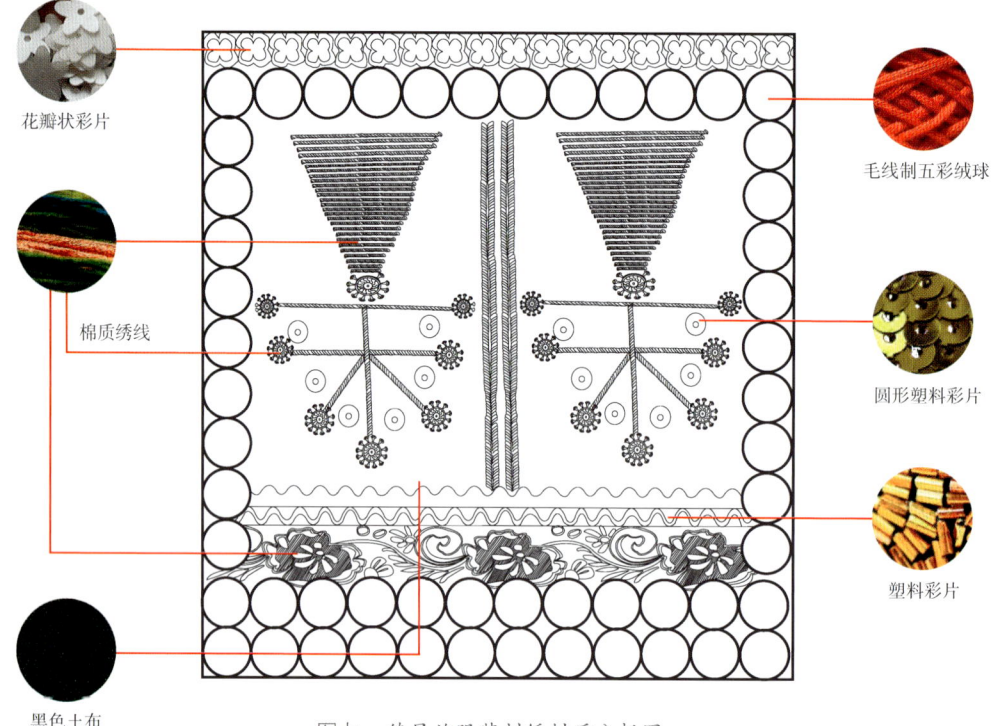

图七　德昂族服装刺绣材质分析图

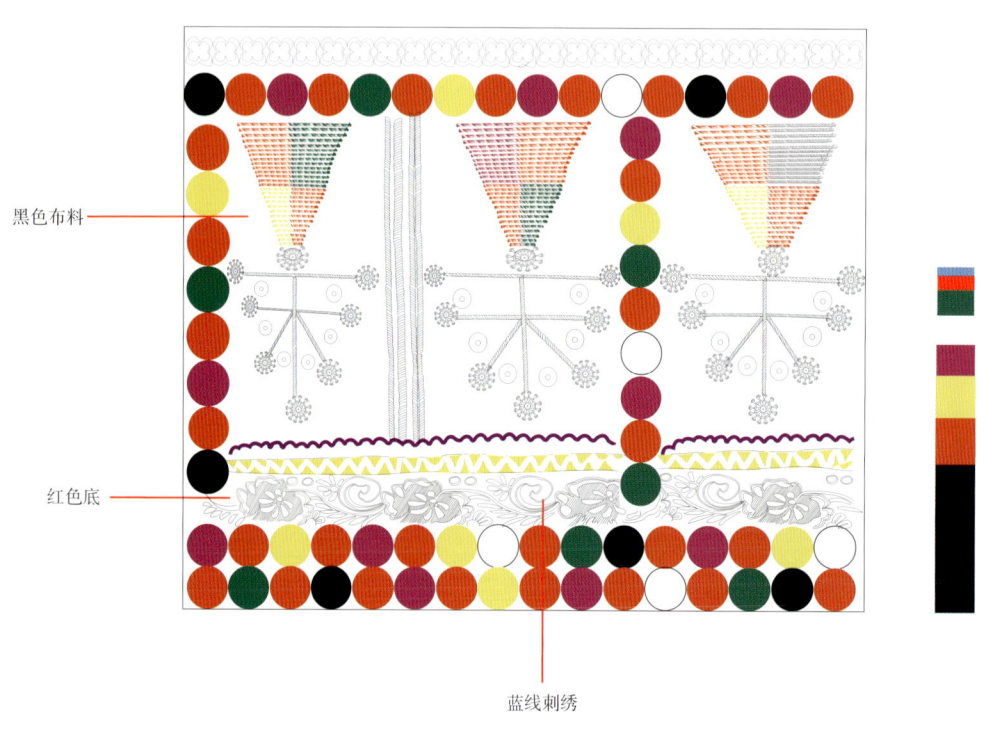

图八　德昂族服装刺绣色彩分析图

1. 腰机织布　　　　　2. 刺绣　　　　　3. 缝绒球

图九　德昂族服装刺绣制作步骤图

图十　其他形制的德昂族服装刺绣

第六章　德昂族传统手工艺

德昂族银手镯

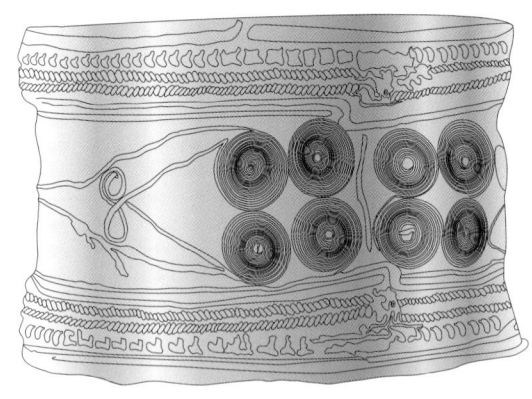 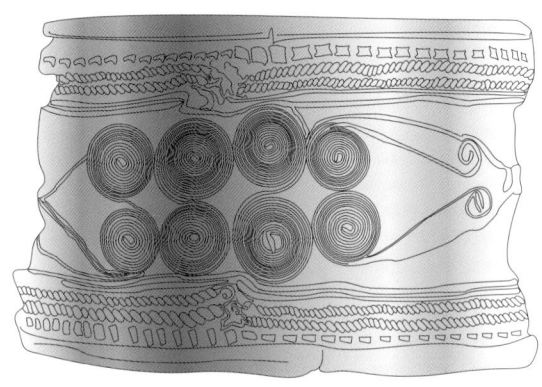

图一 德昂族银手镯主图

本案例选自云南省德宏州芒市三台山德昂族乡德昂族博物馆，手镯宽 4.6 厘米，径长 8.7 厘米。银手镯，德昂语称为"波将奶"。自古以来德昂族民众就有佩戴金银饰品的习俗。德昂族女性多佩戴银手镯，其式样繁多。以单圈银手镯为例，镯身就有宽、中、窄之分，有空心、实心、扭丝形、圆环形之别；镯型有开口和闭口之差。银手镯一般形制呈环形，成对佩戴，德昂族认为佩戴手镯不仅是富贵的象征，同时也蕴含着深层次的民俗信仰。

本案例为德昂族银手镯——单环侈口，镯身锤打、镌镂或焊接花卉纹与几何纹，纹样连贯，对称和谐，成对佩戴于手腕之上。该器器形厚重，工艺复杂，圆筒錾刻加银丝盘绕焊接制作。银手镯表面用几盘绕好的银丝焊接，两盘银丝为一组，分四组对称排列；外侧分别用拧好的两条银丝做装饰；银丝外围有錾刻密集的几何纹样。整个手镯上的纹样对称排列，层次均匀，主次分明，给人以轻快明朗的视觉效果。该银镯制作流程及工艺复杂：第一，镯面的每一条银丝都需要经过化银、锻打、下料和拉银丝这些粗加工工序；第二，经过花丝、錾刻、盘拧银丝等精加工，工艺通常需要经验丰富的老银匠来制作；第三，依照提前制作好的纹样图案焊接到银手镯上。当然整个流程都要求焊接牢固，由于银丝盘填焊接多次，所以牢固度、光洁度会差于实镶制品。但是花丝镶嵌相对用料少，大大节约了银的用量。德昂族银手镯以圆形花丝为主要元素，体现出了该民族温润亲和的审美取向。

德昂族银镯从工艺与纹样来说，都体现出了该民族对银饰品的喜爱。其精湛的制作工艺也为后人提供了宝贵的设计经验。如今在德昂族地区纯手工制作的花丝工艺银手镯且渐稀少，笔者调研期间，仅有几位老人还掌握着祖传的花丝手镯技艺，濒临失传的传统制银工艺与德昂族自古尚银的民族观念形成了鲜明的对比。通过对德昂族银饰品的综合研究，以及对该民族的民俗文化与历史深入考察，及时记录、保存这一独具特色的民族工艺，已刻不容缓。

图片来源

图一至图十 樊振杰 制图

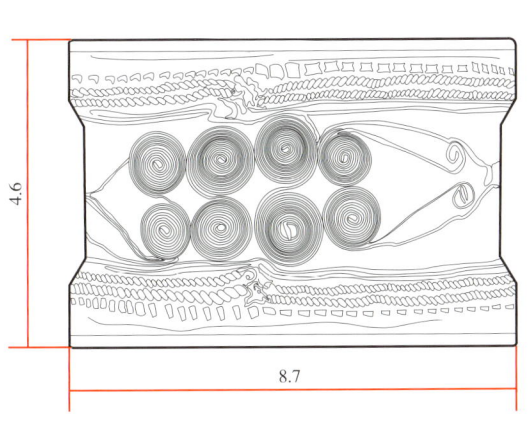
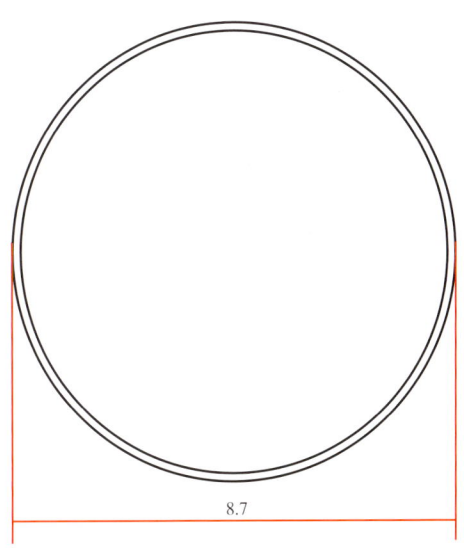

图二 德昂族银手镯尺寸图（单位：cm）

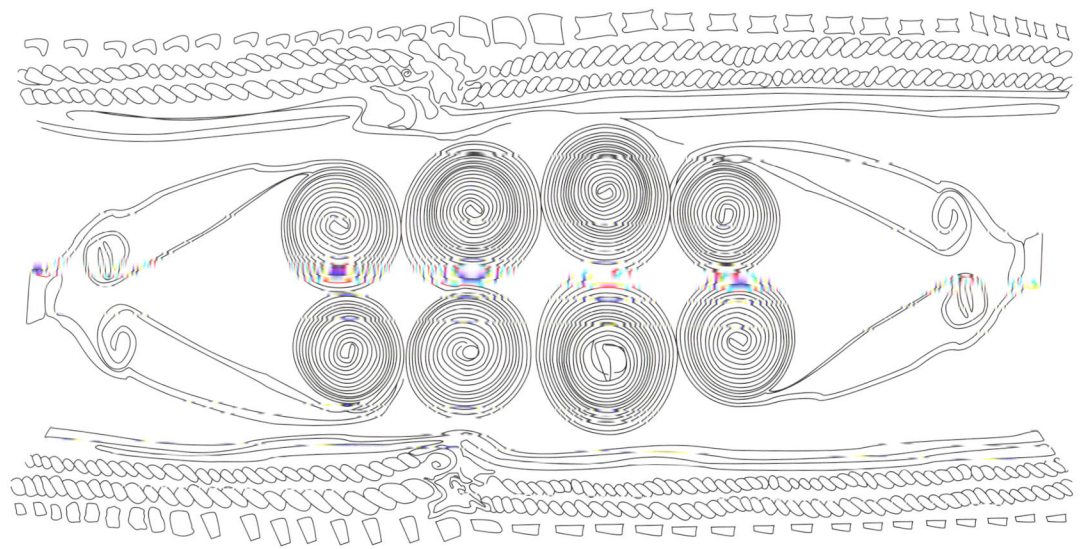

图三 德昂族银手镯纹样展开图

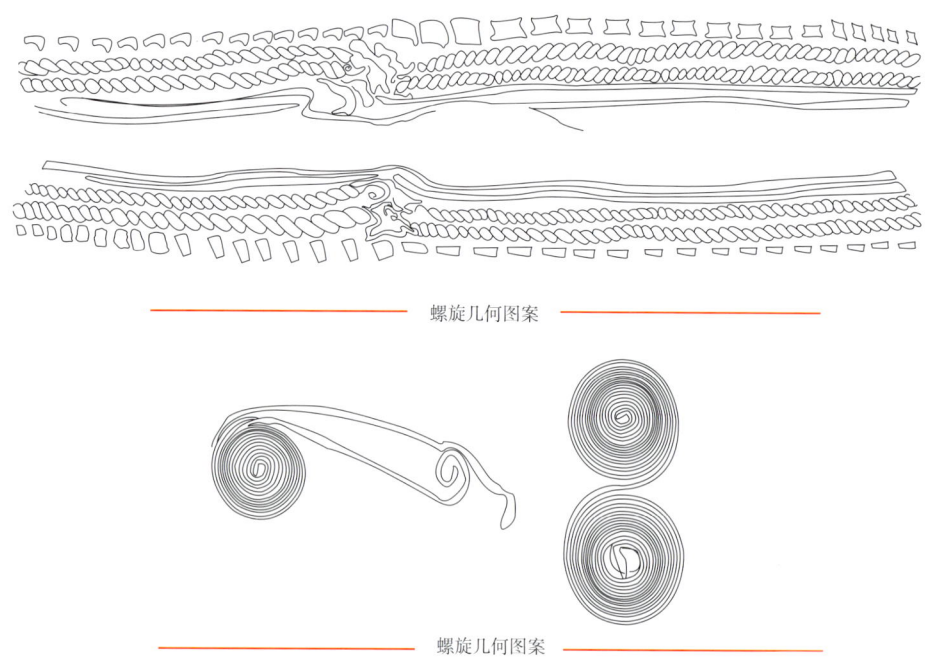

———— 螺旋几何图案 ————

———— 螺旋几何图案 ————

图四　德昂族银手镯单元纹样分析图

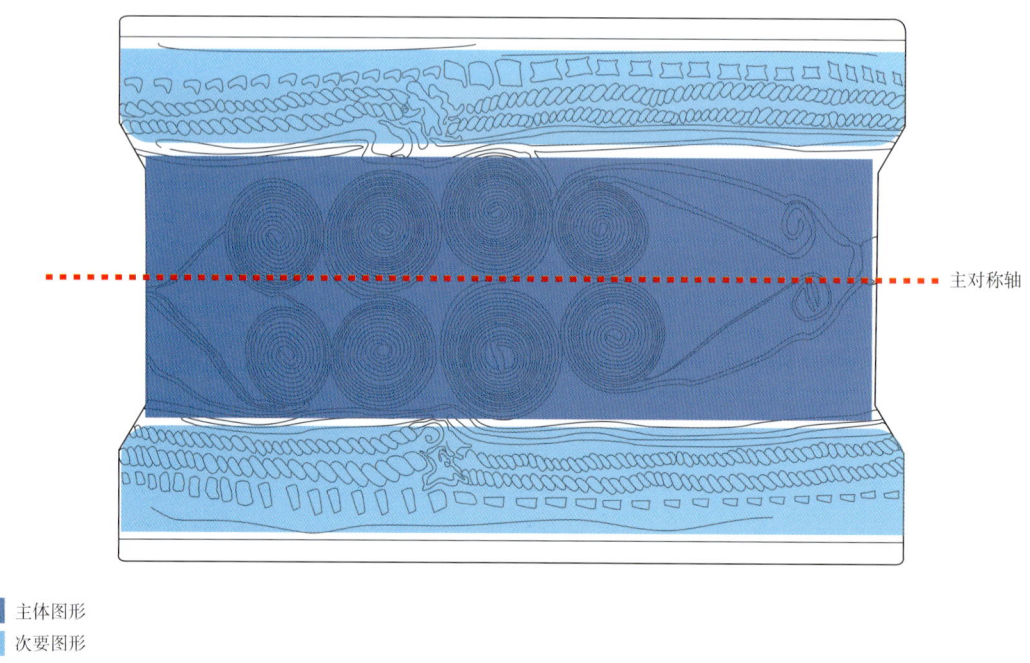

主对称轴

主体图形
次要图形

图五　德昂族银手镯构图分析图

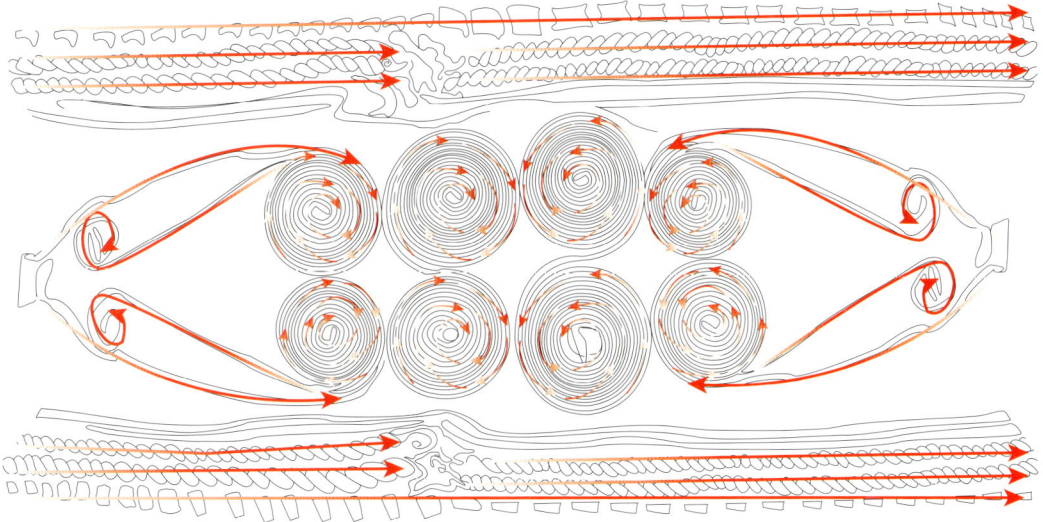

图六　德昂族银手镯纹样动态分析图

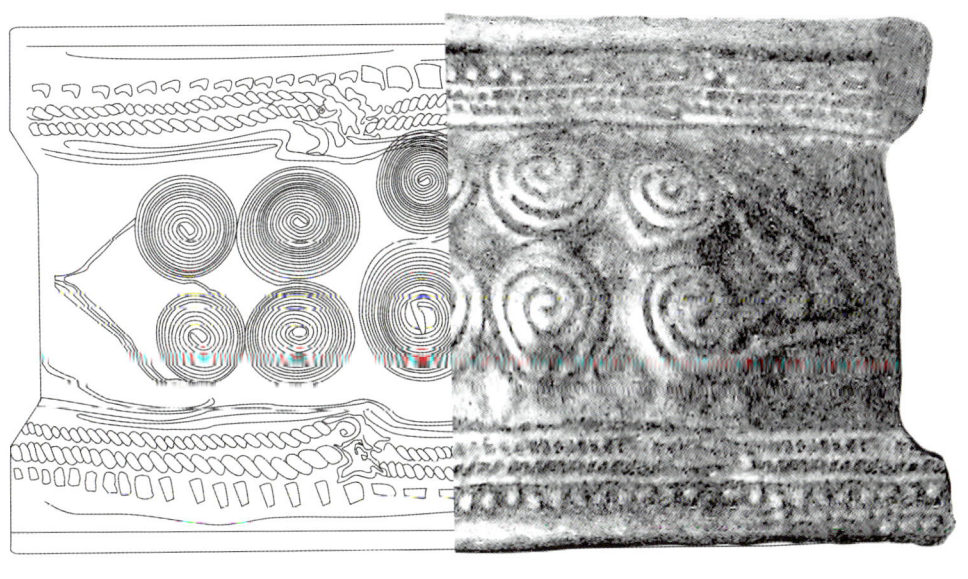

图七　德昂族银手镯实物对比图

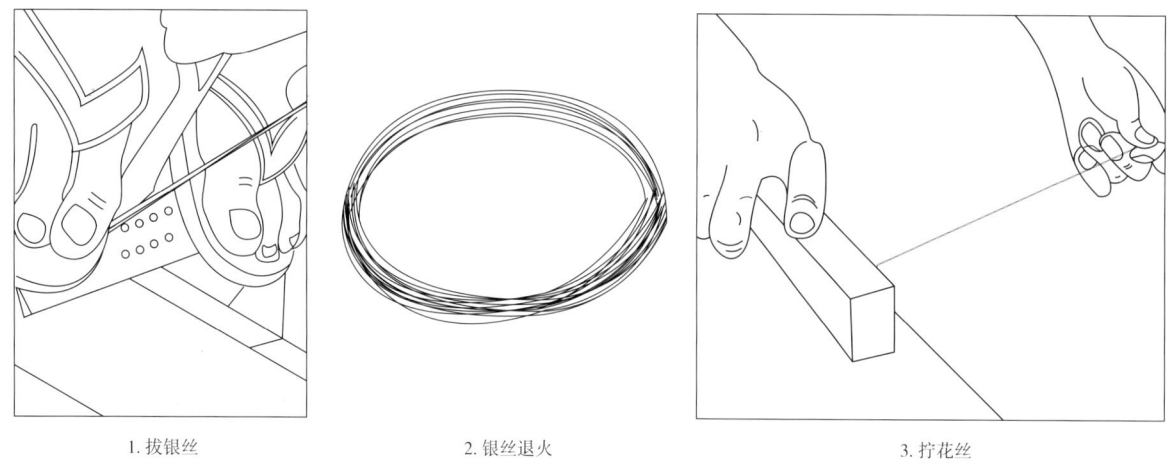

1. 拔银丝　　　　　　　2. 银丝退火　　　　　　　3. 拧花丝

图八　德昂族银手镯花丝工艺示意图

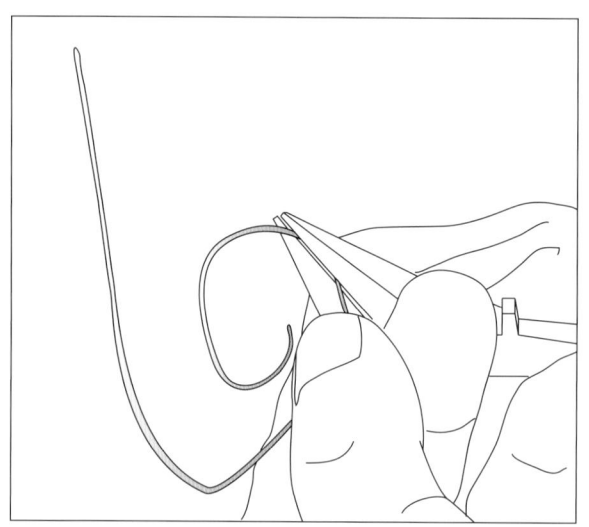

图九　德昂族银手镯蟠银丝工艺示意图

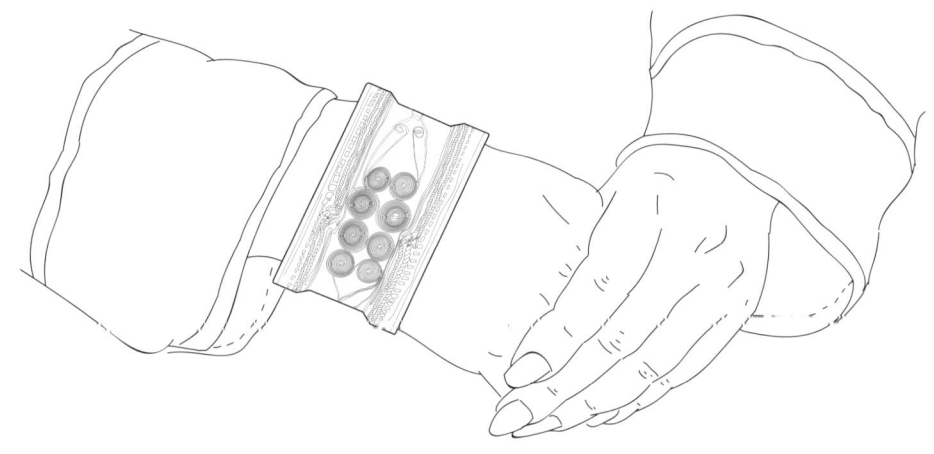

图十　德昂族银手镯佩戴示意图

德昂族银臂钏

图一　德昂族银臂钏主图

臂钏，是佩戴在女性上臂的环形手饰。从隋唐到宋朝，妇女用镯子装饰手臂就已经非常普遍，而银臂钏也颇受云南少数民族的喜爱。德昂族银质饰品种类丰富，其中以银臂钏为主要代表。本案例选自云南省德宏州芒市三台山德昂族乡德昂族博物馆。银臂钏通高 10 厘米，底径 7 厘米，是德昂族妇女佩戴的传统民族银饰品，通常与银镯组合佩戴。它的器形宽厚，整体成圆筒状，两端卷丝为边，臂钏表面采用掐丝工艺焊接而成。各种银佩饰均是由德昂族民间银匠手工打制而成，款式多样，工艺复杂，造型精巧细致。

德昂族妇女佩戴镯子非常普遍，从银镯头的造型划分，可分为"扁面开口式""圈套扁面封口式""侈口单层式""扁型扭丝式"等式样。本案例为侈口单层式银质长镯头，是德昂族女性在重要节日盛装时必戴首饰之一。其外形呈圆筒状，两端外翻呈喇叭状，两头粗，中间细，表面焊接上用银丝制成几何纹、花卉、植物等图案，其中镶有银珠。它形制规整，花纹托起高凸银珠，周围被银丝变成的团花式花纹围绕，呈对称分布，单元纹样之间重复连续，整体层次均匀，主次分明，展现出轻快明朗的视觉效果，凸显出德昂族银饰纤细、典雅和秀巧的特点。德昂族银匠制作银佩饰的加工程序复杂，银臂钏制作主要包括三个工序：一是板件工序，把银子化成银条，然后碾压成片，再按需要分割成块，逐块焊接成各种式样；二是拉丝工序，把化出的银子碾压成圆条，在不同直径的丝母上拉出各种粗细的银丝，再将银丝构成集中或分散的图案纹样，并焊接在镯子表

第六章　德昂族传统手工艺

面；三是炸珠工艺，制作银珠装饰，要事先准备若干个相同尺寸的小碎片，放在砧板或木板上，然后用猛火喷射，将银片熔化成银珠，待冷却后，焊接到之前用银丝制成的纹样中，使之形成整体纹样。臂钏适合身材较丰满、上臂滚圆修长的女性佩戴。尤其是在夏秋两季，德昂族妇女在手臂上佩戴银臂钏，能够充分表现女性上臂丰满浑圆的特点，增添女性的妩媚。

德昂族的银佩饰用纯银制成，加工技艺精湛，式样美观，风格独特。它不仅成为德昂族喜爱的饰品，也是青年男女表达爱意的定情信物，还是女子出嫁时必不可少的陪嫁物品，可见银臂钏已经被德昂族人民赋予了诸多美好的含义，是德昂族对未来美好生活憧憬向往的重要载体。银饰设计作为德昂族的民族工艺品，反映了该民族丰富的文化底蕴，对其工艺的研究有助于促进民族间手工艺的交流，给现代银饰设计提供有价值的研究素材。

图片来源

图一　邵盼盼　摄影
图二至图六、图九　赵思颖　制图
图七至图八　谢斯彦　制图

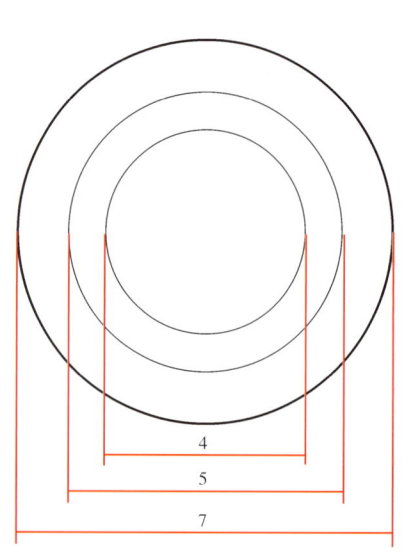

图二　德昂族银臂钏尺寸图（单位：cm）

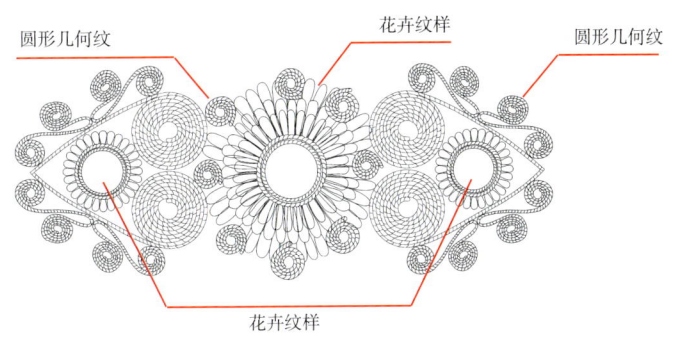

图三 德昂族银臂钏纹样展开分析图

图四 德昂族银臂钏单元纹样分析图

223

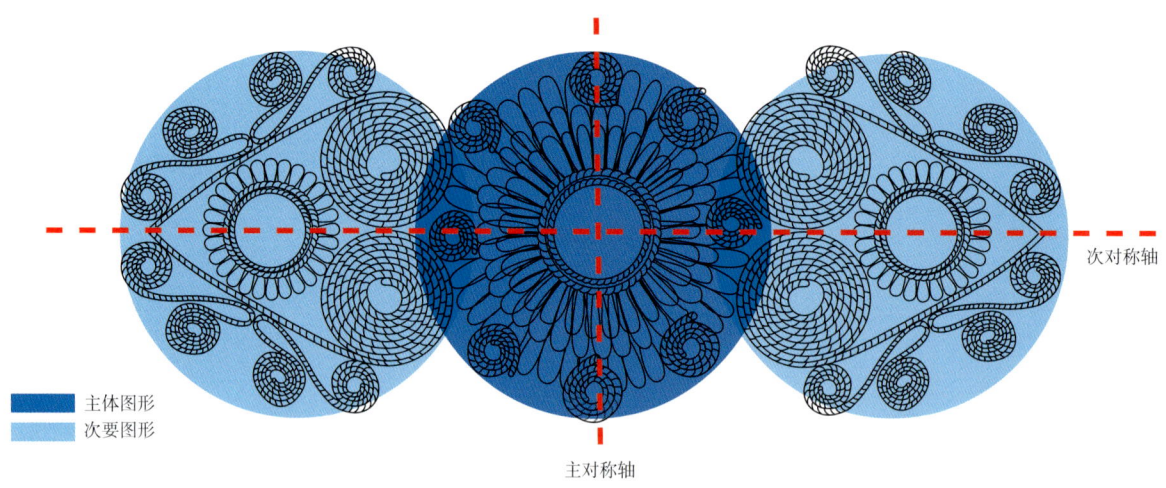

图五 德昂族银臂钏纹样构图分析图

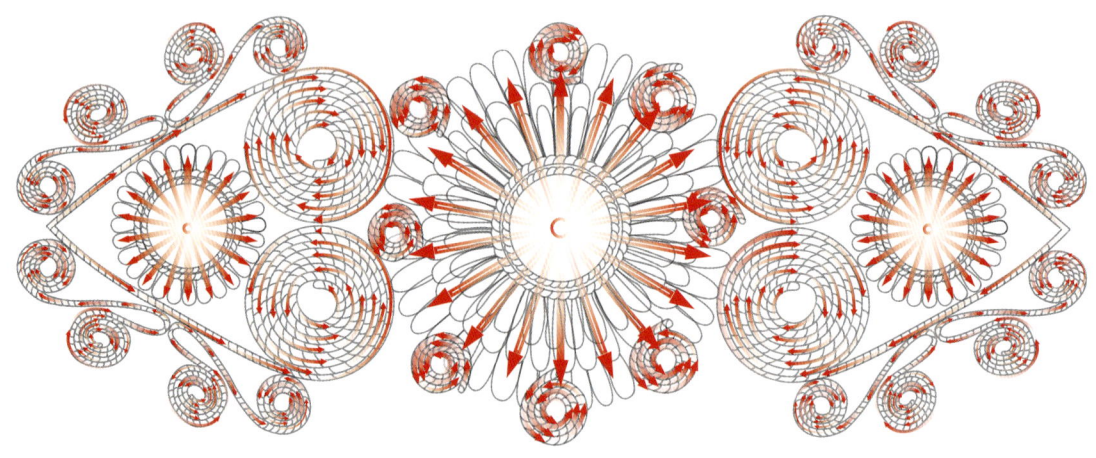

图六 德昂族银臂钏纹样动态分析图

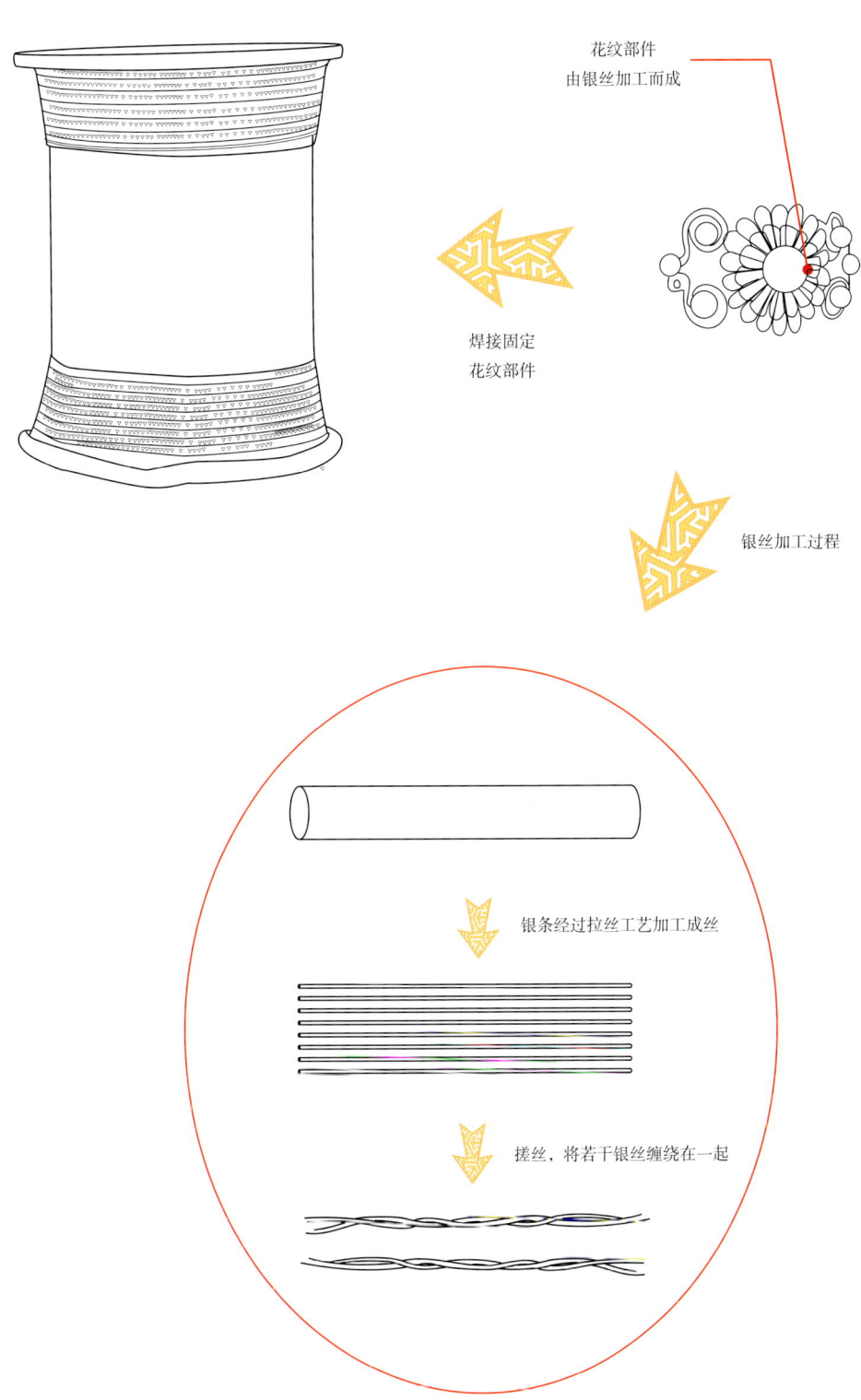

图七　德昂族银臂钏传统手工艺原料加工图

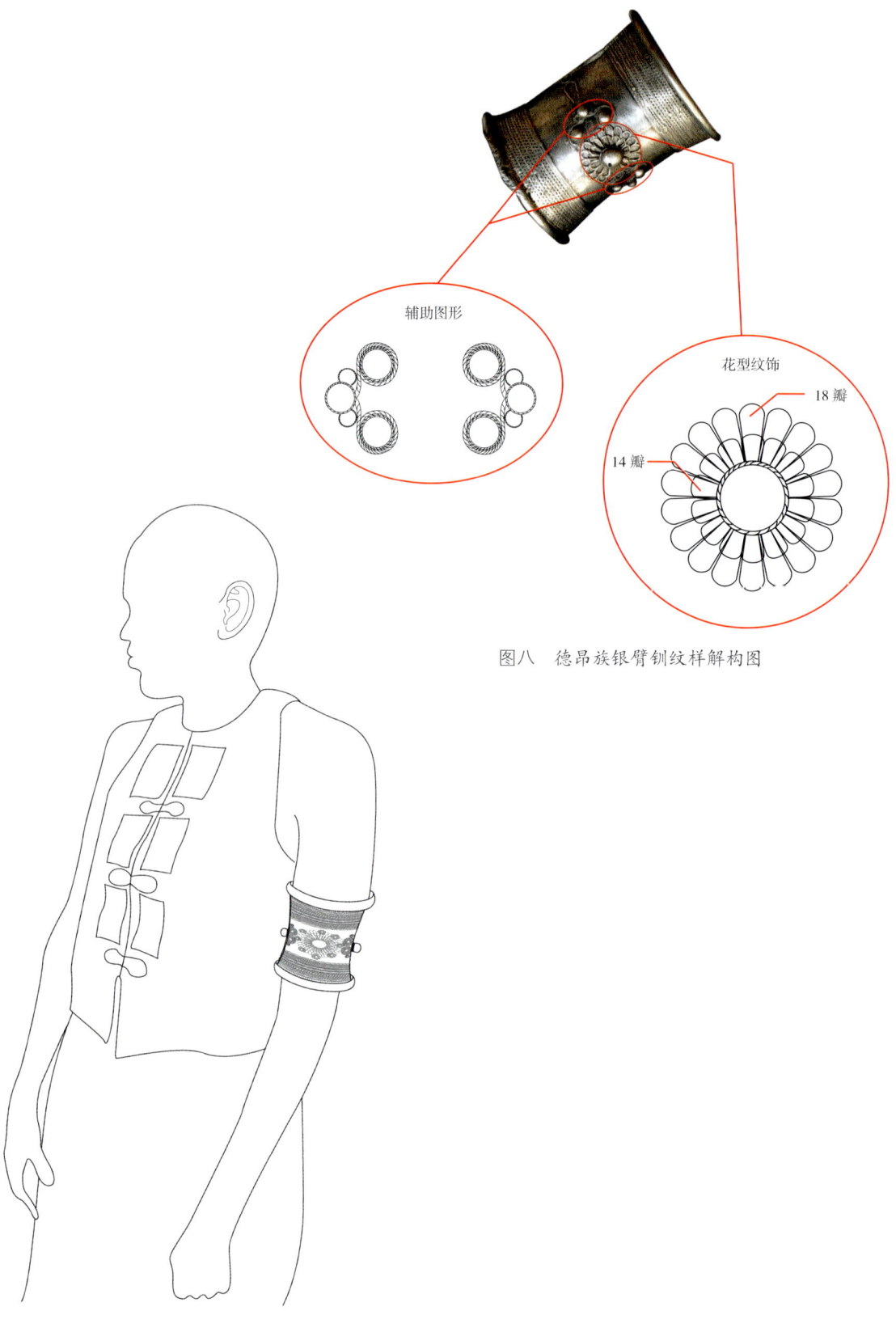

图八 德昂族银臂钏纹样解构图

图九 德昂族银臂钏佩戴示意图

德昂族银耳珰

图一　德昂族银耳珰主图

银耳珰，又称银耳柱、银耳筒，是一种直接塞入耳洞的饰品，主要流行于贵州、云南、广西等西南少数民族地区。本案例选自云南省德宏州芒市三台山德昂族乡出冬瓜村，是德昂族银饰品中典型的手工艺品。耳珰长8.3厘米，珰头直径3厘米，珰柱截面直径1.9厘米。云南是少数民族聚居的地区，不同民族之间的交流融合，对金银饰品的发展起到了重要的促进作用。德昂族作为该地区少数民族之一，其银饰的发展及种类也独具特色。德昂族的各类银饰品，其纹样题材丰富，呈现在银饰上造型舒展，结构大方朴素，视觉效果强烈。云南德昂族妇女佩戴的耳珰呈柱形，有的还以竹管为胎，外部通体包银。在耳珰的发展过程中，相继出现过伞形、鼓形、花形、柱形、丁字形等不同造型、多种质地的耳珰。它的制作工艺也是繁简不一，有的精雕细刻，镶金镀银，镂花嵌珠；有的则简略许多。

本案例为德昂族银耳珰，戴于耳垂，耳珰为圆柱状，器形简约大方，视觉效果厚重饱满；类似银柱状的耳饰在德昂族较为普遍，但由于耳珰造型和纹样的不同，佩戴的人群也不一样。根据个人审美情趣，耳珰也随着佩戴者年龄的增长而变化，其粗细、长短、形制、纹样也有所区别。从耳珰的形制上来看，可分为两部分，一部分是珰柱，另一部分是呈伞顶状造型的珰头。伞顶形制是用花丝工艺做装饰，其纹样疏密有秩，排列有序，似有层层递进关系，圆形花丝纹样依次焊接，作为表层的主要装饰；从使用功能角度来看，戴于耳部不宜蹭到，更适合德昂族妇女劳作时佩戴，圆形符号也体现出其圆润温和、内敛谦逊的性格和生活态度。该银耳珰的制作工艺较为复杂。首先，要制作耳珰的主体造型，将银皮焊接成柱状，再将拧好的银丝分别焊接于耳珰末端表面或堆积至伞顶一端，在这个过程中，拧银丝和盘银丝都是提前做好的工序，至关重要的是在焊接过程中将银丝制作的纹样焊接牢固。花丝镶嵌工艺作为一种传统手工艺，其加工特点可以用"精细"二字概括，这也正好符合了德昂族严谨、认真的做工态度。最后，再对耳珰进行鎏金、抛光。尽管该耳饰没有华丽的珠宝点缀，但体现出了一种拙朴之美。在重大节日或婚嫁之时，德昂族女性也会搭配红色绒球一起佩戴。

本案例无论从造型还是纹饰来看，都有着浓郁的少数民族特色。可以说这也是德昂族人一种鲜明的民族符号。耳珰伞顶状造型装饰在笔者看来跟德昂族的信仰有关，其形制与德昂族佛教建筑中的佛塔顶部造型类似。这件饰品是兼顾了个人审美意趣与民族审美精神的一种表达载体。自古以来，德昂族人民就有信佛的传统，佛塔造型在耳珰中出现，可能是小乘佛教的具体体现，将此类金银饰品佩戴身上，有寻求神灵保佑庇护、祈求平安的作用。

图片来源

图一、图十一　董岳　摄影
图二至图十　樊振杰　制图

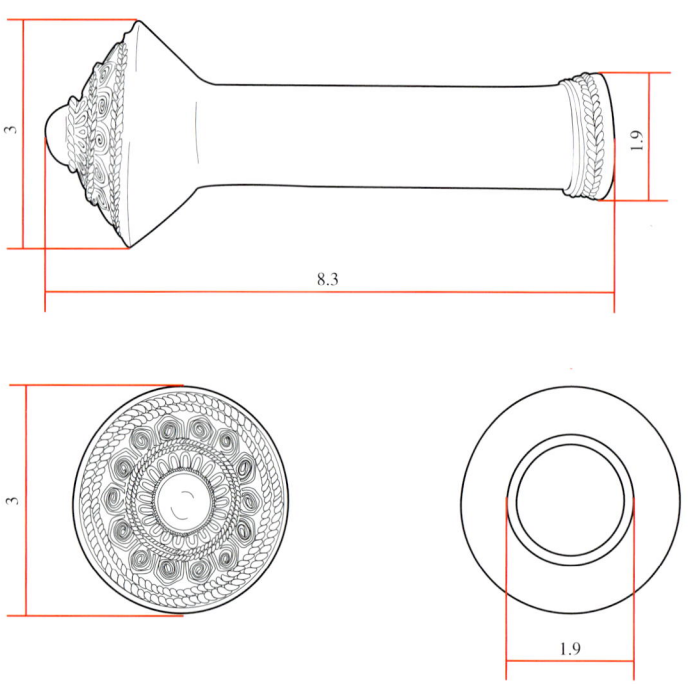

图二　德昂族银耳珰三视图（单位：cm）

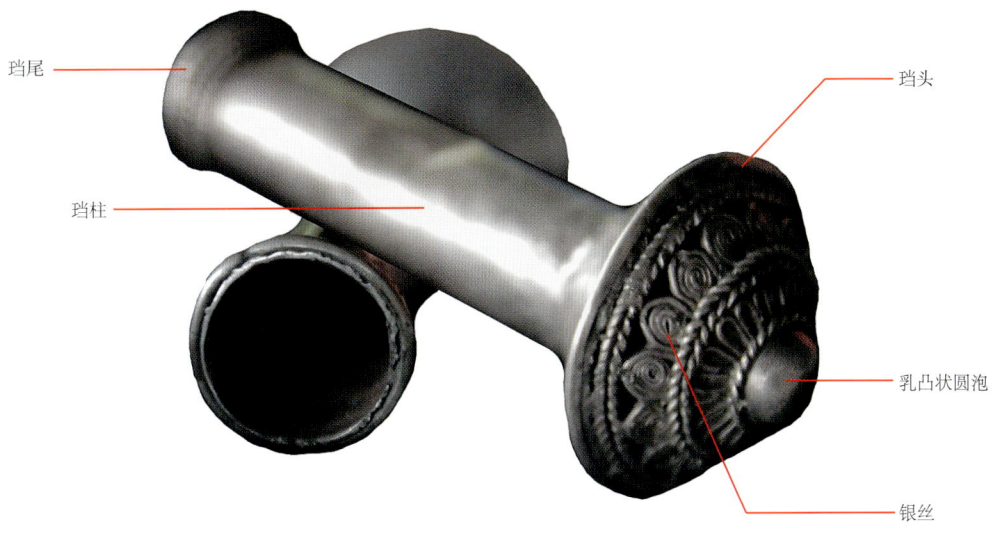

图三 德昂族银耳珰结构名称图

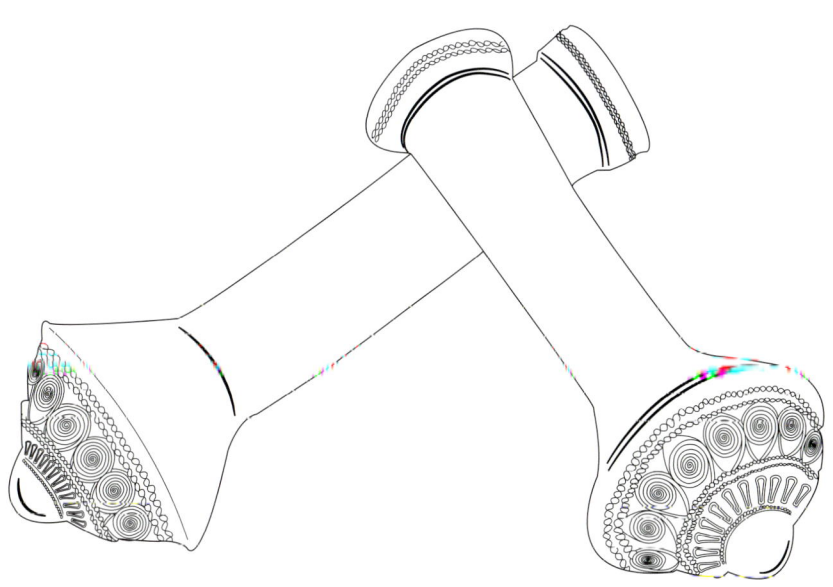

图四 德昂族银耳珰线描图

———— 花卉纹样 ————

———— 圆形几何纹样 ————

图五　德昂族银耳珰单元纹样分析图

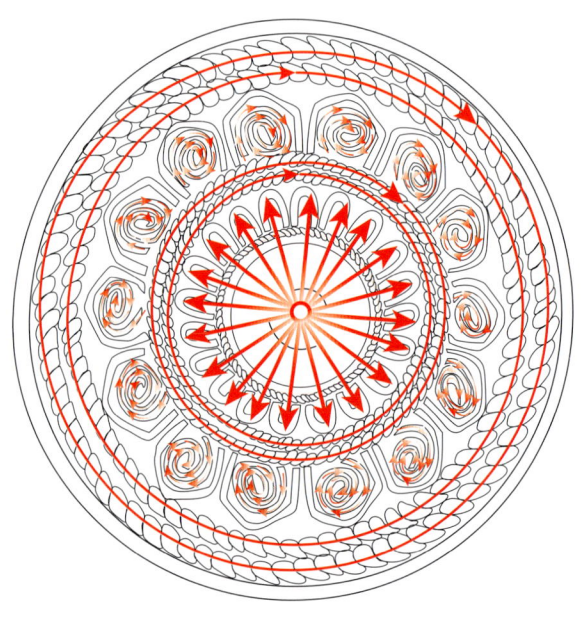

图六　德昂族银耳珰纹样动态分析图

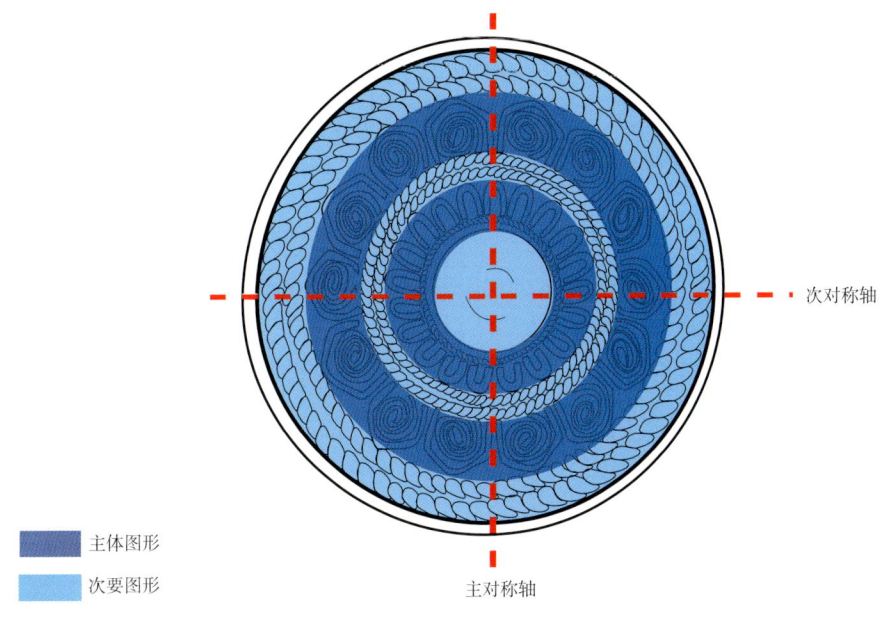

■ 主体图形
■ 次要图形

次对称轴

主对称轴

图七　德昂族银耳珰构图分析图

图八　德昂族银耳珰实物对比图

第六章　德昂族传统手工艺

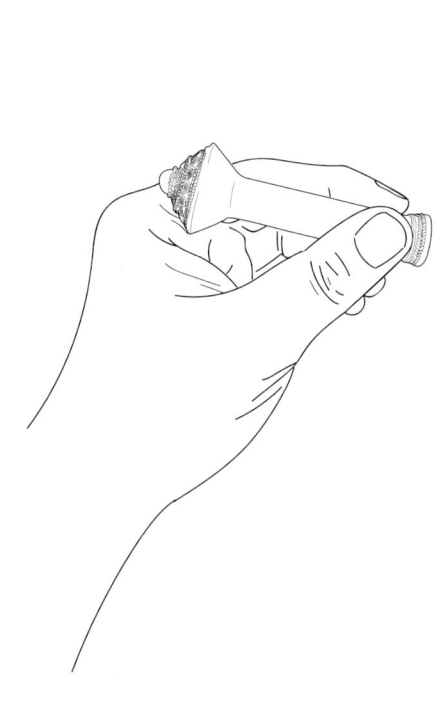
图九　德昂族银耳珰操持图

图十　德昂族银耳珰佩戴图

图十一　德昂族缀绒红球银耳珰

德昂族竹篮

图一 德昂族竹篮主图

竹编篮，是德昂族用来盛放生活杂物的日用器具。本案例选自云南省德宏州芒市三台山德昂族乡出冬瓜村。竹篮通高32厘米，篮口直径为35厘米，由竹篾编制而成，轻巧方便，普遍用于德昂族的家庭之中。选用竹篾编织器具，是在少数民族聚居地的理想选择，竹材易得，且易于加工，所以备受德昂族的喜爱。

竹篮器形上宽下窄，底部有四枚摆脚，呈倒三角形，这样设计可以避免篮底与地面直接接触，利于篮子里所盛物件的洁净，也增加了空气的流通性。摆脚上部的篮身外有一圈空隙较大的洞孔，也具有相同的作用。竹篮编好后，村民为了增加竹篮的装饰性，又在篮身表层涂饰涂料和绘制图案，其色彩主要有黑、红、白三色。篮子的主要结构及把手处涂上了黑色和红色，呈对称性，篮口、篮身中下部，用红色线条做修饰，将篮身大致分成了三部分。篮口下端绘有十六朵山茶花图案，造型简单朴拙，色彩黑白红相间搭配使用，对比强烈。山茶花又名曼陀罗，是佛教里的吉祥花，四季常青，叶片翠绿光亮，冬青之际开红、粉、白花，花朵宛如牡丹，艳丽娇媚，给人们带来无限生机和希望，是

第六章 德昂族传统手工艺

233

吉祥、长寿和繁殖的象征。德昂族人民普遍信仰南传上座部佛教，由此可见德昂族将对生活美好的愿景编织在了日常生活用具中。此竹篮在使用时，一般由德昂族女性持拎携带，篮子的把手处用细竹条包裹，在一定程度上减小了摩擦，也保护了手指被篮中物品重力的挤压。利用竹质材料编织的篮子有防开裂、防虫蛀、防霉变和柔韧性好等特征。德昂族对竹子选取后要经过开片、浸泡、刮平、起薄等工艺流程，才可加工成轻薄的竹篾件。竹篮的篮身采用压一挑一的密编，经线选用长宽形竹片，塑造起稳定的竹篮基础框架，纬线选用细长的竹篾穿插，排列紧密。竹篮整体造型精致淳朴，花卉纹样色彩典雅，充分体现了德昂族女性灵巧精致的手工技艺。

竹编篮在德昂族村寨使用普遍，每家的竹编篮子形态、图案、色彩应用各异，又具有一定的标识性。竹篮器取材自然，体现了人与自然和谐相处的关系。独具民族特色和传统手工艺的竹编器具也是德昂族人民因地制宜、就地取材、匠心独运的创造力和民艺性的体现。

图片来源
图一　何卓嫔　摄影
图二　赵思颖　制图
图三至图七　樊振杰　制图
图八　云南少数民族图库编委会.云南少数民族图库——阿昌族·德昂族.昆明：云南美术出版社，2002.64.

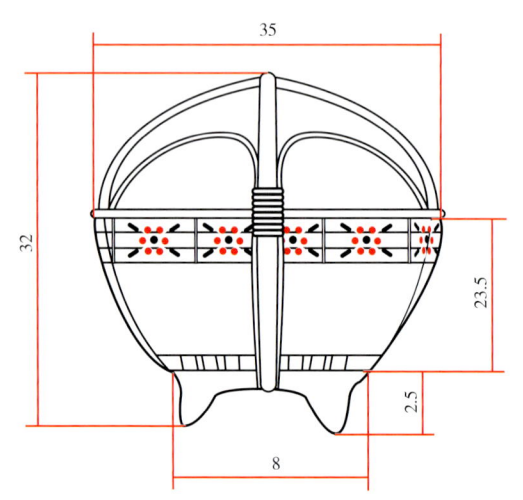
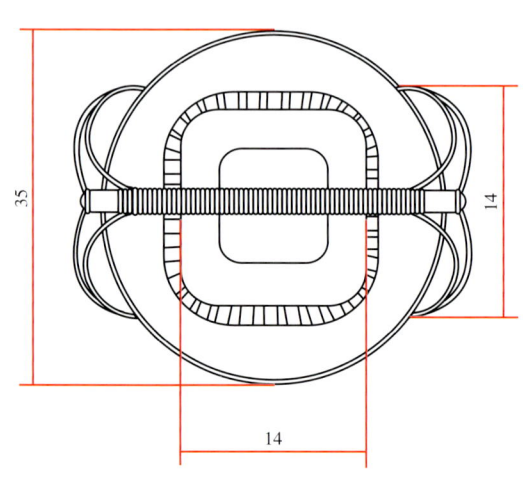

图二　德昂族竹篮尺寸图（单位：cm）

图三 德昂族竹篮结构名称图

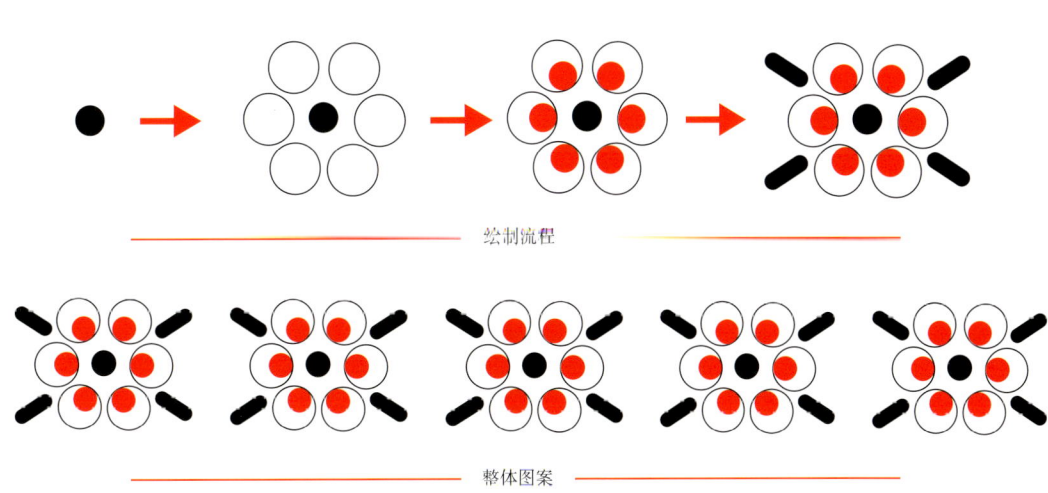

图四 德昂族竹篮纹样分析图

图五 德昂族竹篮色彩分析图

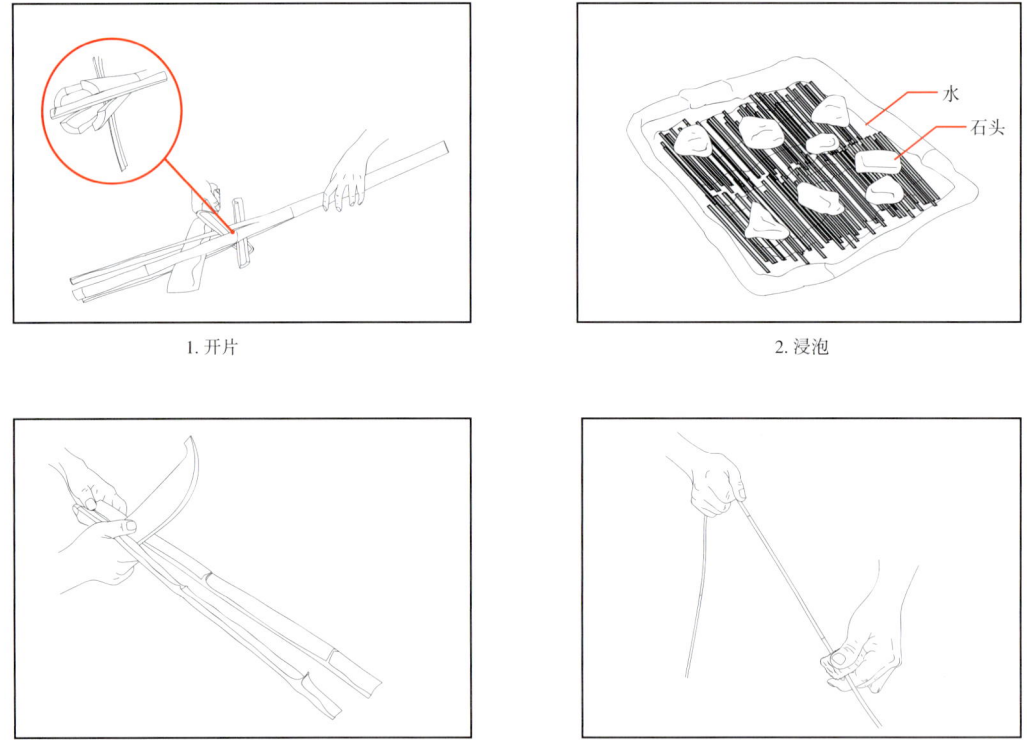

图六 德昂族竹篮制作工艺图

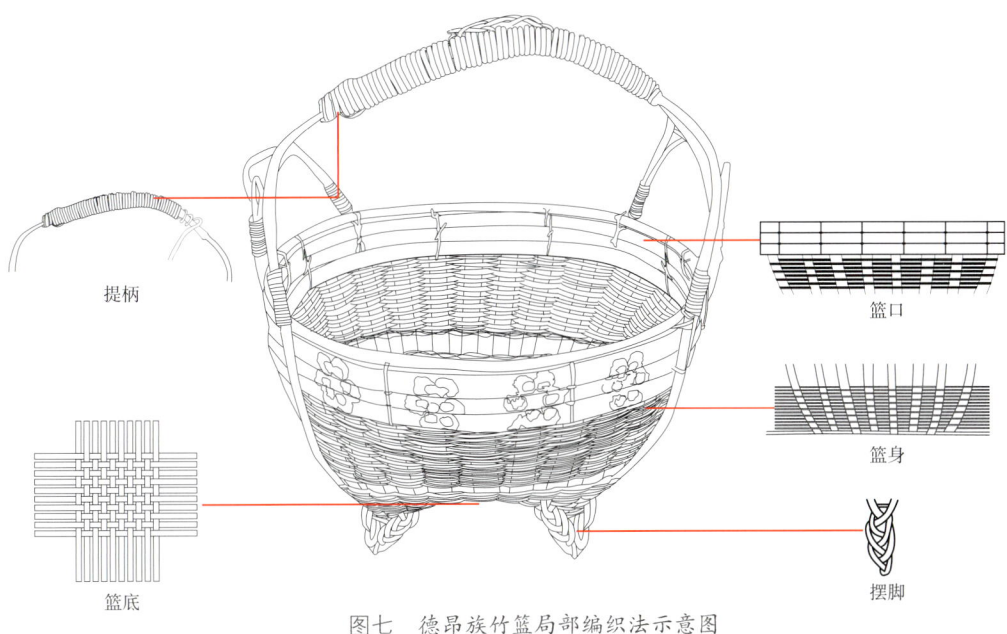

图七 德昂族竹篮局部编织法示意图

图八 其他形制的德昂族竹篮

第七章 德昂族传统民俗和宗教造像

德昂族浇花节

图一 德昂族浇花节主图

"浇花节"又称"采花节""泼水节",德昂语称为"散根",是德昂族的传统节日,于每年清明节后第7天(傣历6月15日)举行,历时三天。浇花节是为纪念佛陀的诞生、成道与涅槃,节日期间需要举行浴佛仪式,因此又称为"浴佛节"。

德昂族浇花节的基本内容包括采花仪式、浇花仪式、取水仪式以及浇水仪式。浇花节正式开始的前一日称为采花节,需要举行采花仪式。当天德昂族群众换上盛装,背上精致的花篮,由青年人敲象脚鼓、锥锣在前引路,成群结队地去山中采摘丁香花。待鲜花装满花篮后,恋爱中的男女们对歌舞蹈,互赠鲜花,其余的人们集体对歌,伴随着象脚鼓声跳花篮舞、水鼓舞和象脚鼓舞。待到傍晚,人们返回村中,将采撷来的鲜花插满小佛房敬神,其余的鲜花互相赠送,以表祝福。浇花节首日(傣历6月15日)也是傣历元旦,因此德昂族也将浇花节当作新年来庆贺。当天德昂族群众穿上节日盛装,背着从井里取来的清水,带上食物与鲜花前往奘房。浇花节仪式由"安长"(还俗佛爷)或族中长老主持并致祝词，祝祷之后，男青年敲象脚鼓，女青年跳起"堆沙舞"，其他人手捧竹水桶举过头顶，依次向水槽中倒水，水经龙槽流进奘房内，由旋转花筒喷出，清水洒在四周的佛像上，清水沐浴佛像，预祝来年风调雨顺，随后人们将带来的食物放入贡盘中供奉于佛像前，众人齐声念诵祭词。浇花仪式结束后，人们在象脚鼓队的带领下进行取水仪式。取水仪式一共举行三天，取水程序严格按照约定俗称的规矩进行，第一

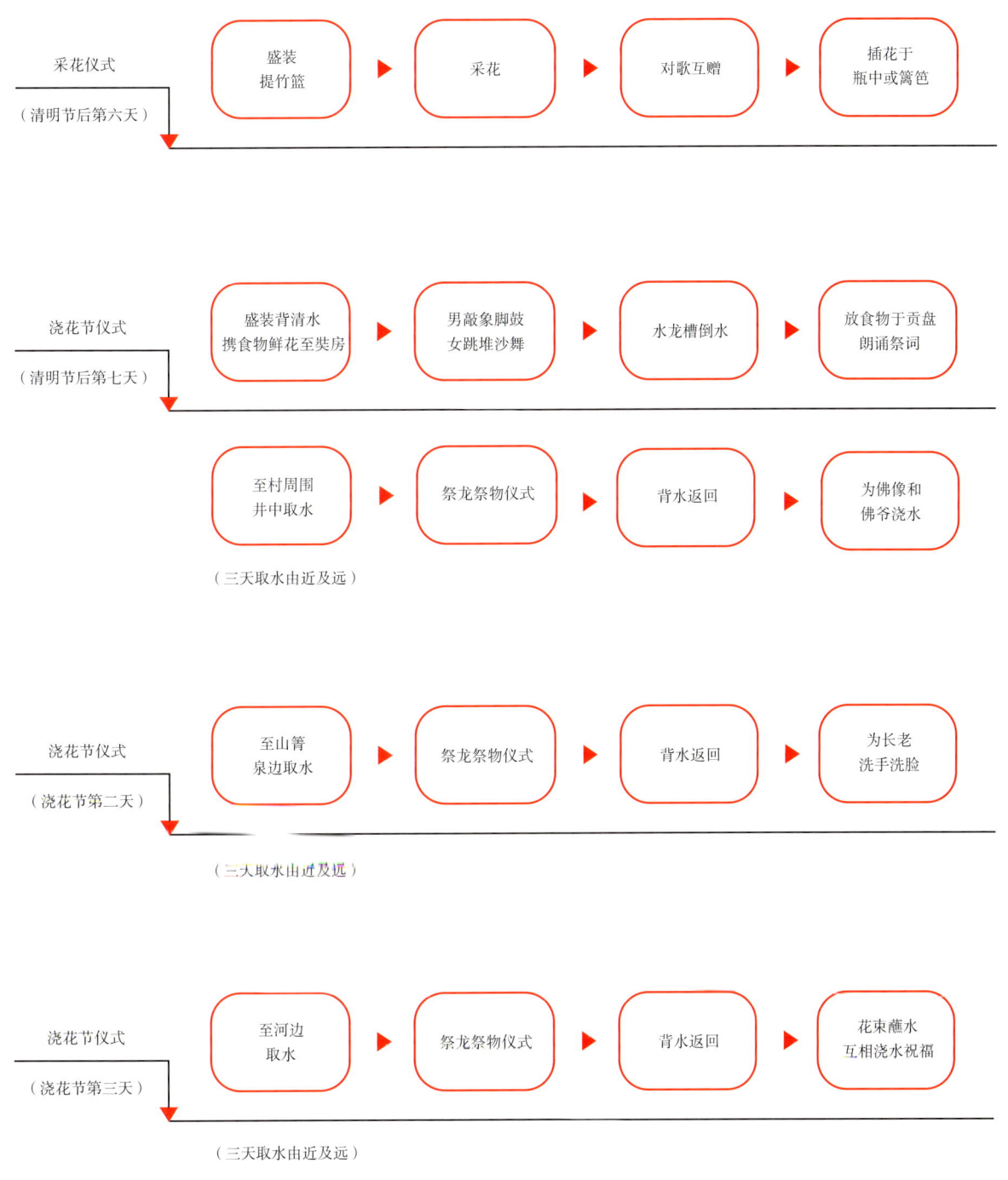

图二　德昂族浇花节平面行序分析图

天在村寨周围的水井取水，第二天前往山箐泉边取水，第三天前往河边取水，先近后远的取水原则寓意水源要靠自己探寻开发，不能只是等待自然的恩赐。每日取水之前，先由安长或族中长老主持祭龙、祭物仪式。人们将盛满鲜花、芭蕉、甘蔗和小幡旗的贡盘置于水源边，点燃香烛，再由主持在白纸上画龙，后将纸放于水面上，此时主持祝祷念经，祈求龙王庇佑，来年雨水丰沛滋润万物，远离旱灾。祭龙仪式完毕后，众人方可取水返回。浇花节的浇水仪式也有一套严格的规定：第一天只可先淋浴佛像，后用竹水筒将水滴在佛爷、和尚的手心上，不可将水浇到他们身上，群众也不可互相泼水取乐；第二天由青年人前往族中长老家中，用竹水筒将水滴在他们的手心上，请他们洗手洗脸，祝福长老健康长寿；第三天人们用鲜花蘸水，互相泼洒祝福。

德昂族浇花节于 2008 年 4 月被列入国家非物质遗产保护名录，浇花节作为德昂族最具代表性的民族节日之一，充分体现了德昂族独特的宗教文化与民俗文化。节日内容涉及宗教礼仪、民族歌舞、民间工艺、民族饮食等诸多方面，是弘扬德昂族文化的重要活动。

图片来源
图一、图四、图十二　卞华磊　制图
图二至图三　孙寒　制图
图五、图八　赵思颖　摄影
图六　王冠力　制图
图七、图九至图十一、图十三　赵晨序　制图

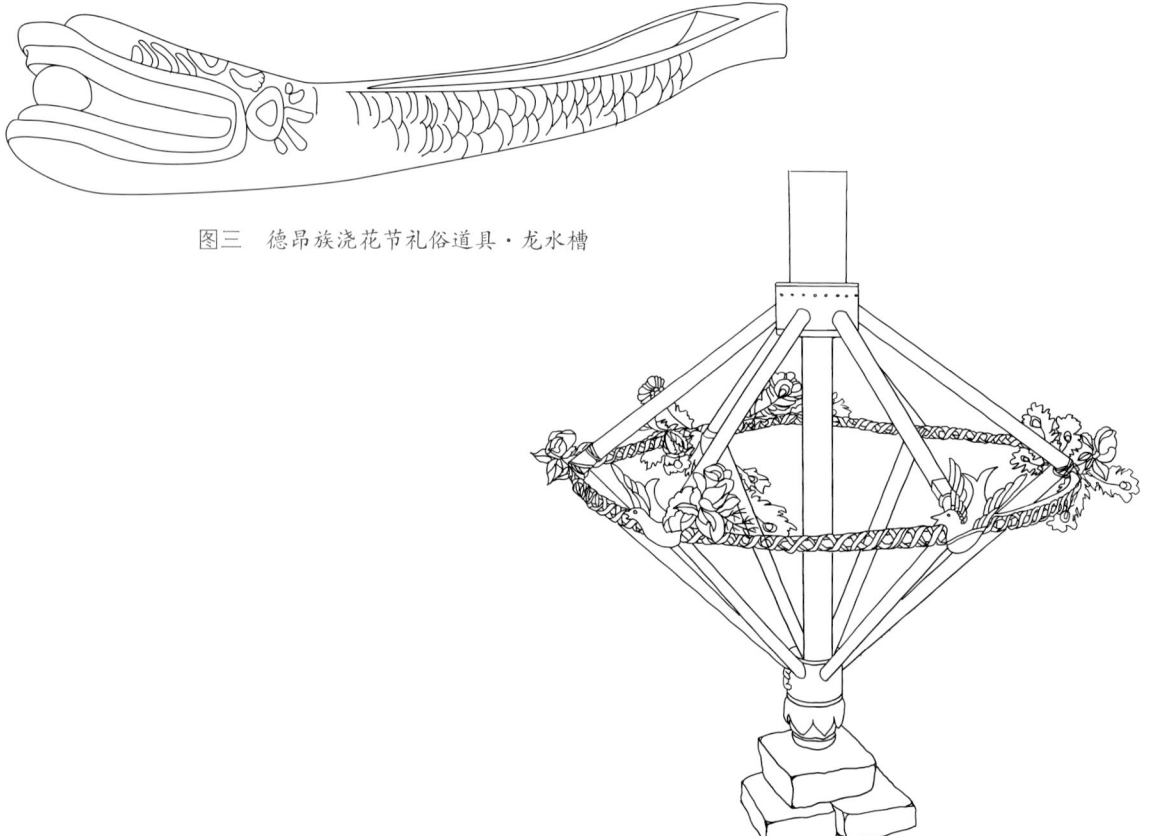

图三　德昂族浇花节礼俗道具·龙水槽

图四　德昂族浇花节礼俗道具·旋转花筒

图五 德昂族浇花节礼俗道具·佛像

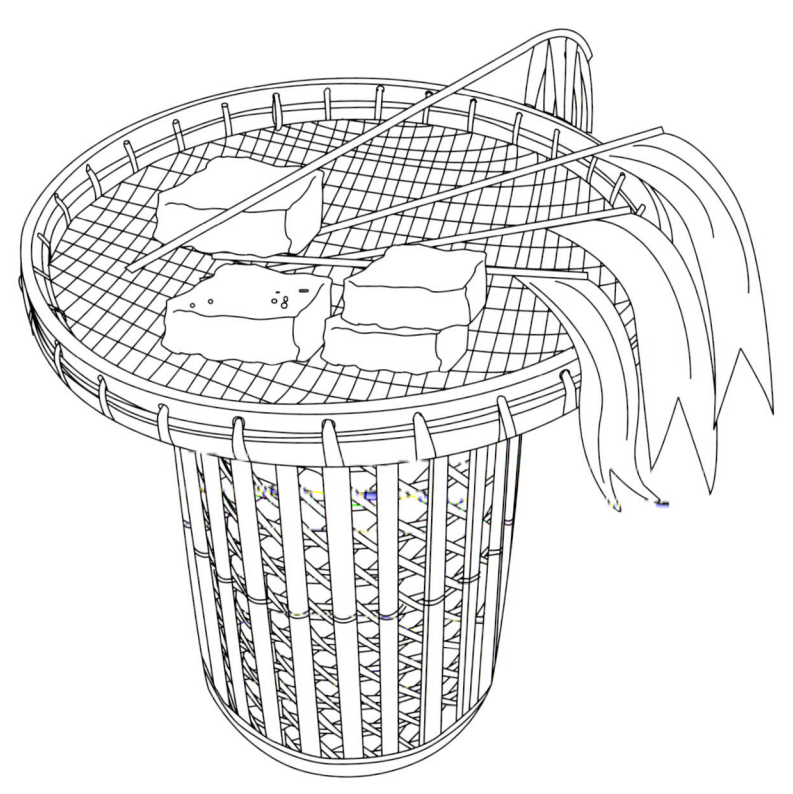

图六 德昂族浇花节礼俗用器·篾贡盘

第七章 德昂族传统民俗和宗教造像

图七 德昂族浇花节礼俗用器·取水用具

图八 德昂族浇花节礼俗用器·花瓶

图九 德昂族浇花节场景图·取水

图十　德昂族浇花节场景图·奏乐跳舞

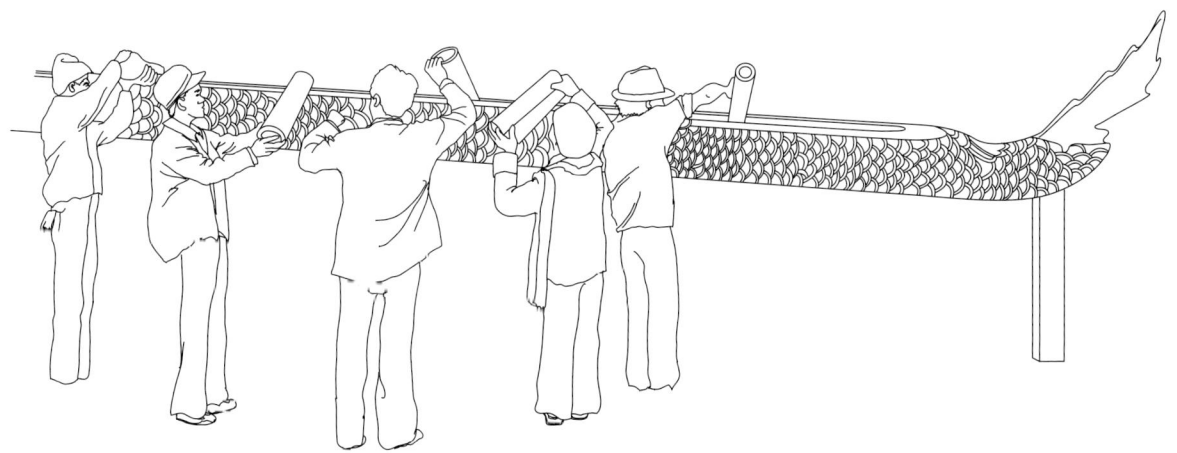

图十一　德昂族浇花节场景图·村民倒水

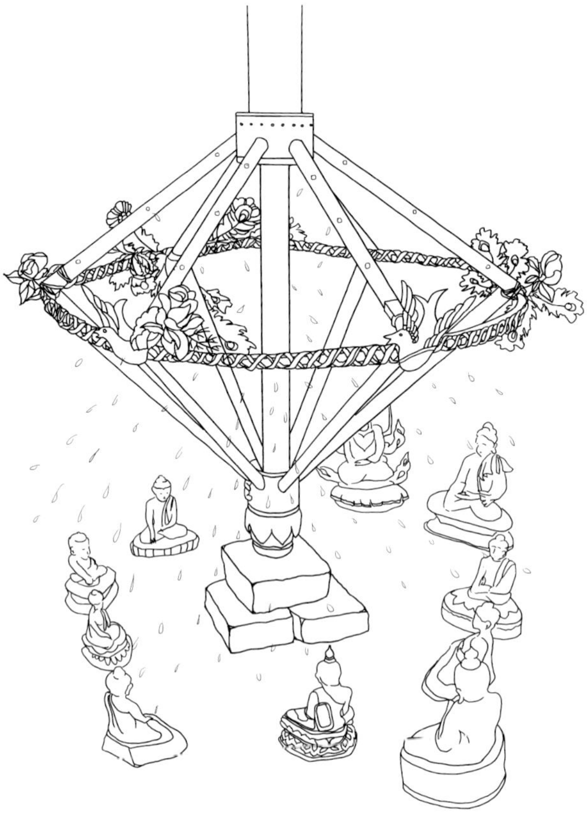

图十二　德昂族浇花节场景图·洒水浴佛

图十三　德昂族浇花节场景图·佛爷祈福

德昂族烧白柴节

图一 德昂族烧白柴节主图

烧白柴节又称为"咩崩节",是德昂族重要的宗教节日,于每年农历腊月十四,即傣历三月十四日举行。白柴,是村民们将砍伐的木材晒干剥皮而制成的白杆。在举行烧白柴仪式的当天,村民们在村外广场或大青树旁将白柴垒成形状各异的宝塔,常有六方体、八方体、圆锥体等,通常塔高5到6米,塔座宽2米,选用材料一般为印楝树、盐霜树及其他白色木材。搭建宝塔时,先用竹子制成塔芯与塔骨,再用白柴堆砌,随后用竹篾固定,塔内按阶填充易燃的茅草、自制的火炮或燃烧后能发出声响的植物。塔成形后扎上木头削成的白花,安放塔帽,插上彩纸旗,围上竹编围栏。

烧白柴仪式通常在晚上八九点举行,烧白柴前先由佛爷或"安长"(还俗佛爷)诵经祈祷,祷念"恩卡沙,麻亚木攀抵,尼色西拉尼,那色令奔申卡义缅,择的阿缅,不样滴衣跃,尼色札缅,那色令麻扎,色当亚,卡擦缅……"等语[1],意为"天气严寒了,要烧白柴,给佛祖温暖",一番祭拜之后,再由"安长"或族中德高望重的老人用一根长杆火把将宝塔塔帽上的茅草点燃,火焰由上至下引燃整个宝塔。宝塔点燃后,火光闪烁,火星飞舞,植物燃烧劈啪作响,十分引人注目。此时德昂族的男青年们敲起象脚鼓、锥锣,人们围着白柴宝塔跳起水鼓舞和龙阳舞,场面热闹非凡。佛爷诵经完毕后,由称为"郎中"的信徒敲鱼磬送至寺院,而青年们须等白柴燃尽方能返回家中。次日,负责管理寺院的长老,要拾取一些烧过的柴炭置于土罐中,供于大殿神坛上,表示给佛祖烤火驱寒,增加暖意。有关烧白柴节的来历一直流传着两种说法:一是为佛祖驱寒,进入寒冬腊月,天气严寒,信徒们怕佛祖受冻,所以形成了以烧白柴为主的佛事活动;二是德昂族认为白柴代表着为人类献身的牛、羊、象、狮的动物之骨,烧白柴是为祭祀这四种动物的灵魂。据德昂族当地民间传说,天神和地神为了使人类更好地进行农事活动,决定创制历法,但两位神仙各持己见,争执不下,于是他们打赌,创制历法不合理的一方就要受到被对方砍下四个人头的惩罚。最终输掉赌局的天神一方四人被斩首,但被砍的人身躯还活着,这四人终日下跪哀求地神还他们人头,此事被天皇"坤斯俊"知晓,遂将牛、羊、象、狮四种动物的头割下接在四人身上。这四个兽头还活着,但它们的身躯却日渐腐烂,露出白骨,四种动物的灵魂迟迟不肯离去,天皇"斯坤俊"怜悯它们为人类生存而死,在腊月十四日将它们的骨头架起焚烧,让它们的灵魂得以升上天宫。

德昂族为祭奠牺牲的牛、羊、象、狮四种动物,制作白柴来代替它们的骨头,垒起焚烧,由此演变为烧白柴节。烧白柴节寄托着德昂族人民虔诚的佛教信仰,也表现了他们崇拜自然、敬畏生命的民族个性。

图片来源
图一至图二　孙寒　制图
图三、图五至图十　刘宁　制图
图四　王冠力　制图

参考文献
[1]云南省编辑组,中国少数民族社会历史调查资料丛刊修订编辑委员会编.德昂族社会历史调查.北京:民族出版社,2009.68.

图二　德昂族烧白柴节平面行序分析图

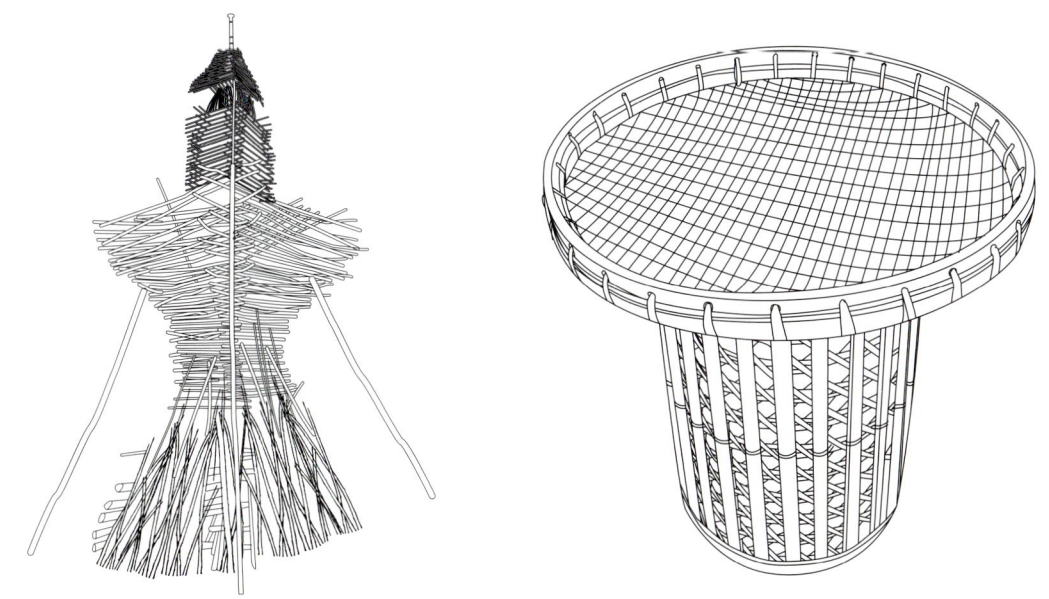

图三　德昂族烧白柴节礼俗道具示意图·白柴塔　　图四　德昂族烧白柴节礼俗道具示意图·篾贡盘

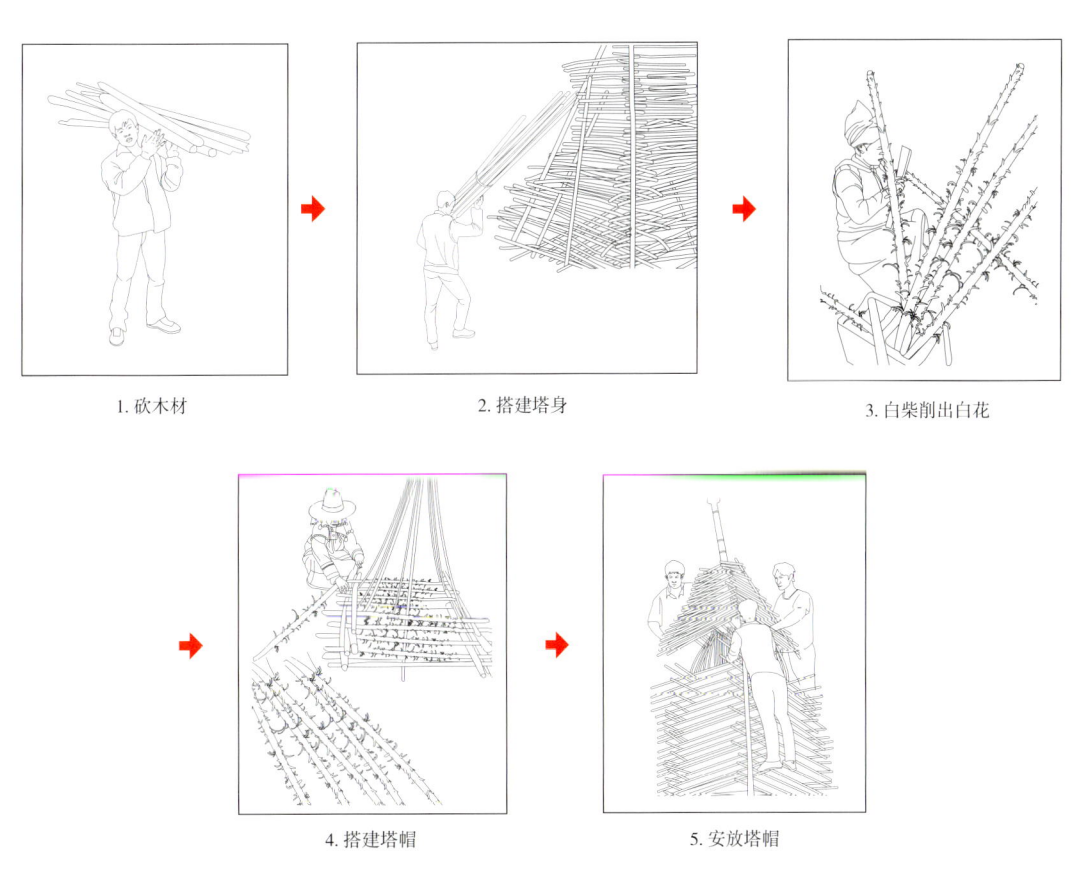

1. 砍木材　　2. 搭建塔身　　3. 白柴削出白花

4. 搭建塔帽　　5. 安放塔帽

图五　德昂族烧白柴节白柴塔工艺分析图

第七章　德昂族传统民俗和宗教造像

249

图六　德昂族烧白柴节场景图·搭建白柴塔　　　　图七　德昂族烧白柴节场景图·长老点火

图八　德昂族烧白柴节场景图·众人祈祷

图九　德昂族烧白柴节场景图·跳舞庆祝

图十　德昂族烧白柴节现场效果图

第七章　德昂族传统民俗和宗教造像

德昂族水鼓舞

图一　德昂族水鼓舞主图

水鼓舞，德昂语为"嘎奔当"。德昂族水鼓舞主要流行于保山潞江坝、德宏、临沧等德昂族聚居区，其舞步舞姿与象脚鼓舞基本一致。水鼓舞群舞、独舞皆可，一般由三男三女同时进行表演。根据所用水鼓的不同形状可将水鼓舞分为短水鼓舞和架鼓舞。水鼓舞作为德昂族的传统舞蹈，与德昂族节庆祭祀有着密不可分的联系，德昂族在祭天地、祭灶神、祭龙、祭谷魂、浇花节、龙阳节等重要祭祀节日期间都会跳起水鼓舞以示庆贺。

跳短水鼓舞时使用的是体积较小的水鼓，水鼓一头高一头低，由男青年将鼓绳挂在脖子上横挎鼓身于腹前。击鼓者左手拍打高翘的小头鼓面，右手持鼓槌敲击低落的大头鼓面，两手相互配合击打，另有两名男青年持铓锣和钹在旁伴奏，一时鼓乐齐奏，节奏交错层叠，鼓声短促有力，音色深沉庄重。三人在敲打乐器时身体微微下蹲，跟随跑动的节奏前后倾斜，边打边跳的同时不忘变换位置，击鼓者挥舞鼓槌，与敲钹者的拨盘绕出花式，两人配合默契，十分具有观赏性。其余众人则围成一圈，跟随着鼓点起舞，水鼓舞舞步以"单脚绕提步"为主，配合德昂族特有的"单双蹉步""踢脚转圈""绕鼓尾""崴鼓""公鸡打架""各显神通""蹲跳""对

图二　德昂族水鼓舞平面行序分析图

蹬"等动作，舞姿灵动活泼，场面热闹非凡。跳架鼓舞时使用的架鼓，由鼓架固定住鼓身，击鼓人立于鼓前持鼓槌（单槌或双槌皆可）击打，击鼓动作可以即兴发挥，可以正面击鼓，也可以转身背身敲打，另有镲、铓、小象脚鼓在旁伴奏，此时众人围成一圈，按顺时针方向起舞，踩着鼓点声边跳边唱起水鼓调，跳到兴致高昂时，人们还会发出"喏、喏"的欢呼声。架鼓舞舞步以"单脚踢步"为主，偶尔夹杂有"原地跨步转圈""对跳"等动作，舞蹈时手部做抬手翻腕绕花等动作，舞姿古朴优美。水鼓舞群舞的舞蹈动作花样繁多，有"脚步舞""四方舞""鸡跳舞"等，许多舞蹈动作从德昂族日常劳作中演变而来，展现了德昂族人民播种、耕耘、收获的过程。

水鼓在德昂族文化中占据着非常重要的地位，根据德昂族的创世纪神话传说，水鼓"嘎奔当"是"远古回音"的再现，水鼓体现着德昂族的鼓神崇拜，聆听水鼓声可以唤起德昂族对祖先的缅怀，也深刻激发着德昂族的民族自豪感。

图片来源

图一至图二、图六　孙寒　制图
图三、图十　刘翔宇　摄影
图四至图五、图七　王冠力　制图
图八至图九　赵晨序　制图
图十一、图十三、图十五　赵晨序　制图
图十二、图十四　陈嘉晔　摄影

图三　德昂族水鼓舞礼俗道具示意图·水鼓

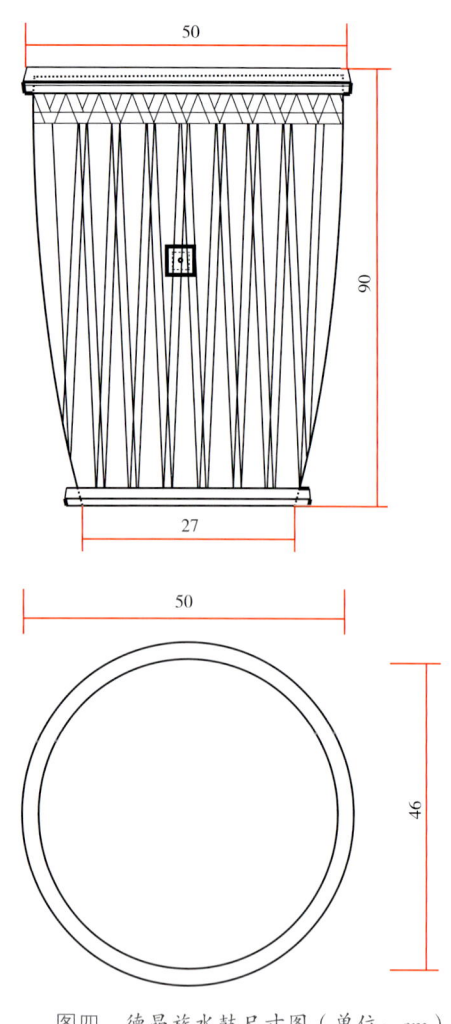

图四　德昂族水鼓尺寸图（单位：cm）

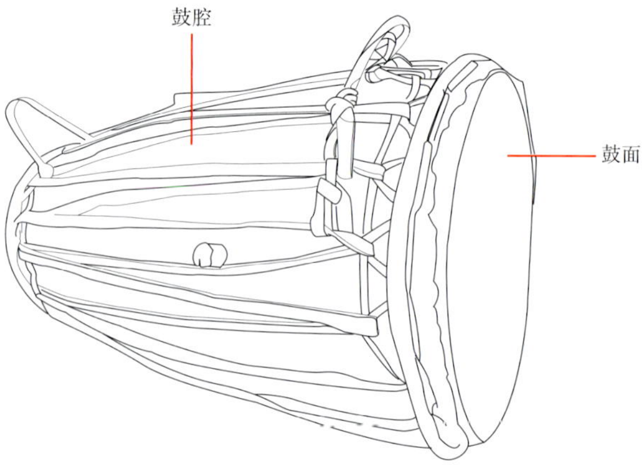

图五　德昂族水鼓结构名称图

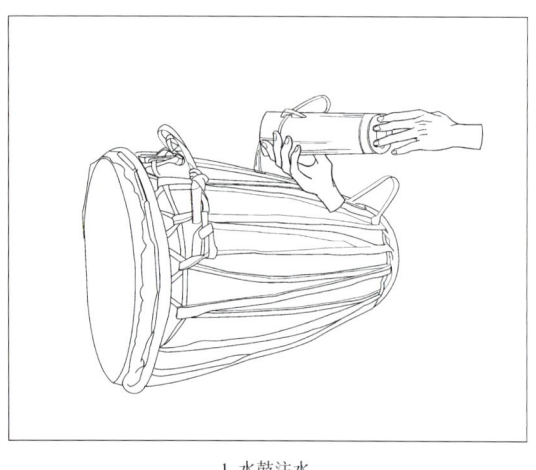

1. 水鼓注水 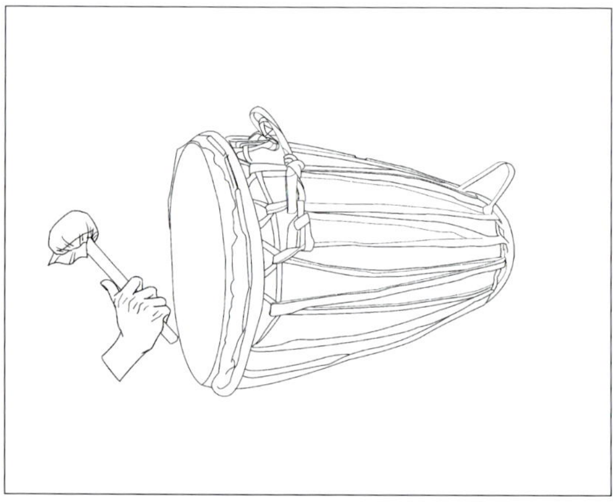　　　　2. 敲击水鼓

图六　德昂族水鼓操作示意图

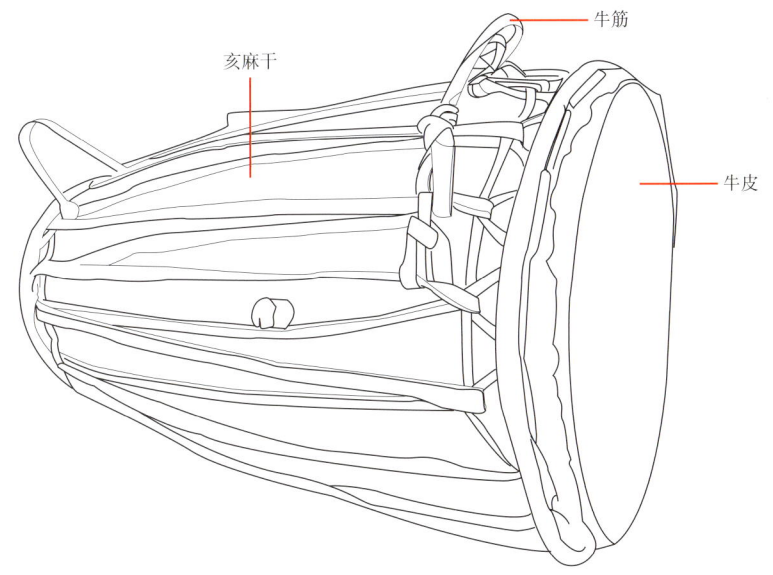

图七 德昂族水鼓材质分析图

图八 德昂族水鼓操作示意图

1. 演奏者手执木制鼓槌敲击粗端鼓面，使鼓皮发生震动

2. 敲动鼓面后，鼓腔内气流发生变化，震动发声

图九　德昂族水鼓发声原理图

图十　德昂族水鼓舞礼俗道具示意图·铓锣

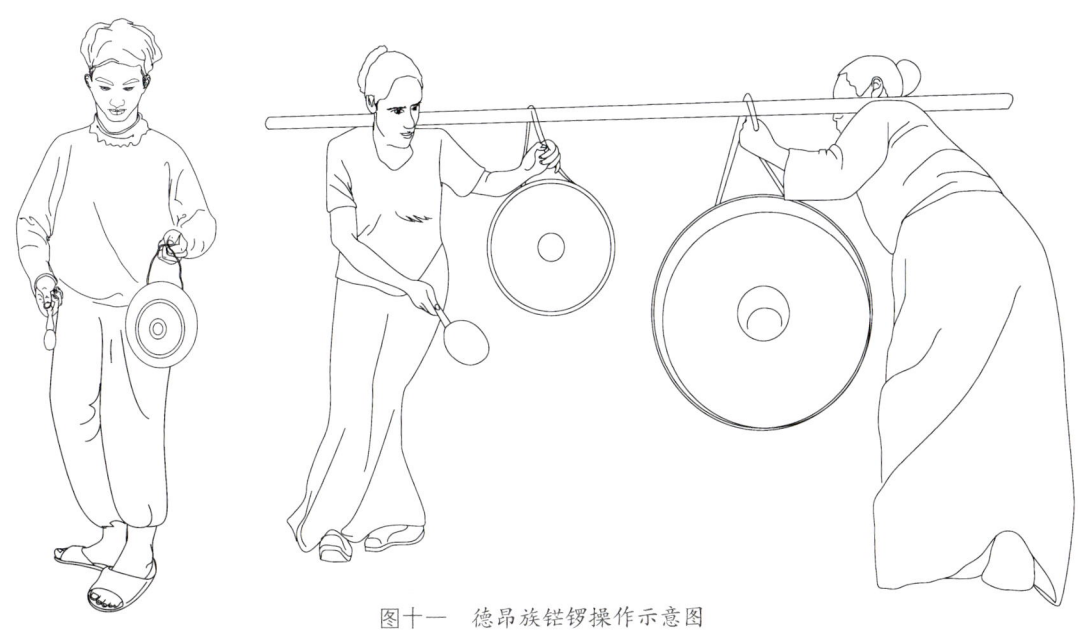

图十一　德昂族铓锣操作示意图

图十二　德昂族水鼓舞礼俗道具示意图·象脚鼓

图十三　德昂族象脚鼓操作示意图

图十四　德昂族水鼓舞礼俗道具示意图·镲

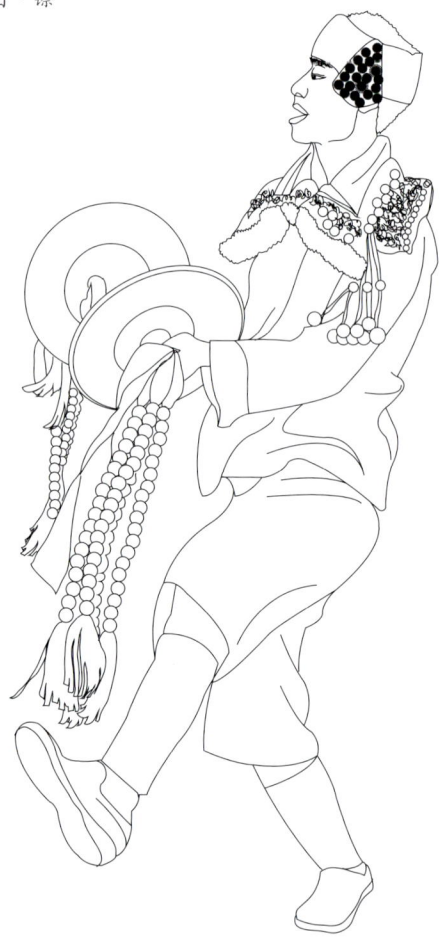

图十五　德昂族镲操作示意图

德昂族婚礼

图一　德昂族婚礼主图

德昂族的婚姻制度普遍实行一夫一妻制，历史上曾有姑男表婚的旧俗。新中国成立后，德昂地区的氏族组织虽然已经消亡，但族内仍严格遵守着同姓不通婚的原则。近年来，随着德昂族与周边民族交往的日益密切，德昂族已不再过分限制本族与其他民族联姻。德昂族通过"串姑娘"这一形式自由恋爱，未婚的青年男女自主择偶。不同地区、不同支系的德昂族婚俗存在差异，本案例婚礼选自云南省临沧市镇康县德昂族村寨。

"串姑娘"，意为小伙去姑娘家串门对歌，寻找心仪的对象。"串姑娘"作为德昂族未婚男女男女的社交活动，通常有两种形式：集体串与单独串。集体对歌通常在节日、农闲季节或他人婚礼上举行，由男青年领头人"首包脑"带领的小伙子们去和女青年领头人"首包脑"带领的姑娘们集体对歌。单独串一般在傍晚时分，由小伙子一人去心仪姑娘家后门轻吹芦笙或低声吟唱，姑娘闻声备茶，请客入门，二人于火塘边整夜对歌交谈，如果双方情投意合，小伙便会赠予姑娘定情茶。姑娘将定情茶悬挂于床头就表示已有心仪对象，经由父母同意，两人便可结合，若父母不认可小伙，便会让女儿退回茶包，小伙也不再来"串"。青年人的恋爱关系获得女方家长认可之后，男方下聘、择吉举行婚礼。礼成通常需要三天，婚礼前一日，新娘新郎分别邀请参加婚礼的送亲人与接亲人，同时新娘在娘家吃"姊妹饭"，邀请自己的女伴们参加，诉说姊妹情谊。婚礼当日，男方在接亲人与送亲人的陪同下去往女方家中迎接新娘，接亲队伍进入女方村寨时鸣枪8响，表示接亲人已到。随后新郎向女方父母及族中长老行跪拜礼，聆听长辈们的叮嘱，再由新郎跪献竹篾贡盘给老人与贵宾们以表尊敬。贡盘中盛着由竹叶和芭蕉叶裹成的吉祥物，上插小纸幡，并洒有谷花。老人与宾客们受礼后要回赠数额不等的钱币表示祝福。新娘梳洗装扮完毕后，由新娘舅母、姨妹及本寨未婚青年组成的送亲队伍陪同新娘前往男方家中，离家前要唱哭嫁歌哭别父母亲朋，以表依依不舍之情。新娘至男方家中，在登上竹楼前，双脚必须踩在事先放置在楼梯下的石块上，寓意婚姻坚如磐石。新娘的婆婆会抽出她腰间的一根竹篾腰箍，表示新娘应当与过去的日子告别。新人进入新房后，男方事先请佛爷为他们主持婚礼，新娘新郎先拜天地，再由佛爷念喜经祝喜词，祈求佛祖赐予新人幸福。仪式结束后，由新娘与送亲人给来客们端上酒菜，招待宾客。饭毕，举行新娘的改口认亲仪式。新娘分别拜见男方长辈亲戚，敬送糯米粑粑、糖果与新娘织成的新筒帕，长辈们受礼后回赠新娘数额不等的金钱或物品作为"礼信"。认亲结束后，村寨里的青年男女聚集于新娘家中彻夜对歌舞蹈，庆祝新人们的结合。次日，

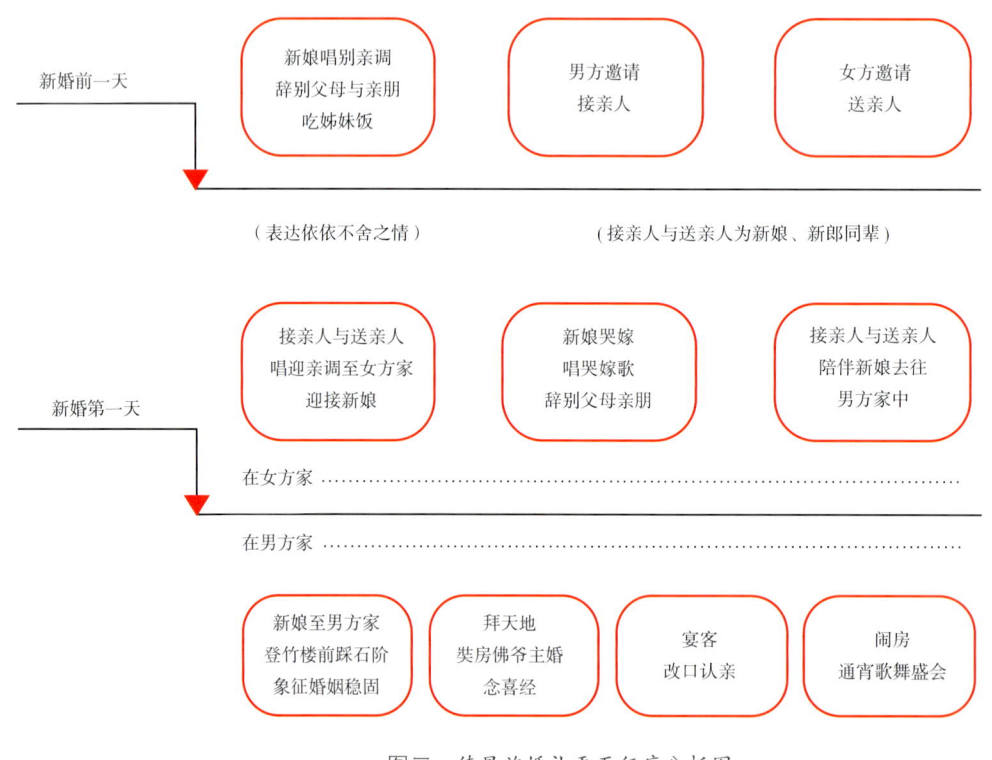

图二　德昂族婚礼平面行序分析图

新郎及其父母陪新娘回门，男方家带上全新的衣物、筒帕等礼品赠送给新娘的父母、兄弟、姊妹，同时新郎要在女方家象征性的洗碗以表尊敬。由此婚礼结束，新人们步入幸福的婚姻生活。

德昂族婚礼的一大特色是该民族尊老敬贤、虔诚礼佛的综合体现，现今德昂族的婚礼逐渐从简，增加了一些现代的新内容，在与时俱进的同时，仍可以在各个环节中体会到德昂族传统婚礼中传递出的婚俗与家庭文化。

图片来源
图一至图五、图十一至图十四　孙寒　制图
图六至图十　赵晨序　制图

图三　德昂族婚礼服饰造型分析图

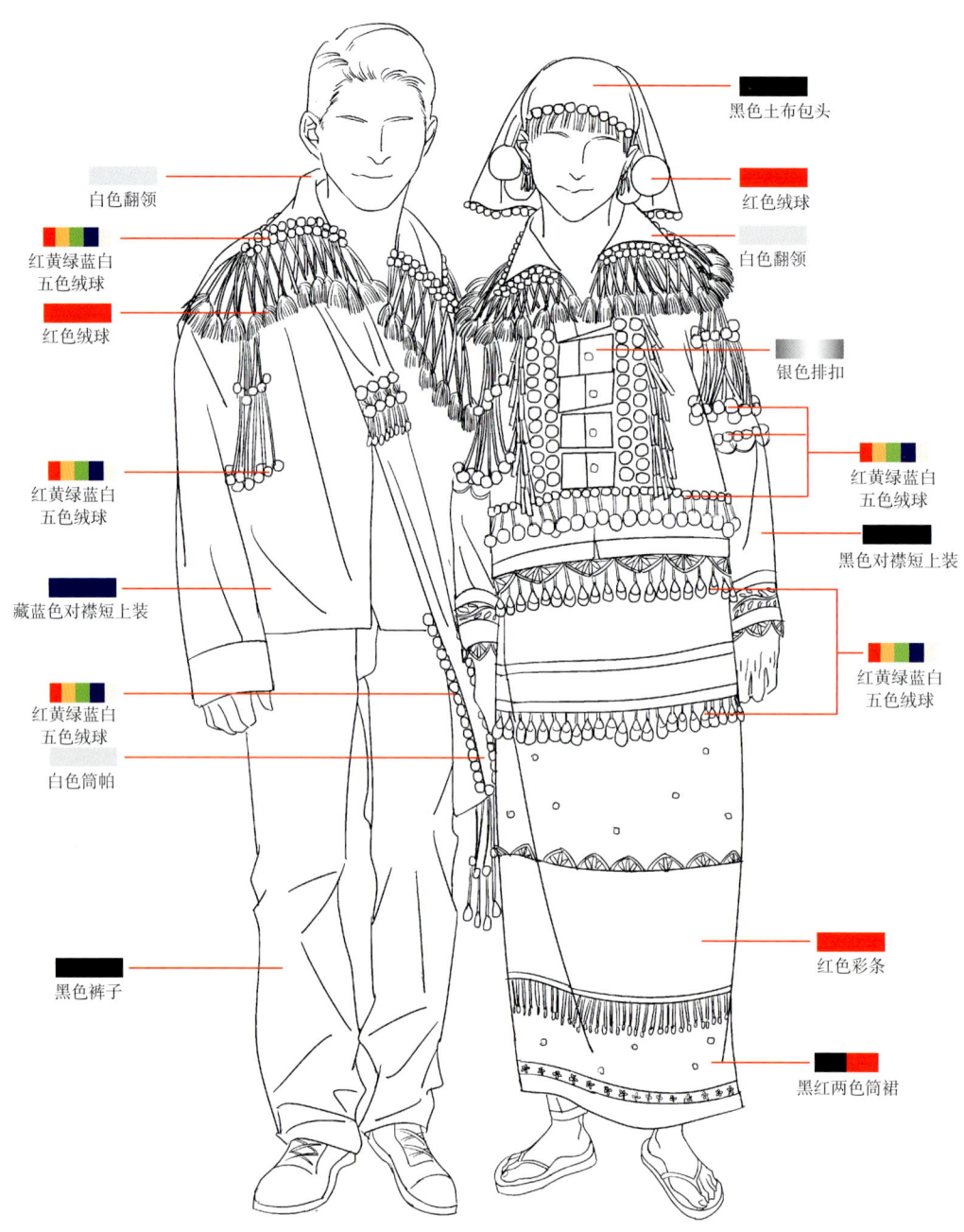

图四　德昂族婚礼服饰色彩分析图

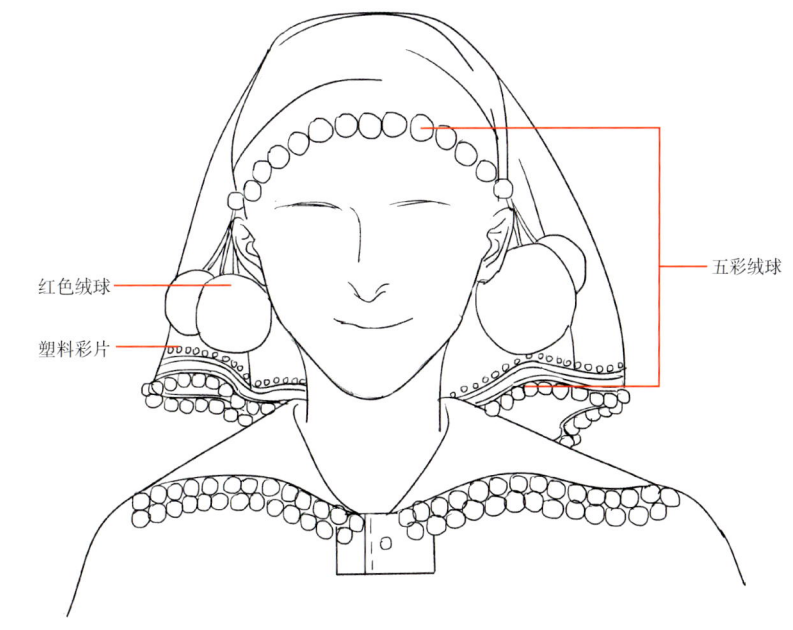

图五 德昂族婚礼配饰分析图

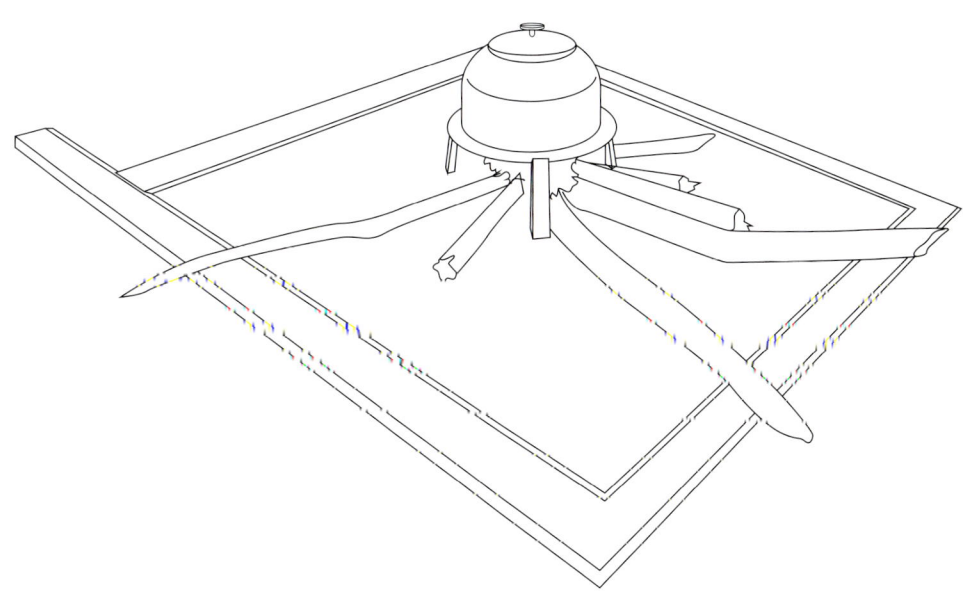

图六 德昂族婚礼礼俗道具示意图·火塘

图七　德昂族婚礼礼俗用器示意图·葫芦丝　　图八　德昂族婚礼礼俗用器示意图·术酒

图九　德昂族婚礼场景图·串姑娘

图十　德昂族婚礼场景图·哭婚

图十一　德昂族婚礼场景图·踩石板

第七章　德昂族传统民俗和宗教造像

265

图十二　德昂族婚礼场景图·念喜经

图十三　德昂族婚礼场景图·宴客

图十四　德昂族婚礼现场效果图

第八章　德昂族传统民俗和宗教造像

德昂族葬礼

图一　德昂族葬礼主图

德昂族的丧葬形式主要分为两种：土葬与火葬。自然死亡者采取土葬，非自然死亡者则施行火葬。村寨中通常设有公共墓地，土葬者葬入墓地之中，火葬者只得葬入公共墓地附近的山箐中。

德昂族因衰老、疾病即将离世时，家属会将其从卧室移至靠近通道处的火塘，拆除一部分竹壁，垫于其身下，使人平卧，头朝东方，脚朝西方。当人被确定离世时，家属会用蒿枝蘸水清洗遗体，剃去死者头发，换上新衣与新的黑布包头。穿戴整齐后需要"喂银器"，德昂语为"哈木香"，即在死者口中放入少许银器或硬币，希望死者到阴间时不至于无钱渡河，故奉上摆渡钱。随后将死者双手合于胸口，用白线或者黑线将双手拇指拴牢，双脚大拇指也用黑线或白线捆扎，意为防止死者灵魂返回家中，侵扰生者宁静。亲人离世后，其亲属鸣枪三响报丧，邻里亲友闻讯后即奔赴死者家中帮忙料理丧事。死者家属需要备好茶水饭菜招待前来吊唁的亲友，同时参与葬礼的亲友们还需带来食材帮忙。家中男性需要为逝者准备棺材，富足的家庭会请木工做一套汉族式棺木；拮据的家庭则由亲友砍伐一棵攀枝花树，并依据死者身形截段、剖开、凿出的船槽形，制成一个简易棺木。如果死者为幼年夭亡，则只用一块草席或篾席包裹，直接埋葬。德昂族葬礼停灵一般为期三至五日，期间请佛爷或"安长"（还俗佛爷）诵经超度死者亡魂。停灵期间，村寨中人不得下地劳作、舂米，以表对死者的尊重与哀思。墓地由佛爷或族中长者占卜选址，占卜时手执鸡蛋抛掷地上，如鸡蛋破碎，则可安葬，如鸡蛋不破，则另选址。

出殡时，棺材小头朝前，大头朝后，即遗体脚朝前头朝后，寓意亡魂向前走，不可回头。送殡队伍一路鸣枪示意，通知土地神有亡魂到此。到达墓地后，由男性持火把绕墓穴走三圈，意为烧去墓穴中的邪祟，之后将棺材放入墓穴中，开始培土垒坟。死者坟前须搭一座小竹楼，德昂语为"合帕"。小竹楼由竹篾编扎而成，长约50厘米，高约40厘米，宽约30厘米，以竹片作为竹楼骨架，外裱

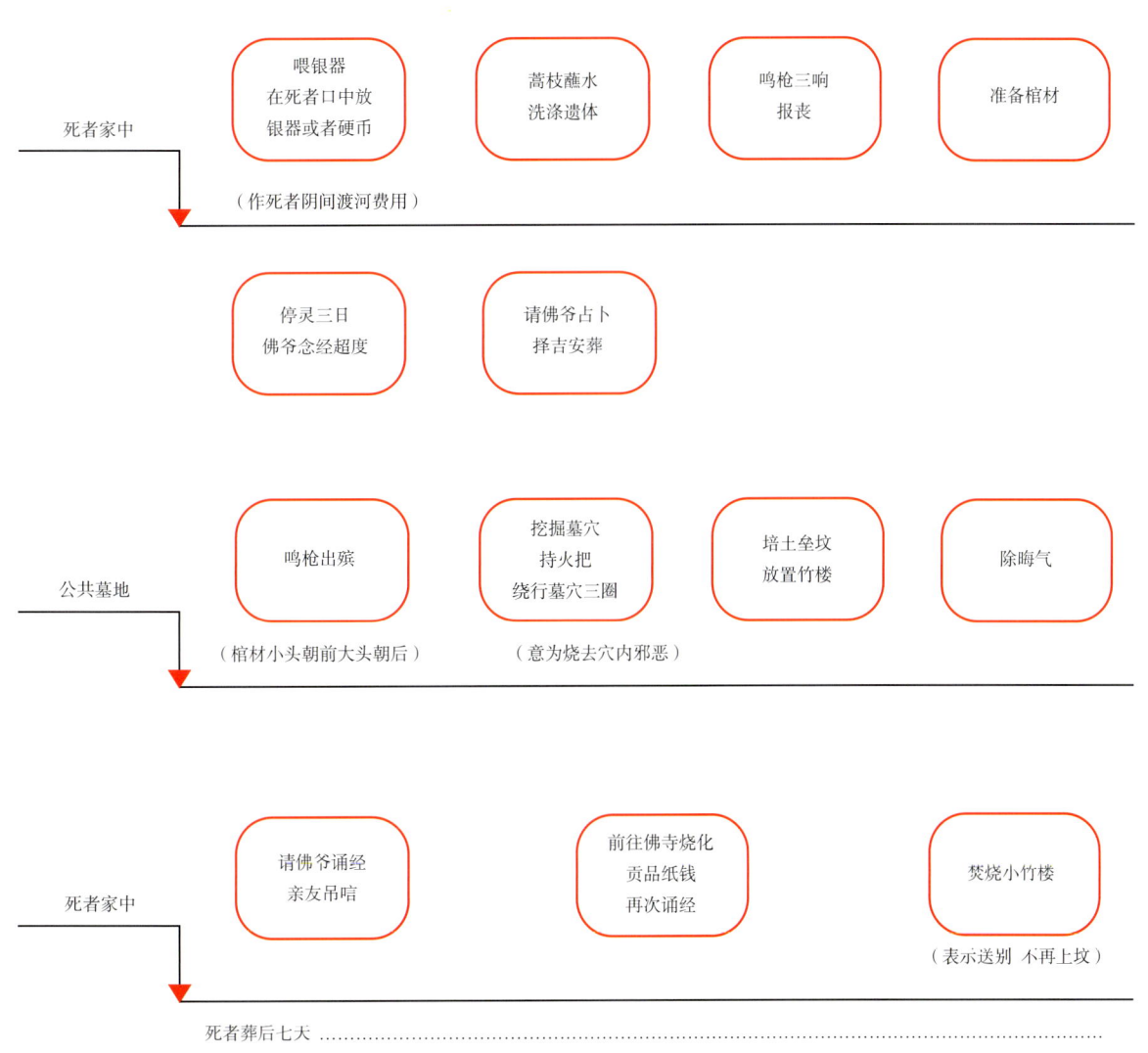

图二　德昂族土葬平面行序分析图

白棉纸，再贴上动物剪纸。小竹楼内放置死者生前的衣物、生活用具和生产工具，例如茶罐、烟盒、烟斗、镰刀等，同时还有烟草、茶叶、大米、芭蕉等食物作为陪葬品，同时在坟墓四周围起竹篾栅栏，寓意死者在阴间不愁吃住，同时竹篾栅栏也能保护墓地不受动物践踏。死者葬后第六天，家属要请佛爷至家中彻夜诵经为死者超度，次日早晨，亲属们带贡品、纸幡旗等至佛寺，佛爷再次诵经超度，之后将小竹楼焚烧，表达送别之意，从此不再上坟。[1]

德昂族认为非自然死亡的死者是被恶魔附身，需要用火净化烧死恶魔，所以非自然死亡者都施行火葬。亲属将死者棺材抬至公共墓地，堆柴焚烧，次日收殓骨灰封于土罐中，随后埋在公共墓地旁的山箐之中，不垒坟，亦不举行葬礼，非自然死亡者也严禁与正常死亡者葬于一处。[2]德昂族的丧葬仪式受到了宗教道德的深刻影响，是德昂族人民敬畏生命的有力体现。

图片来源
图一至图三、图六、图八、图十三至图十八　孙寒　制图
图四至图五、图七、图九至图十二　赵晨序　制图

参考文献
[1]赵纯善.德昂族觅踪—德昂族中英文图集.昆明：云南大学出版社，2009.
[2]唐洁.中华民族全书中国德昂族.银川：宁夏人民出版社，2012.

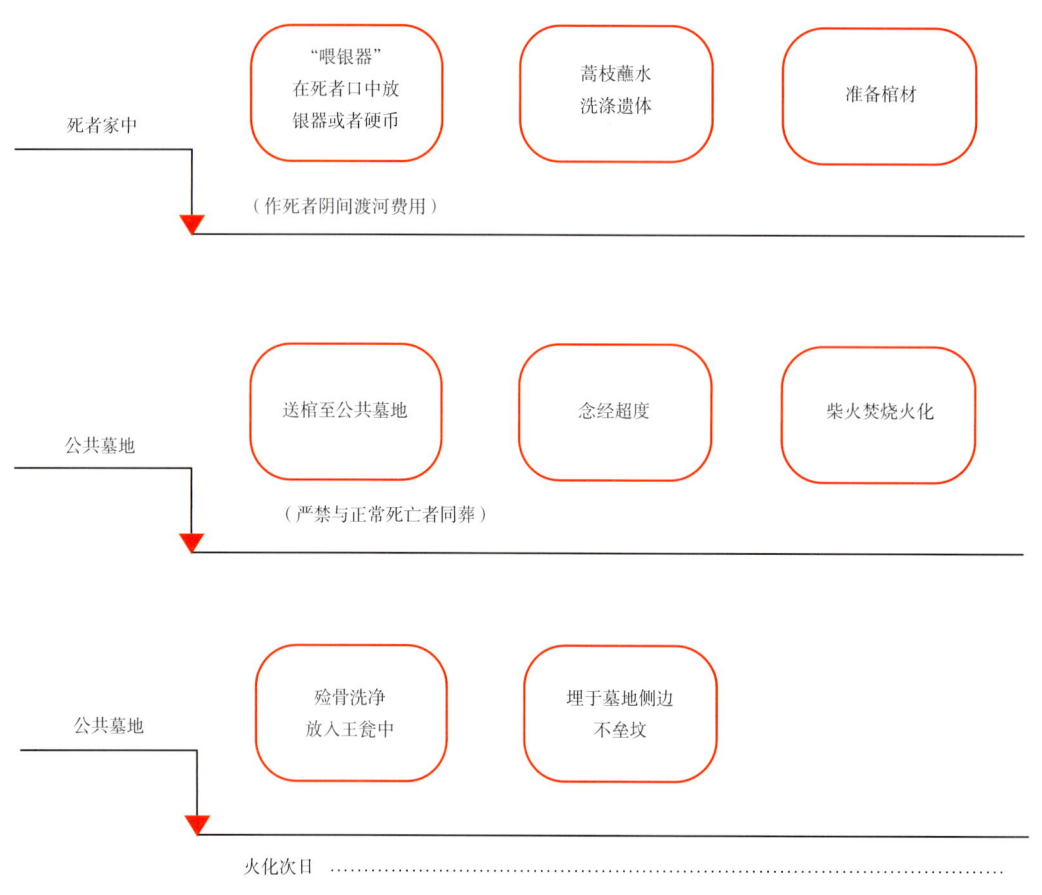

图三　德昂族火葬平面行序分析图

图四　德昂族葬礼礼俗道具示意图·棺材

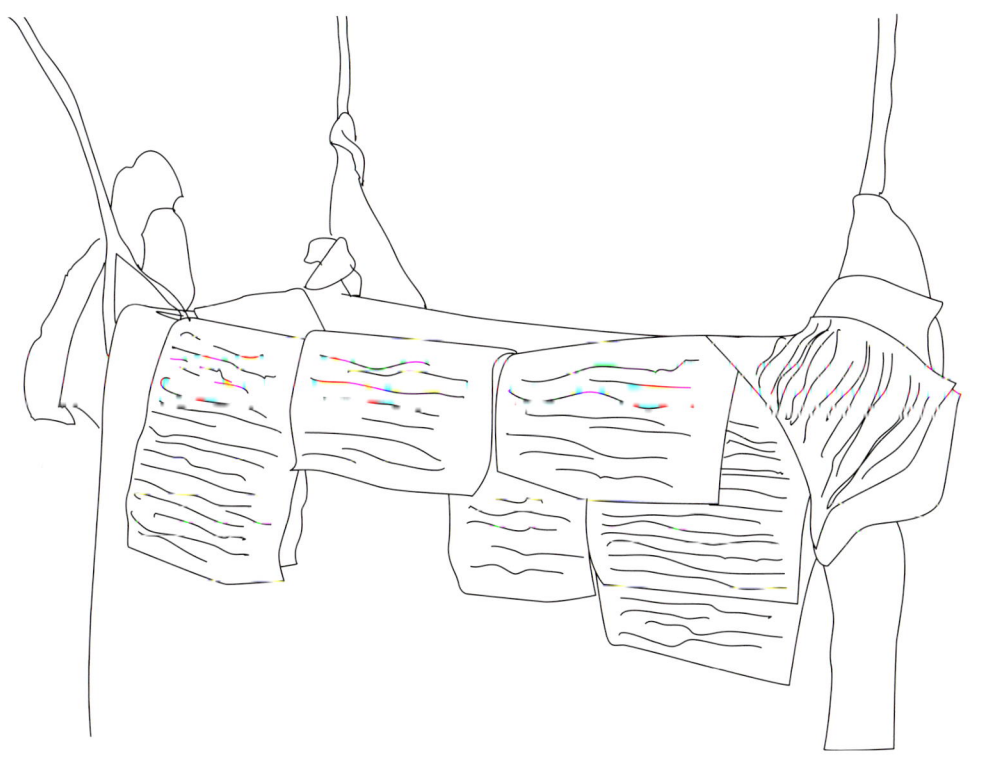

图五　德昂族葬礼礼俗道具示意图·经书

第七章　德昂族传统民俗和宗教造像

图六　德昂族葬礼礼俗道具示意图·小竹楼

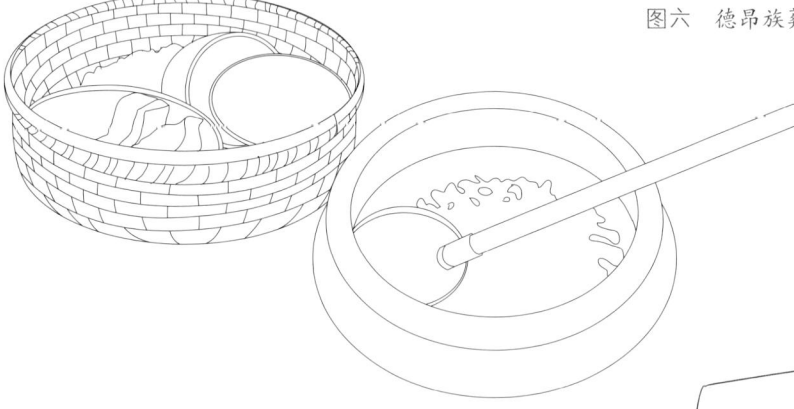

图七　德昂族葬礼礼俗用器示意图·祭品

图八　德昂族土葬场景图·喂银器

图九　德昂族土葬场景图·鸣枪报丧

图十　德昂族土葬场景图·吊唁

第七章　德昂族传统民俗和宗教造像

273

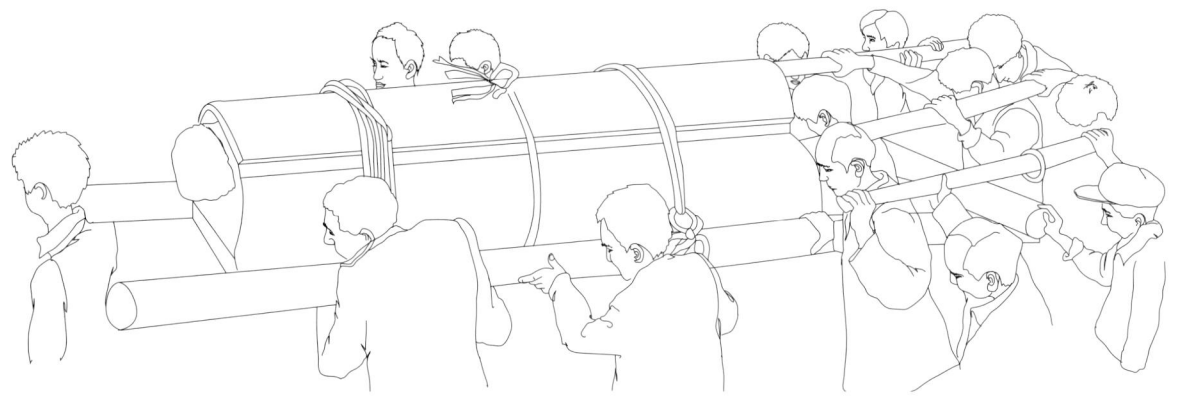

图十一　德昂族土葬场景图·送葬

图十二　德昂族土葬场景图·入土

图十三　德昂族火葬场景图·吊唁

图十四　德昂族火葬场景图·送葬

图十五　德昂族火葬场景图·念经

图十六　德昂族火葬场景图·火化

图十七　德昂族土葬现场效果图

图十八　德昂族火葬现场效果图

德昂族龙阳塔

图一　德昂族龙阳塔主图

本案例为德昂族龙阳塔，选自云南省德宏州芒市三台山德昂族乡德昂族博物馆，由塔顶、塔身以及底座三部分组成。通高约5.2米，塔顶龙形雕塑高约2.1米，塔身高约2.6米，底座高约0.5米。龙阳塔又称"喇定塔"，是德昂族信仰的象征物。德昂族虔信"太阳为父、青龙为母"的传说，其图腾是中华龙文化的多元体现。每逢农历正月十九日，他们都要在龙阳塔下开展祭祀"圣父圣母"的传统活动。

龙阳崇拜来源于德昂族的两个神话传说。第一个传说是上古时期太阳普照大地，农作物生长旺盛，为德昂子民带来丰收的喜悦，青龙普降甘霖，给庄稼生长带来所需的水分，从此德昂族认太阳为父、青龙为母。另一个传说是太阳和龙女是一对恋人，太阳为保护德昂族百姓和恶魔缠斗身负重伤。当太阳伤病复发、身体发烧时，龙女会吸收海水浇在太阳身上，帮助太阳降温养伤，因此德昂族每当看到天空下雨都会联想起龙女为太阳疗伤的场景。为了纪念圣父圣母，他们于每年农历正月十九日都会举行为期三天的庆典活动，称为"龙阳节"或"喇定节"。活动开始前要在广场中央竖一根粗大的龙柱，柱下用木、竹围成花篮。届时德昂族身穿民族服饰，将祭品献于龙阳塔下。巫师作法，祈求龙阳保佑德昂子民。祭祀结束后，人们敲锣打鼓，伴随着音乐的节奏尽情跳着"龙阳舞"，表达对龙阳父母的敬重和怀念。庆典期间，人们相互问候，青年男女则寻找自己的意中人，小伙子还会将事先精心编织好的小花篮赠送给心仪的姑娘作为定情信物。本案例龙阳塔整体为上窄下宽的柱体，最为精彩的主体部分位于塔顶，吸引人们呈仰视角度观看，高耸的圣父圣母让人心理上产生敬畏感和神秘感。塔顶是龙阳塔的主体部分,有一条盘绕的青龙和一轮火红的太阳。青龙头部较大,鼻粗目圆,眼眶鼓起,牙齿锋利,龙须修长,龙颈直立后引,龙身和龙尾绕成三圈盘于塔顶。龙身呈青色,龙口通红,龙须黑色,龙鳞边缘和龙嘴四周为金黄色。龙头后方支有一轮红日,不规则的赤焰以太阳为圆心向四周发散,形似向日葵。塔身为六面等距上窄下宽的梯形,表面浮雕有白色祥云和蓝色波浪,舒展飘逸的云彩打破规则塔身的呆板感。高低起伏的波浪环绕于塔身底部边缘,似被狂风卷起千层浪。云和浪的搭配让人联想到青龙自由翱翔在天空之中、海浪之上。底座为六面等距的梯形,比塔身宽一些,表面用瓷砖装饰,沉稳大方。

龙阳文化体现了德昂族的生活方式、生存环境、道德观念、宗教信仰、审美情趣等多种文化信息,对于增强民族向心力起了重要作用。龙阳塔的建造是龙阳文化的外在物化,通过可视化的生动形象给德昂族树立民族图腾,对追溯民族起源和增强民族归属感具有重要意义。

图片来源
图一、图七　刘翔宇　摄影
图二至图五　王冠力　制图
图六　赵晨序　制图

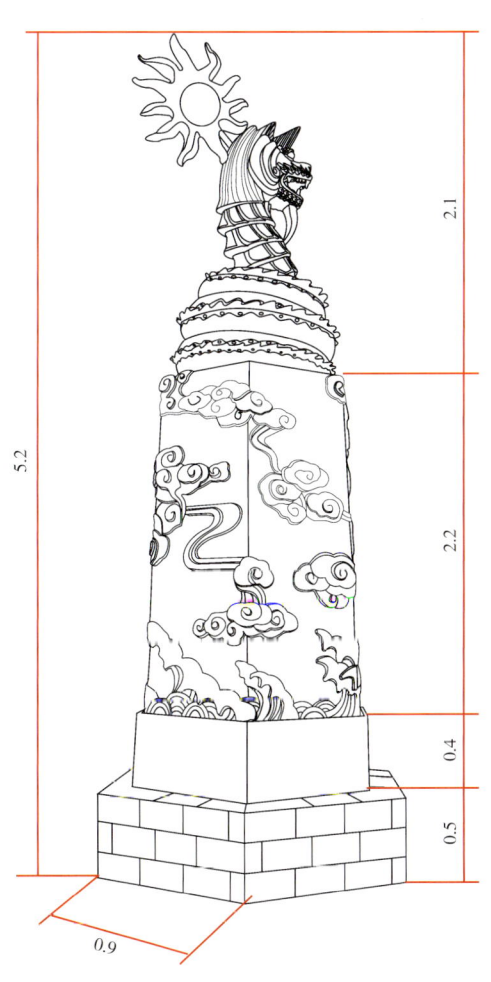

图二　德昂族龙阳塔尺寸图(单位:m)

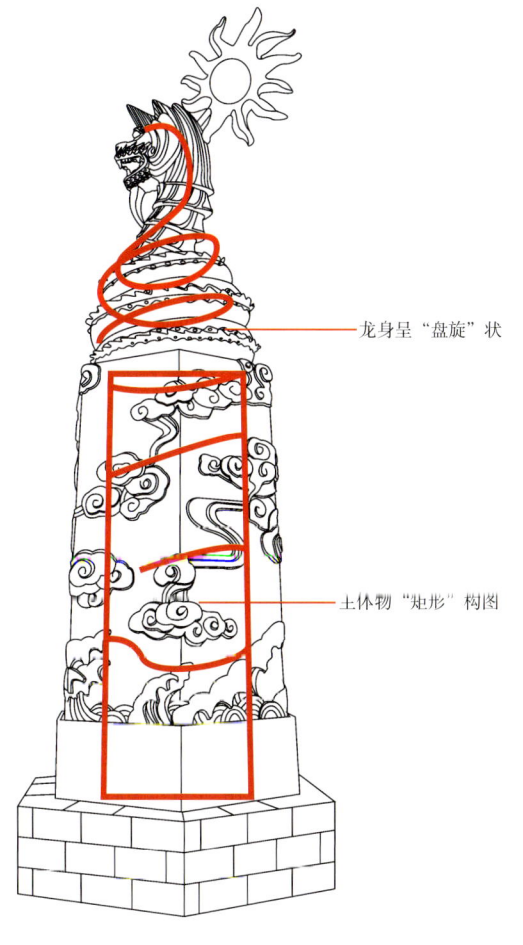

图三　德昂族龙阳塔造型分析图

云纹

水波纹

图四　德昂族龙阳塔纹样分析图

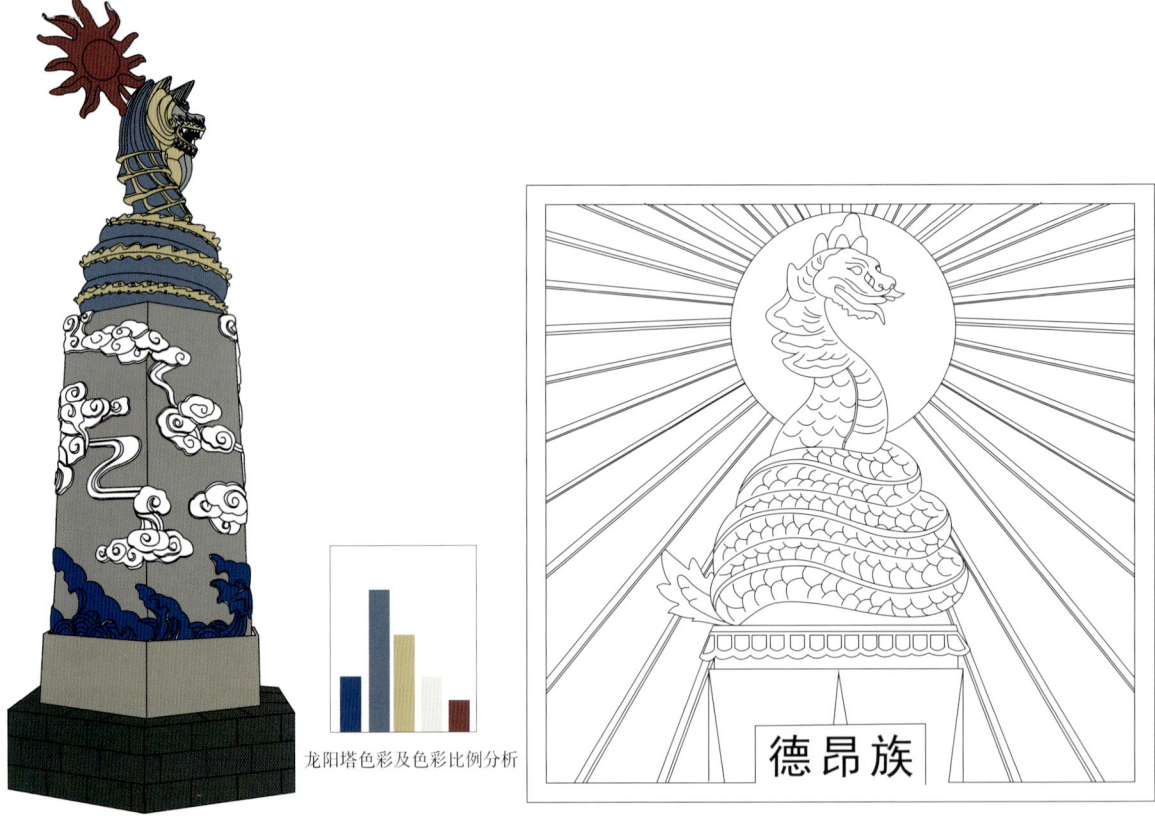

龙阳塔色彩及色彩比例分析

图五　德昂族龙阳塔色彩分析图

图六　德昂族龙阳塔比较分析图

中国少数民族设计全集·德昂族

280

图七　德昂族龙阳塔陈设效果图

德昂族铜质鱼磬

图一　德昂族铜质鱼磬主图

本案例为德昂族铜质鱼磬，通高 24 厘米，宽 36.5 厘米，厚 5 厘米，采集于云南省德宏州芒市三台山德昂族乡奘房。磬是中国古代石质击奏乐器，又称"离磬""玉磬"，常与钟合奏。德昂族鱼磬作为一种造型独特的佛教法器，常见于德昂族奘房大殿佛台前。鱼磬整体呈三角形，顶端有一圆形悬孔，可穿绳系于大殿横梁上，下方二角朝上弯曲内收。它的主要功能是用木槌敲击发出声响以召集信徒听佛爷诵经，以及作为佛教法器装饰大殿。

据考古资料表明，新石器时代晚期的先民就开始使用磬，距今已有四千多年的历史。磬字的甲骨文形似一人持槌敲击悬石，关于磬的创制过程，推测是远古时期先民在使用石器时发现敲击薄石片会发出悦耳的声响，经过细致的观察和不断的尝试，最终选择形似石刀、石铲的石片作为打击乐器，这就是磬的雏形。从磬的出土墓葬来看，磬的使用者并非普通百姓，而是部落首领或贵族阶层。随着制磬水平的提高和演奏的需要，磬的器型逐渐规范化和精细化。商代晚期的器型更加考究，细节更加丰富，常刻有龙纹、虎纹、鱼纹等装饰。周代由于施行严格的宗法礼乐制度，磬被赋予了等级和秩序的意义，和铜钟并列成为当时最重要的礼乐之器，被誉为"金石之音"。磬的用料、工艺、结构和发声方式在其发展过程中均有过重大变革，随着十二律和七声音阶的出现，单磬发展为多音化、组合化的编磬，专供庙堂典礼、宫廷享乐和祭祀活动使用。春秋战国时期，磬的制作更加精良，体积更大。佛教传入中原地区以后，磬还成为重要的佛教法器。"磬"和"庆"谐音，表吉祥喜庆之意，如"击磬"寓意"吉庆"；如鸡、磬、鱼和童子组合寓意"吉庆有余"；蝙蝠、寿桃和磬组合寓意"福寿同庆"。磬的器型演变可分为三个阶段：第一为原始阶段，该阶段磬的外形是不规则的，多为石块打造，少有雕琢；第二为发展阶段，石磬外形逐渐转为三角形，底边一般为平底或弧底，磬顶厚底薄，磬板的形状符合敲击发声原理；第三为成熟阶段，西周以后，磬形从三角形转为倨句形，突出的一端不仅给敲击带来方便，而且发音更加稳定洪亮，高音更加清亮准确。本案例鱼磬材质为铜，表面无装饰。整体为扁平的三角形，顶部钝角，左右对称，弧形底边，底部两角似鱼尾鳍翘起。击磬工具为实木槌，由槌头和槌柄组成。其中槌头粗短，槌柄细长，整槌重心位于槌头，便于集中发力。整体设计符合杠杆原理，挥槌时较为省力。槌柄一端榫接在槌头腰部，另一端打磨成半球体，不易开裂。

德昂族的鱼磬源于古代先民的造物智慧，集乐器和法器为一体。在寺庙中，鱼磬被悬挂于大殿横梁之上，常作佛爷诵经、讲经及召集信徒之用。磬的材料、形制、功能

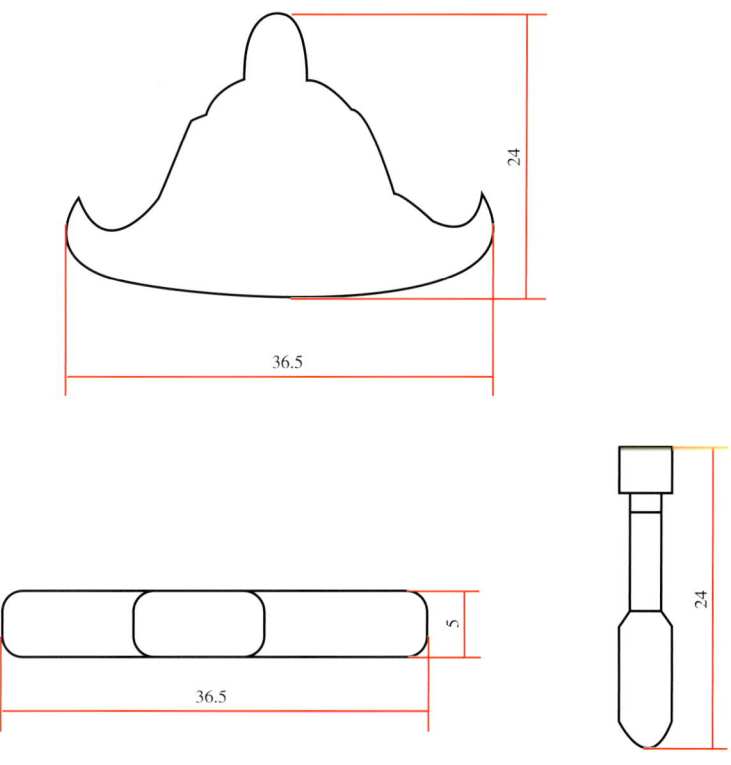

图二　德昂族铜质鱼磬三视图（单位：cm）

随着时代的发展不断演化，具有丰富的文化内涵和历史研究价值。

图片来源
图一、图八　赵思颖　摄影
图二至图三、图五至图六　王冠力　制图
图四、图七　赵晨序　制图

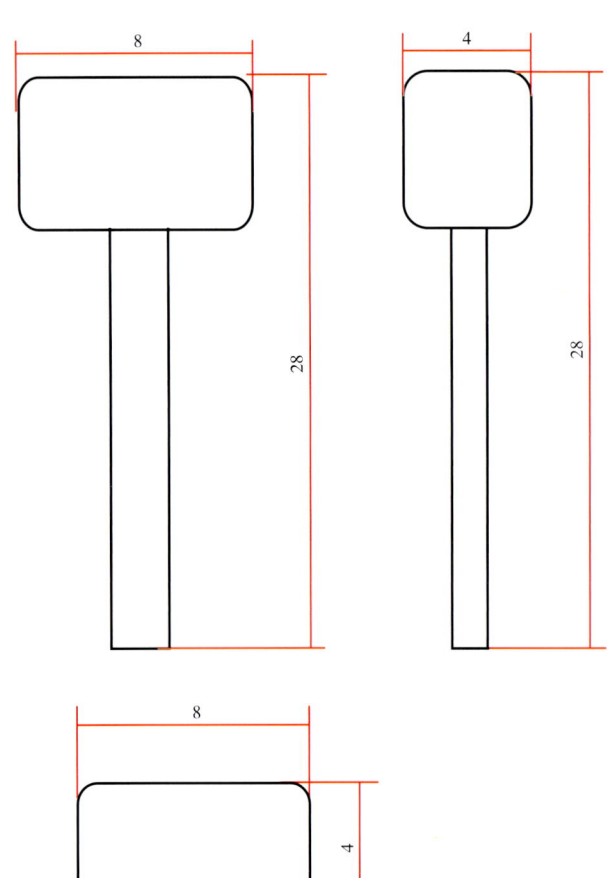

图三　德昂族铜质鱼磬木槌三视图（单位：cm）

图四　德昂族铜质鱼磬操作示意图

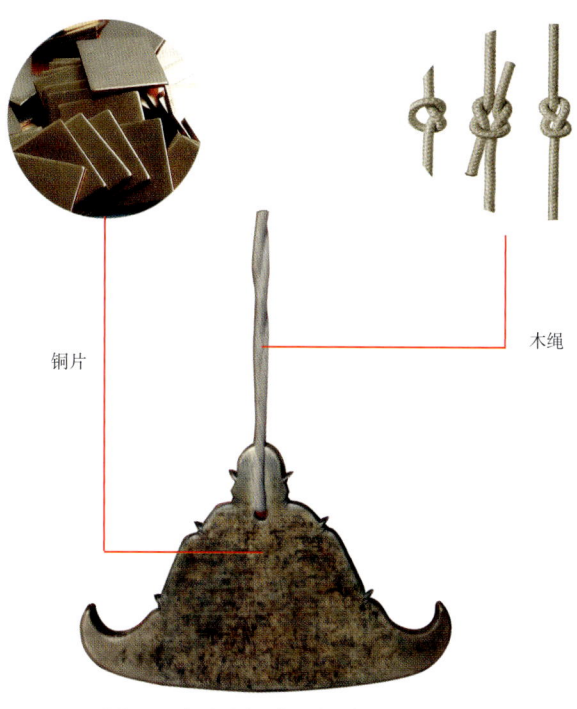

图五　德昂族铜质鱼磬材质分析图

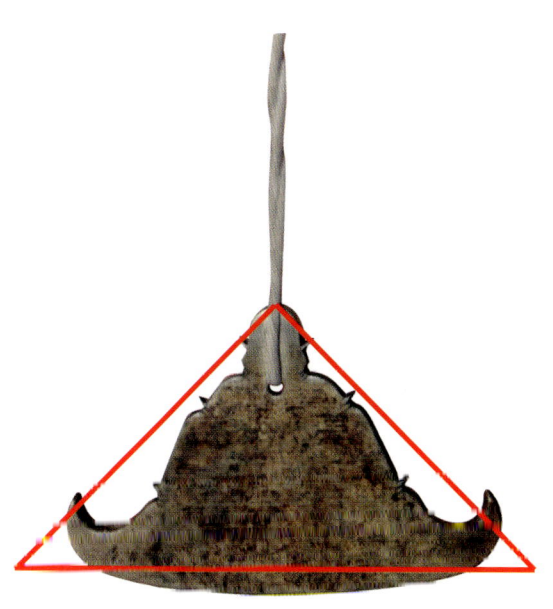

整体鱼磬造型呈现钝角三角形

图六　德昂族铜质鱼磬造型分析图

图七　其他形制的德昂族铜质鱼磬

第七章　德昂族传统民俗和宗教造像

图八　德昂族铜质鱼磬陈设效果图

德昂族木质仪仗用具

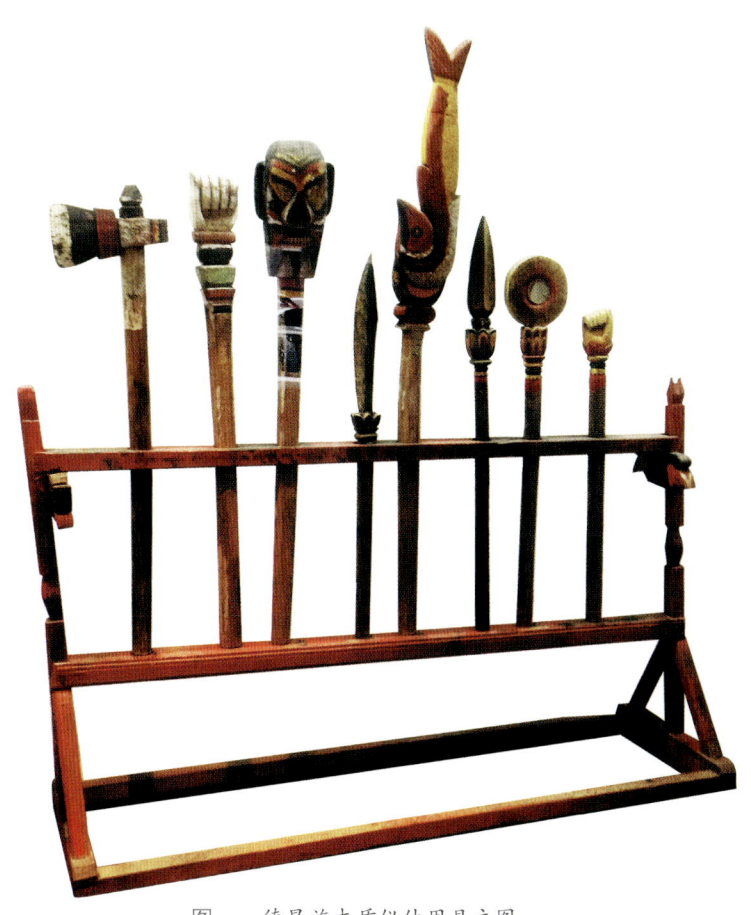

图一 德昂族木质仪仗用具主图

本案例为木质仪仗用具，选自云南省芒市德宏州三台山德昂族乡德昂族博物馆。整体结构分为仪仗置物木架和仪仗用具两个部分，置物木架通高84厘米，横梁长120厘米，上横梁设有8个置物孔，直径均为6厘米，每一孔内各放置一个仪仗用具，由左到右分别为斧、大佛手、神仙头像、笔刀、鱼形木雕、矛、太阳形木雕和小佛手共八个木质仪仗用具。下横梁实心无孔，承载所有用具的重量。两横梁之间相距41.3厘米，并由两侧的立柱固定，组合成三角形木架基座，起到稳固的作用。仪仗用具上部造型形象生动、颜色鲜明，下部均连接木质手柄，便于抓握。仪仗是指游行队伍前所举的旗帜、标志等用具，主要在祭祀活动中使用，是代表性的法器。

德昂族源于古代的濮人，是我国云南西南地区最古老的世居民族之一，保留着较为原始的宗教习俗。德昂族生活的地域曾被封建傣族土司占领，大部分的德昂族先民被驱逐于山区居住，为了自己的家园与土地，曾多次与土司对抗。傣族土司为了"教化"德昂族以及巩固自己的统治地位，专门从缅甸请来了僧侣，引入南传上座部佛教。傣族土司帮助其修盖寺院，宣传佛教教义和教规，于是南传上座部佛教在德昂族村寨里得到了广泛的传播。德昂族寺院一般由大殿、僧舍、厢房、奘房、幡杆几部分组成。奘房内部的陈设极为丰富，奘房中央设有佛坛，中间立有佛像，佛坛须弥座两边插着刀斧、神仙头像、手持乾坤、鱼等仪仗用具作为装饰品。仪仗在祭祀活动中也会被使用，每种仪仗用具均有各自的用途，活动时与相关的供具、器物一同使用。因此仪仗主要有两种作用：一是用于奘房内部装饰，如罩在佛像上的华盖，挂在室内起庄严作用的幢和幡，悬于佛前的大缦帐，置在供桌前的油灯、烛架、香炉、花瓶等；二是作为日常生活和举行仪式时使用的法器，带有特定的宗教功能与含义。

仪仗作为德昂族南传上座部佛教的宗教用具，承载了德昂人民虔诚的宗教文化信仰，同德昂族传统宗教节日庆典、仪式活动一样，是民族文化的重要组成部分。每一个仪仗用品中所蕴含的内涵无不体现了德昂族人民对于佛教教义的尊重，以及通过宗教表达出对美好生活的追求与向往。

图片来源
图一　董岳　摄影
图二至图七　赵思颖　制图
图八　徐骞　制图
图九　王强　摄影

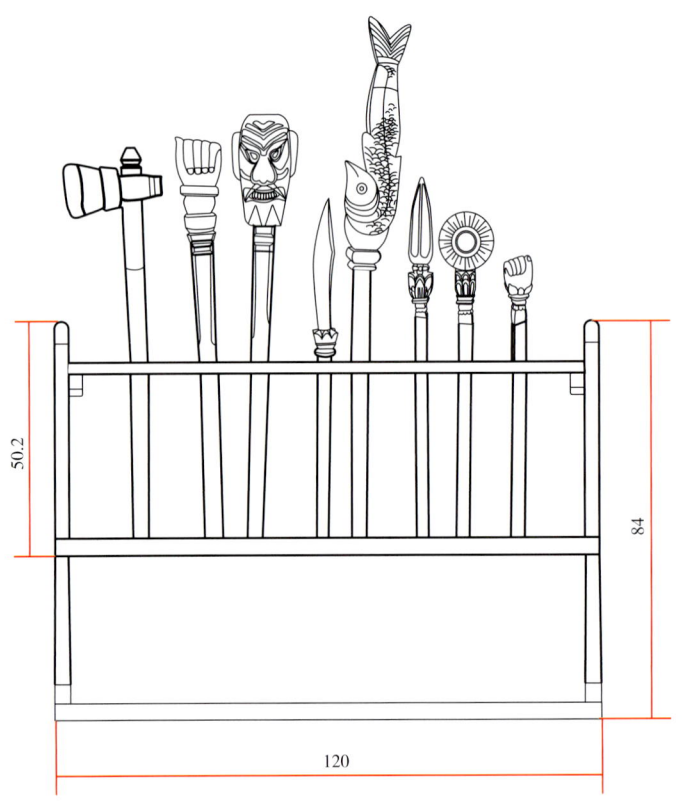

图二　德昂族木质仪仗用具整体尺寸图（单位：cm）

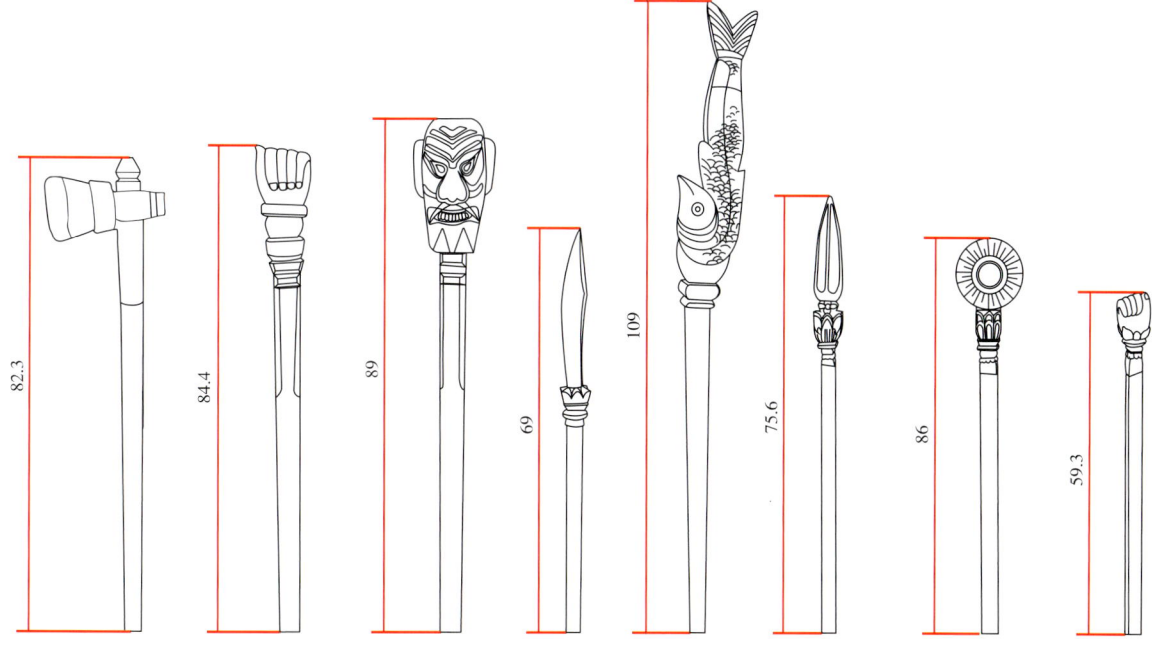

图三 德昂族木质仪仗用具局部尺寸图(单位：cm)

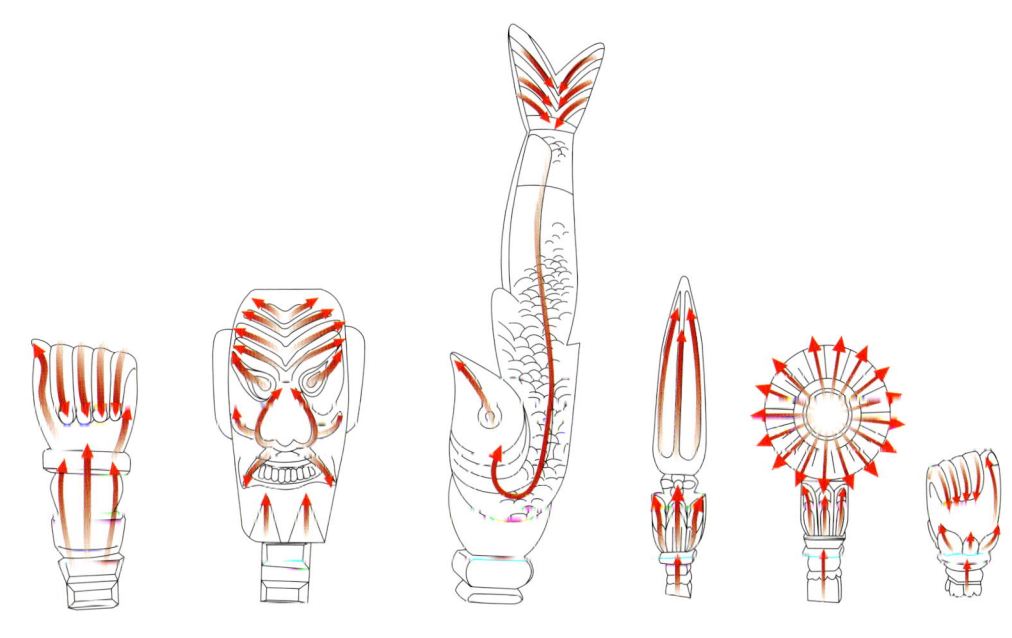

图四 德昂族木质仪仗用具纹样动态分析图

第七章 德昂族传统民俗和宗教造像

图五　德昂族木质仪仗用具色彩分析图

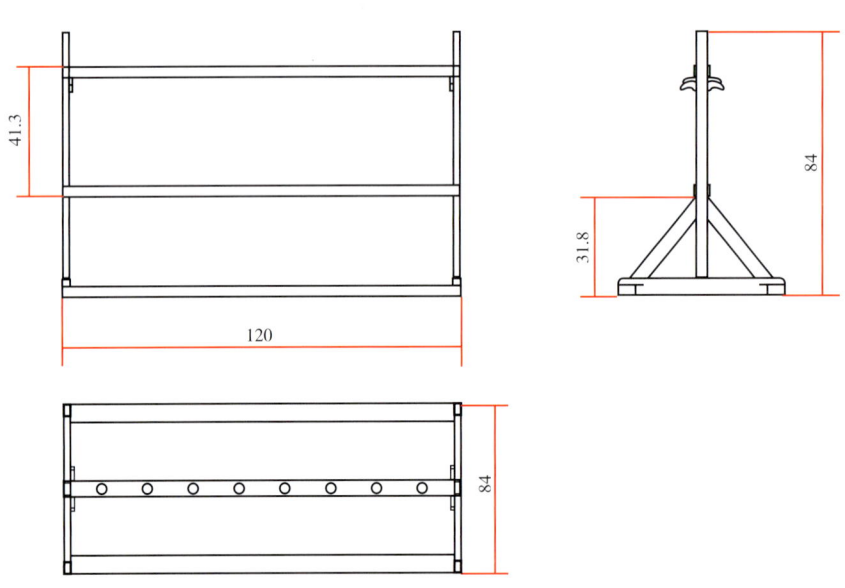

图六　德昂族木质仪仗架三视图（单位：cm）

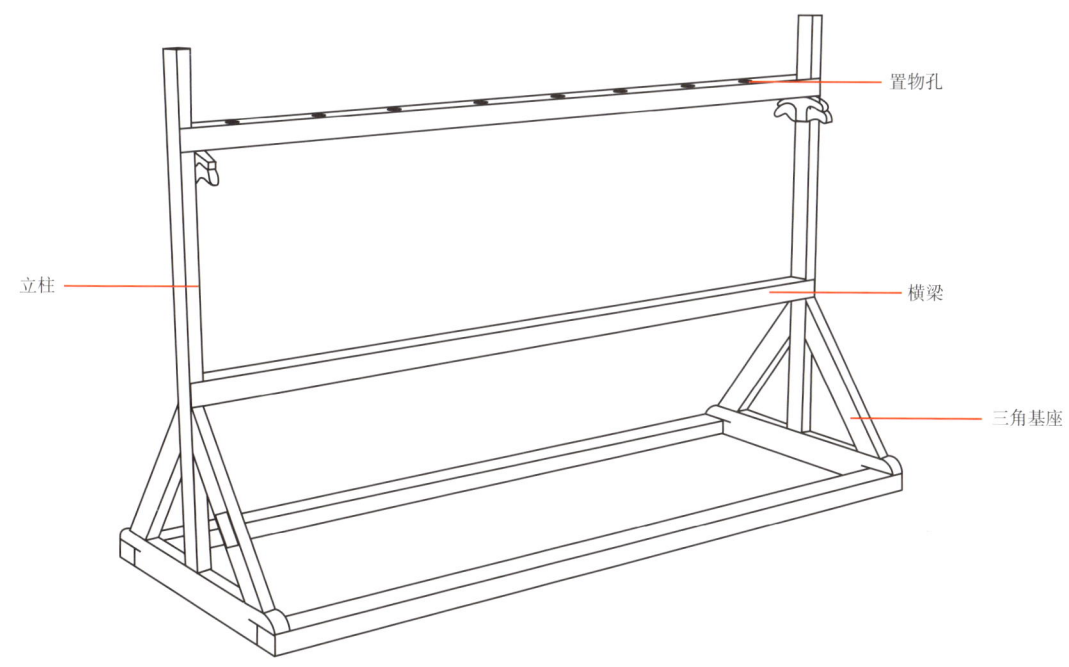

图七　德昂族木质仪仗架结构名称图

图八　德昂族木质仪仗架解析图

图九　其他形制的德昂族木质仪仗图

德昂族释迦牟尼像

图一 德昂族释迦牟尼像主图

本案例为德昂族释迦牟尼像,选自于云南省德宏州芒市三台山德昂族乡出冬瓜村奘房内。佛像通高约3.6米,佛高约2.75米,莲花座高约0.85米。释迦牟尼是佛教创始人,原名乔达摩·悉达多,本是古印度迦毗罗卫国净饭王太子,成道后也被尊称为佛陀。德昂族民众普遍信仰南传上座部佛教。奘房是信徒们开展佛事活动的重要场所,内供奉有多尊佛像,其中释迦牟尼像是主佛像。

本案例释迦牟尼像面朝大门,盘坐佛台坛中央,其他佛像与法器分裂两侧,整体呈竖角形,有稳定庄严之感。释迦牟尼像体型巨大,区别于其他佛像,占据了奘房中最大的空间。根据人的视觉习惯,正面的、体积较大的物体更容易吸引观者的视线。此外,当人们面对大于常人体型数倍的塑像时,需要仰视才能观其全貌,高大的形象给人威严感,这正暗合佛教造像的目的。释迦牟尼赤脚结跏趺坐在莲花座上,身后有红色圆形背光,肉髻高显,发束螺旋,脸型长方,双目垂视,双耳垂肩,神态慈善安详。佛祖身着金色右袒式袈裟,左手置放于脚上,作"施定印",表禅定之意;右手垂直指地,作"触地印",表佛祖牺牲自己解救众生,唯有大地方能证明。殿前两根承重柱前另立有两尊造像,右侧为女性,德昂语称"呐喔新德利";左侧为男性,德昂语称"照攀嘎"。德昂族会通过滴水仪式向"呐喔新德利"诉说自己的行为,听后她会将内容悉数传达给"照攀嘎"。当人死后会在阴间遇见"照攀嘎",通过查阅此人的生平记录,比较所做善事和恶事的多少,再决定他上天还是坠入地狱。宗教是人类社会发展到一定阶段出现的文化现象。在佛教传入前,德昂族信奉原始宗教,对自然、鬼神、祖先进行崇拜。他们认为自然界中的不可知现象和人的旦夕祸福都是由鬼神支配的,只有祈求鬼神保佑才能风调雨顺、人畜两旺。上座部佛教一千多年前经由缅甸传入云南德昂族地区,由于当时被傣族武力进犯,为了反抗压迫,德昂族转入山区继续抗争。傣族土司为了巩固统治,一方面从缅甸请来僧侣传播佛教教义,兴建佛教建筑,竭力推行佛教,试图在精神上影响并控制德昂族。另一方面,德昂族在屡战屡败的反抗斗争中渐渐失去信心,内心困苦而又得不到释放和解脱,此时上座部佛教恰好满足德昂族精神的需要,所以得以迅速传播普及,逐渐取代了原始宗教的历史地位。上座部佛

图二　德昂族释迦牟尼像尺寸图(单位:cm)

教告诫人们要行善积德，不杀生害命，要忍受现世苦难，以求死后进入极乐世界。其修行的最高目标是"灭身灭智"，修得阿罗汉果，即去除所有烦恼，受天人供养，以及永远涅槃，不受转世轮回之苦。根据教规教义的细微不同，上座部佛教又可分为"润""摆庄""多列""左底"四个派别，但同尊释迦牟尼为佛祖。佛教寺院是根据村寨大小和人口多寡来规划建造的。古老的村寨，佛寺规模较大，且有中心佛寺。人口较少的村寨，寺院往往比较简陋。

德昂族尊崇释迦牟尼，源于在特定历史时期上座部佛教给困苦中的德昂族子民带来精神上的慰藉，重建了德昂族的宗教观和世界观。这些佛教塑像成为民族文化传承的一个重要载体，其宗教信仰成为民族变迁的一个历史见证。

图片来源
图一、图五、图九、图十三　赵思颖　摄影
图二至图四、图六至图八、图十至图十二　孙寒　制图

图三　德昂族释迦牟尼像造型分析图

图四　德昂族释迦牟尼像色彩分析图

图五　德昂族释迦牟尼像附属造像·照攀嘎

图六　德昂族照攀嘎尺寸图（单位：cm）

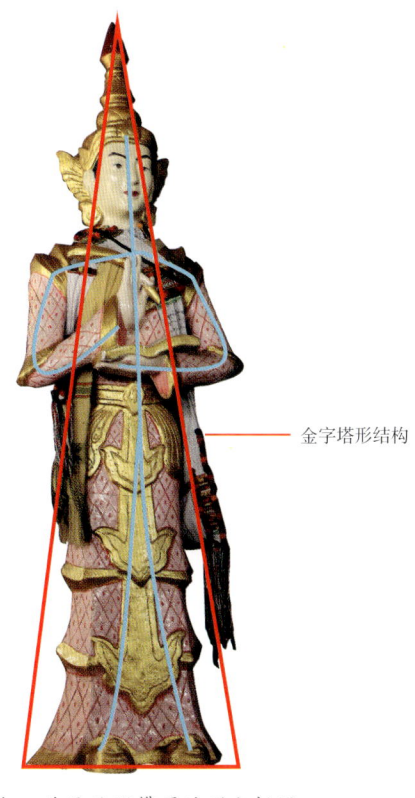

图七　德昂族照攀嘎造型分析图

图八　德昂族照攀嘎色彩分析图

图九　德昂族释迦牟尼像附属造像·呐喔新德利

图十　德昂族呐喔新德利尺寸图（单位：cm）

第七章　德昂族传统民俗和宗教造像

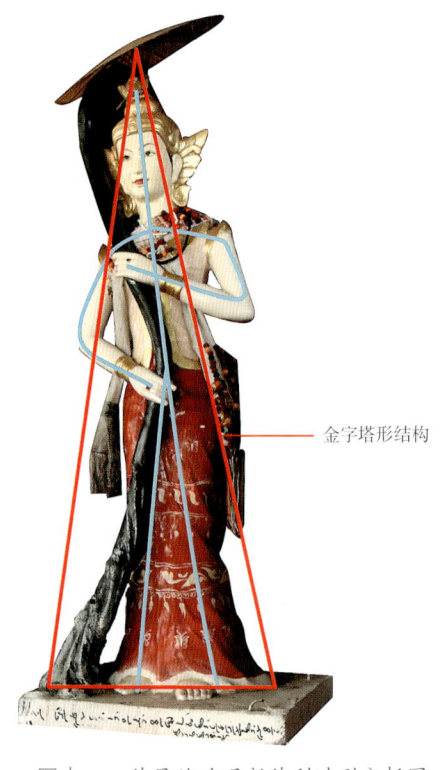

图十一　德昂族呐喔新德利造型分析图　　　　图十二　德昂族呐喔新德利色彩分析图

金字塔形结构

图十三　德昂族释迦牟尼像陈设效果图

德昂族木质经书柜

图一　德昂族木质经书柜主图

本案例为德昂族经书柜，采自云南省德宏州芒市三台山德昂族乡德昂族博物馆，收集自民间。经书柜高118厘米，宽87厘米，长64厘米，为当地居民用于储存和阅读经书的橱柜，属于闷户式橱柜。德昂族民众普遍信仰南传上座部佛教，传袭至今的经文内容多由傣文或缅甸文书写，这些经文不仅是德昂族宗教信仰的传承，也是其文化、历史与价值观演变的珍贵记录。本案例经书柜即为德昂族佛教经书文化中的物质载体之一。

整个经书柜可分为柜盖、闷仓、柜几、柜架四个部分。柜盖由柜帽、柜面及两块三角形木板组合而成。柜盖正面立有一雕刻精美的柜帽，柜帽是一块由长条形和倒梯形组成的复合形木板，长条形木板高6厘米，垂直于地面，梯形下底长102厘米、上底长87厘米、高30厘米，与地面呈约75°。柜面为一块宽64厘米、长87厘米、厚2厘米的长方形木板，用来封闭储存经书的空间。柜帽后面左右两侧各装有一107°的三角形木板，来固定柜帽。闷仓是由四块长方形木板组成的立方体储存空间，整个经书柜的框架结构，由柜几以及十根横向木条组成，闷仓正面及四周附有牙板。柜架是作为托住经书卷下轴的结构，位于整个柜体的最前端，由两对横纵向木条、两对长方形及直角梯形木板组成。整个经书柜的木雕装饰多为曲线适合纹样，以柜体中线为对称轴形成左右对称的构图关系。柜帽中间为一朵较大的花卉纹，周围伴有卷草纹和叶脉纹。柜体正面中心刻有花瓶，瓶中插花四散蔓延形成背景纹样。经书柜四周的牙板上有几何纹和卷草纹样的装饰，左右两侧牙板顶端有圆形装饰。除木雕装饰外，本案例的柜架和闷仓侧面有彩绘的卷草纹与插花花瓶纹装饰图案。整个书柜通体为木质，以红漆作底色，木雕部分施以金色，彩绘装饰施深棕色，采用浮雕与透雕相结合的雕刻手法，用榫卯方式连接各个结构。书柜既有储存经书的功能，也可将经书置于柜帽与柜架之上，用来作为教徒阅读经书的书架。储存经书时，需使用者拿起经书柜上方的柜盖，将经书放入闷仓中，再将柜帽放回原处。阅读经书时，需使用者将经书卷轴展开，将卷轴一头置于柜帽后方，另一头置于柜架上方即可。

较德昂族日常家具而言，本案例运用曲与直、简与繁、虚与实相结合的装饰语言，以及符合德昂族文化与宗教语境的视觉符号，描述出生动、丰富的书柜装饰图案，给人以德昂族宗教特有的的视觉仪式感。较其他形制的经书柜而言，本案例创造性地将储藏与辅助阅读两个功能相结合，扩展了传统书柜的功能范畴，是德昂族造物文化的瑰宝。

图片来源

图一至图二　刘翔宇　摄影
图三至图四　王冠力　制图
图五、图十　徐骞　制图
图六　樊振杰　制图
图七至图九　孙寒　制图

图二　德昂族木质经书柜其他角度展示图

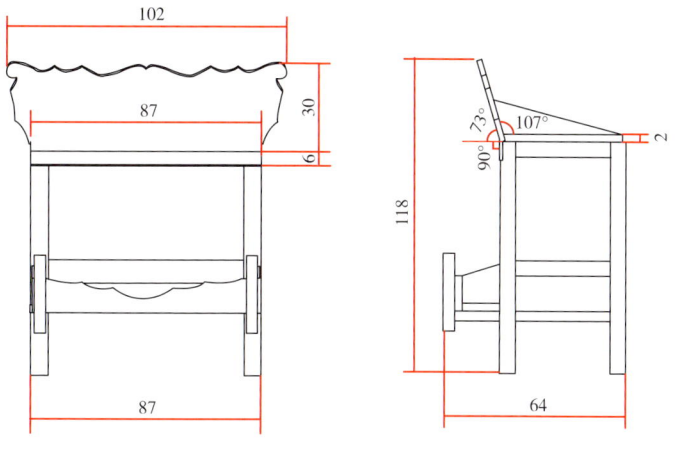
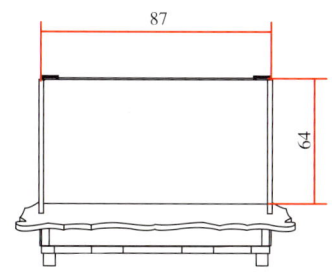

图三 德昂族木质经书柜三视图（单位：cm）

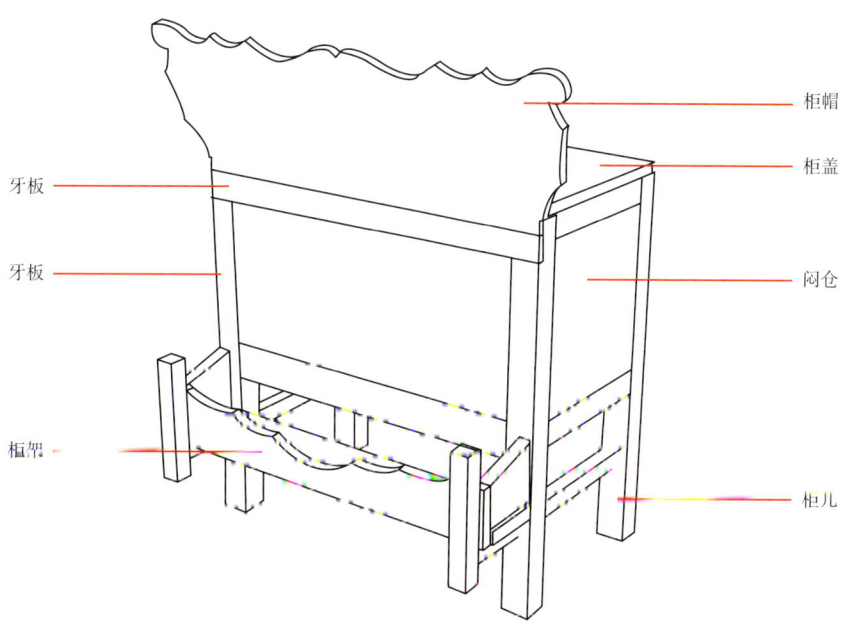

图四 德昂族木质经书柜结构名称图

图五 德昂族木质经书柜解析图

图六 德昂族木质经书柜操作示意图

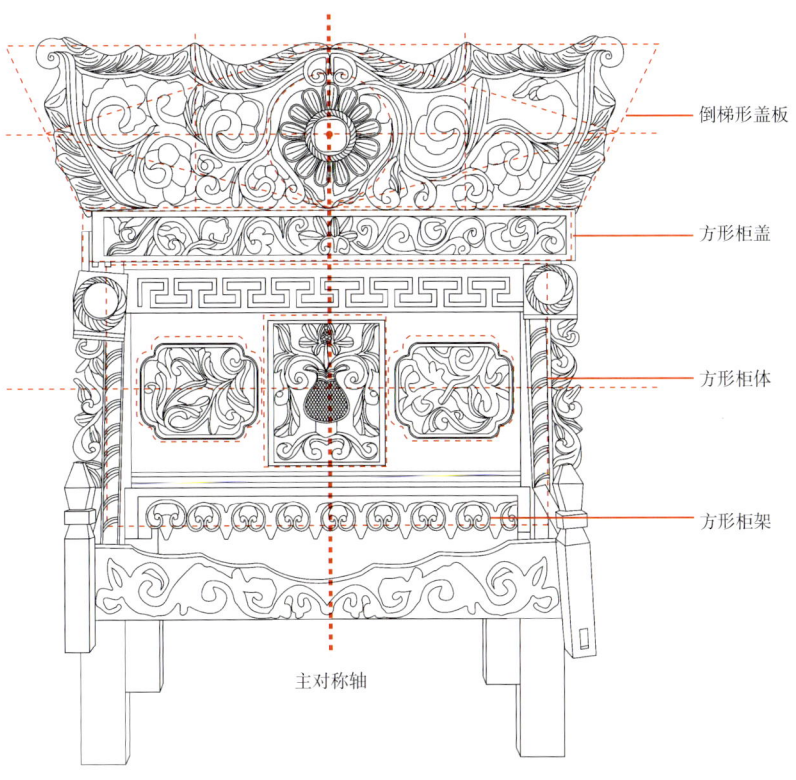

图七 德昂族木质经书柜构图分析图

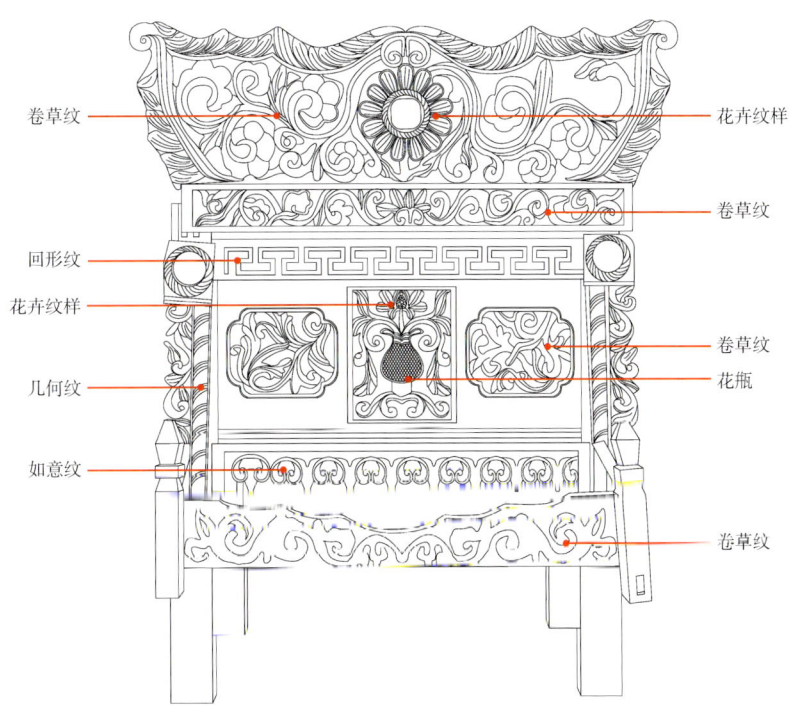

图八 德昂族木质经书柜纹样分析图

图九　德昂族木质经书柜动态分析图

图十 德昂族木质经书柜陈设效果图

声 明

本书编写时收入的个别图片,因条件所限,未能同相关著作权人取得联系,获得授权,敬请谅解。请相关著作权人及时与编者联系,以便奉上稿酬。谢谢!